タクシー事業
労務担当者必携

改善基準告示の詳説と労務課題の解決に向けて

一般社団法人
TOKYO 東京ハイヤー・タクシー協会 労務委員会 編

労働調査会

推 薦 の こ と ば

　コロナ禍席巻の後、タクシー業界はようやく平常を取り戻しつつあります。しかし、その爪痕は大きく、多くの乗務員がこの間、業界を退出したため、需要が戻ってきたにもかかわらず、タクシーが利用しづらい状況が現れ始めています。当業界の目下の最重要課題は乗務員確保であり、この解決なくして公共交通機関としての役割は果たせません。

　令和6年4月1日から、自動車運転者について今まで猶予されてきた「罰則による時間外労働の上限規制」と「改正改善基準告示」が同時に適用されます。今回の改正は、まさに自動車運転者に対する働き方改革の具体的な展開の始まりです。改正内容は広範多岐にわたり、タクシー業界がこれらの改正に的確に対応できなければ乗務員確保は望むべくもありません。

　乗務員の賃金は歩合給が中心であるため、運賃改定などもあり、ひと頃よりはかなり有利な処遇となっていますが、その確保は一向に進んでいません。多くの求職者は賃金・収入だけでなく、労働時間や休日、年次有給休暇の取りやすさなどに重大な関心を持っていることに気づかなければなりません。

　改善基準告示は、「自動車運転者の労働時間等の改善に関する基準」が正式名称です。この遵守に積極的に取り組むことが、乗務員の採用・定着にストレートにつながるといっても過言ではありません。

　今般、一般社団法人東京ハイヤー・タクシー協会労務委員会は、タクシー事業で労務管理を担当する方々を対象に、改正改善基準告示を正確に理解していただくための詳細な解説を行うとともに、労務管理の中でも特に解決が難しいと考えられる労働時間管理や賃金制度など16の課題について解決の方向性を示した『タクシー事業労務担当者必携』を出版いたしました。

　本書はこれからのタクシー事業における乗務員確保と健全な事業運営の推進に向けた第一歩となることは間違いありません。本書が多くの方々に広く活用されることを願い、推薦のことばといたします。

　令和5年7月

一般社団法人全国ハイヤー・タクシー連合会
副会長兼労務委員長　武　居　利　春

は じ め に

　いよいよ令和6年4月から、タクシー乗務員に対しても、これまで猶予されてきた改正労基法による時間外労働の罰則付き上限規制が適用されます。これにより、36協定で時間外労働の範囲を定める場合は、1か月45時間、1年360時間までを原則とし、臨時的な特別の事情がある場合であっても、1年960時間以内としなければなりません。

　また、改正された「自動車運転者の労働時間等の改善のための基準」（厚生労働大臣告示。以下「改善基準告示」といいます。）が適用されます。この改善基準告示は、公労使代表委員により、厚生労働省の関係審議会を舞台に、丸3年を費やし、実態調査の設計・実施及び広範かつ詳細な議論を経て全面改正されました。過重労働の防止を目的とした多岐にわたる改正事項を含んでおり、いわばタクシー事業における働き方改革の一大変革期を迎えたといっても過言ではありません。

　一般社団法人東京ハイヤー・タクシー協会労務委員会では、タクシー事業者の方々がこれら改正内容を正確に理解され適切に対応されるよう、令和4年9月に労務管理小委員会を設置し、以後約20回の会合で検討を重ね、今般、『タクシー事業労務担当者必携』を出版することとしました。

　本書は2章で構成されています。

　第1章は、改善基準告示のうち、タクシー・ハイヤーに関する規定を詳しく解説しています。逐条的な解説はもちろん、巻頭の基本用語の解説、自動車運転者に係る労働時間規制の歴史、今回の改正の経緯、審議会内のハイヤー・タクシー作業部会における主な議論、厚生労働省労働基準局長通達及びQ&Aなどを多くの図を交えて紹介しています。

　第2章は、タクシー事業者及び労務担当者が日頃課題として取り組んでおられる16のテーマについて解決に向けた考察を行っています。労働時間管理、変形労働時間制、年休、割増賃金の適正な支払、賃金制度、同一労働同一賃金、過重労働防止など16課題についての深掘りです。

　課題ごとに、「押さえておきたい基礎知識」と「課題解決に向けて」の2部構成としています。「押さえておきたい基礎知識」は課題解決に必要な基礎知識を掲げていますので、特に労務管理を担当されて日の浅い方には参考になると思います。「課題解決に向けて」は、当該課題の重要性、問題の所在、関係法令・通達、具体的な対応例、複数の解決策のメリット・デメリット、対応に当たっての留意点、就業規則の規定例、

裁判例などを収録しました。

　もとより各タクシー事業者における労務管理の事情は千社千様であり、そのままズバリ採用できるということは少ないかもしれませんが、何らかのヒントは見つかると思います。

　本書の作成に当たり、飯野小委員長はじめ労務管理小委員会のメンバーの皆様には、それぞれの会社の業務が多忙を極める中、毎回出席していただき、熱心な議論をしていただきました。また事務局の皆様には、良く整理された叩き台を毎回用意していただき、効率的な検討を行うことができました。これらにより当初想定していた以上の充実した内容の『労務担当者必携』が完成しました。心から感謝申し上げます。

　タクシー運転者の業務は、いうまでもなく社外での単独業務であること、深夜労働を含むこと、賃金は歩合給制が中心となっていること、過重労働は事故に直結することなど他産業にはない労務管理面での特別な配慮を必要としています。タクシー事業が令和6年4月という大きな節目を乗り越え、今後とも、公共交通機関として安全・安心・快適な輸送サービスを24時間提供するドアツードアの国民の身近な交通手段として、信頼され発展していくために、本書を常に傍らに置き活用していただければ幸いです。

　　　労務委員会労務管理小委員会
　　　　小委員長　　　　飯野　博行　　　第一交通株式会社
　　　　小委員長代理　　中山　　淳　　　日本交通株式会社
　　　　委　　　員　　　三田　　茂　　　株式会社グリーンキャブ
　　　　委　　　員　　　安原　隆行　　　国際自動車株式会社
　　　　委　　　員　　　菅原　　繁　　　京急交通株式会社
　　　　委　　　員　　　宇佐美和良　　　東都自動車交通株式会社
　　　事務局
　　　　常務理事　　　　加藤　敏彦
　　　　業務部長　　　　杉山　泰之
　　　　業務部課長　　　加藤　義雄

令和5年7月

　　　　　　　　　　　　　　　　　　　一般社団法人東京ハイヤー・タクシー協会
　　　　　　　　　　　　　　　　　　　労務委員会委員長　　清水　　始

iv

タクシー事業 労務担当者必携
—改善基準告示の詳説と労務課題の解決に向けて—

第1章　改善基準告示の詳細解説

資　料

凡　例

労基法……労働基準法（昭和22年法律第49号）

労基則……労働基準法施行規則（昭和22年厚生省令第23号）

改善基準告示……自動車運転者の労働時間等の改善のための基準（平成元年労働省告示第7号）

安衛法……労働安全衛生法（昭和47年法律第57号）

安衛則……労働安全衛生規則（昭和47年労働省令第32号）

育児・介護休業法……育児休業、介護休業等育児又は家族介護を行う労働者の福祉に関する法律（平成3年法律第76号）

パート有期法……短時間労働者及び有期雇用労働者の雇用管理の改善等に関する法律（平成5年法律第76号）

同一労働同一賃金ガイドライン……短時間・有期雇用労働者及び派遣労働者に対する不合理な待遇の禁止等に関する指針（平成30年厚生労働省告示第430号）

雇用機会均等法……雇用の分野における男女の均等な機会及び待遇の確保等に関する法律（昭和47年法律第113号）

労働時間設定改善法……労働時間等の設定の改善に関する特別措置法（平成4年法律第90号）

若者雇用促進法……青少年の雇用の促進等に関する法律（昭和45年法律第98号）

運輸規則……旅客自動車運送事業運輸規則（昭和31年運輸省令第44号）

一般乗用旅客自動車運送事業の適性化及び活性化に関する特別措置法……特定地域及び準特定地域における一般乗用旅客自動車運送事業の適正化及び活性化に関する特別措置法（平成21年法律第64号）

基本通達……自動車運転者の労働時間等の改善のための基準の一部改正等について（令和4年12月23日付け基発1223第3号）

第 **1** 章　改善基準告示の詳細解説

巻頭資料　改善基準告示で使用されている用語の解説

（1）隔日勤務 ※2

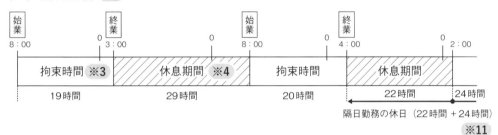

（2）日勤勤務 ※1

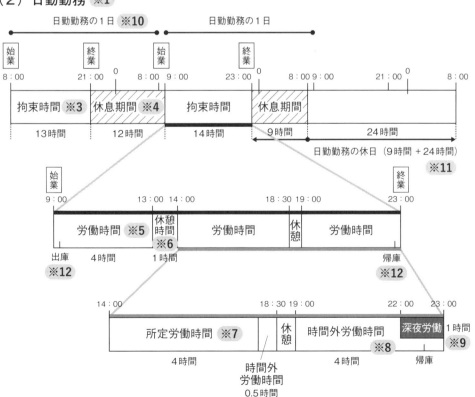

1

※1 日勤勤務

改善基準告示では、日勤勤務は「隔日勤務以外の勤務」とされています。朝から夕方にかけて勤務する「昼日勤」と、夕方から早朝にかけて勤務する「夜日勤」が一般的です。

※2 隔日勤務

隔日勤務とは、大都市部を中心に2労働日の勤務を1勤務にまとめて連続して行う勤務のことをいいます。労基法32条の2の変形労働時間制を採用することにより、2暦日の所定労働時間が14〜16時間となることが一般的です。

なお、改善基準告示では、「始業及び終業の時刻が同一の日に属さない業務」と定義されています（2条1項）。

※3 拘束時間

拘束時間とは、始業時刻から終業時刻までの使用者の管理下にある時間の全体を指し、基本的には労働時間と休憩時間（仮眠時間を含みます。）の合計時間をいいます。拘束時間という概念は労基法にはありませんが、改善基準告示は自動車運転者の長時間労働を改善することを目的としているため、この概念を中心に据えて規制を行っています。

拘束時間は労働時間としての所定労働時間と時間外労働時間、休憩時間から成り立っていますので、所定労働時間と休憩時間が決まれば、時間外労働の上限も決まる関係にあります。

※4 休息期間

休息期間とは、使用者の拘束を受けない時間とされ、拘束時間と表裏の関係にあります。勤務と次の勤務との間にあって、直前の拘束時間における疲労の回復を図るとともに睡眠時間を含む労働者の生活時間として、その処分が労働者の自由な判断に委ねられている時間（ただし、次の勤務に差し支えない範囲内で）といえます。最近では「勤務間インターバル」という用語も使われ始めています。

※5 労働時間

労働時間とは、労働者が使用者の指揮命令下に置かれている時間をいいます。必ずしも現実に精神又は肉体を活動させていることを要件としていません。また、明示的な指示がある場合に限らず、黙示の指示により行われる場合も労働時間に該当

します。使用者の指示があった場合に即時に業務に従事することを求められており、労働から離れることが保障されていない状態で待機している時間（いわゆる「手待ち時間」）も労働時間です。

したがって、タクシー運転者の労働時間は、実際に運転しているハンドル時間、待機時間のほか、出庫前・帰庫後の営業所等における点呼、運転日報の提出、点検、納金、洗車等に要する時間の合計となります。

※6　休憩時間

休憩時間とは、労働時間の途中にあって、労働者が権利として労働から離れることを保障されている時間のことをいいます。

労基法では、労働時間が6時間を超える場合は少なくとも45分、8時間を超える場合は少なくとも1時間の休憩時間を労働時間の途中に与えなければならないとされています。最少時間の定めはありますが、最長時間の定めはありません。業務の実態を踏まえ、最適な時間を労使で決定する必要があります。なお、日勤勤務については1時間30分、隔日勤務については、2時間30分から3時間の休憩時間を分割して与えている例が一般的です。

また、屋外の単独業務が主となるタクシー運転業務については、「休憩を与える」といっても、実際には就業規則で規定された休憩時間を、いつ、どこで取得するかは乗務員の裁量に委ねざるを得ず、事後に取得状況をチェックすることとなります。

※7　所定労働時間

労働条件通知書、就業規則等であらかじめ定められた勤務すべき時間のことをいいます。労基法では、法定労働時間を1週間に40時間、1日に8時間と定めていますので、所定労働時間はこれとイコールか内輪の長さとなるのが一般的です。ただし、変形労働時間制を適正に採用すれば、特定の日・週に1日8時間、1週40時間を超える所定労働時間を設定することができます。

※8　時間外労働時間

所定労働時間（8時間の場合）を超えて労働させた場合は、所定時間外労働であり、かつ法定時間外労働となります。これを適法に行うためには、事前の36協定の締結・届出と事後の適正な割増賃金の支払が必要です。

所定労働時間が8時間未満で設定されている場合、例えば7時間30分の場合は、所定労働時間を超えた労働は所定時間外労働ですが、法定時間外労働は8時間を超

えたところから始まることになります。法定時間外労働にならない7時間30分を超える30分の所定時間外労働は労使で決めた賃金を支払えばよく、必ずしも25%以上割り増しして支払う必要はありません。

※9　深夜労働

深夜労働とは、午後10時から翌日午前5時までの深夜の時間帯において労働することをいいます。25%増し以上の割増賃金の支払が必要です。

※10　日勤勤務の1日

労基法上の「1日」とは、通常、午前0時から午後12時までの暦日を指しますが、自動車運転者については改善基準告示で、日勤勤務者の1日は「始業時刻から始まる24時間」と定められています。始業時刻が前後に変化する場合は、自動車運転者の1日も始業時刻に応じて前後に移動することになります。

なお、継続24時間が1日と取り扱われますので、一旦勤務を終え休息期間経過後に次の勤務が当該24時間を経過する前に始まることもあり得ます。その場合は24時間の中にある拘束時間の合計が当該1日の拘束時間となります。

※11　休日

労基法35条の「法定休日」は、原則として、午前0時から午後12時までの暦日で付与されるべきものとされていますが、自動車運転者については、「休息期間に24時間を加算して得た、連続した時間」とされています。したがって日勤勤務については9時間＋24時間＝33時間、隔日勤務については22時間＋24時間＝46時間を1休日として取り扱うこととされています。

なお、2休日を与えるには、さらに24時間をプラスした時間を与えることになります。

※12　出庫時刻・帰庫時刻

タクシー乗務員が会社や営業所から出発する時刻を出庫時刻、会社や営業所に帰ってくる時刻を帰庫時刻といいます。通常、出庫する前に、点呼や始業前点検が行われ、帰庫後に納金、報告、洗車、点呼などが行われています。そしてこれらは、使用者の指揮命令下にある時間、すなわち労働時間といえますので、始業時刻は出庫時刻より前に、終業時刻は帰庫時刻より後になることに留意してください。

Ⅰ　改善基準告示をめぐる経緯

1　二・九通達

　改善基準告示とは、「自動車運転者の労働時間等の改善のための基準」（平元.2.9労働省告示7号、直近改正：令4.12.23厚生労働省告示367号）の略称ですが、現在の姿に至るまでにはいくつかの変遷がありました。自動車運転者の労働時間等の規制については、昭和41年までは他産業の労働者の労働条件と同様、主として労基法に基づき行われていました。

　昭和42年、自動車運転者の労働条件を改善するとともに、交通事故の激増（昭和34年に死者1万人を突破。昭和45年が1万6,765人で最多）に対処するため、労基法に加えて労働省労働基準局長の通達「自動車運転者の労働時間等の改善基準」（昭42.2.9基発139号「二・九通達」）が策定され監督指導が行われることとなりました。

　　※　二・九通達の主な内容
　　日勤勤務　実作業時間（客待ちを含みます。）は、2週間平均1週間48時間、1日11時間
　　隔日勤務　2暦日の拘束時間：18時間（事業場外のみ）、所定の実作業時間が
　　　　　　　　11時間を超える者についてはその翌日は実作業につかせないこと
　　休息期間　規定なし
　　休日労働　4週間に2回が限度

　しかし、二・九通達は、実作業時間規制を中心とするものであり、実作業時間以外の労働時間を比較的多く含む自動車運転者については、十分な効果を上げ得なかった感がありました。

2　二七通達

　昭和54年、二・九通達の実施から10余年が経過し、輸送量増加等の変化、自動車運転者の長時間労働の実態、ILO条約「路面運送における労働時間及び休息期間に関する条約」（153号）の採択等により、新たに拘束時間規制を中心とする「自動車運転者の労働時間等の改善基準について」（昭54.12.27基発642号「二七通達」）が発出されました。

　　※　二七通達の主な内容
　　日勤勤務　拘束時間：2週間平均　1日14時間（最大16時間まで延長可）

休息期間：連続した８時間以上

隔日勤務　２暦日の拘束時間：21時間

休息期間：連続した20時間以上

休日労働　２週間に１回が限度、かつ、２週間の総拘束時間が
168時間（14時間×12日）を超えない範囲内

3　旧改善基準告示

昭和60年10月、労働大臣の私的諮問機関である労働基準法研究会は、「今後の労働時間法制のあり方」の中で「現在二七通達により……行政指導が行われているが、その実態を踏まえた上で、これを法制化することの是非を含め、その特性に応じた労働時間の規制のあり方を検討すべきである。」とし、次いで、昭和61年12月、中央労働基準審議会は「労働時間法制等の整備について」の建議の中で「自動車運転者の労働時間等の規制に係る問題については、関係労使等を加えた検討の場を設けて引き続き検討する。」とされました。この建議を具体化するものとして、中央労働基準審議会自動車運転者労働時間問題小委員会が設置され、昭和63年10月、報告書が取りまとめられました。この報告に基づき、「自動車運転者の労働時間等の改善のための基準」（平元.2.9労働省告示７号）が策定されました。

※　最初の旧改善基準告示の主な内容

日勤勤務　拘束時間：１か月325時間、１日13時間（最大16時間まで延長可）

休息期間：継続８時間以上

隔日勤務　１か月の拘束時間：270時間、２暦日の拘束時間：21時間

休息期間：連続した20時間以上

休日労働　２週間に１回が限度、かつ、１か月・１日の拘束時間の範囲内

その後、旧改善基準告示は、法定労働時間の短縮に伴い平成３年、平成４年、平成９年にそれぞれ改正がなされました※。また、国土交通省においても、同基準を運輸規則の体系に取り入れるべく、平成13年に国土交通省告示（1675号）を定め、平成14年２月１日より施行されました。

※・平成３年改正（平成４年１月１日適用）……１週の法定労働時間が46時間に短縮されたことに伴うもの

・平成４年改正（平成５年４月１日適用）……１週の法定労働時間が44時間に短縮されたことに伴うもの

・平成９年改正（平成９年４月１日適用）……１週の法定労働時間が40時間に短縮されたことに伴うもの

※　平成9年改正後の旧改善基準告示の主な内容

日勤勤務　拘束時間：1か月299時間、1日13時間（最大16時間まで延長可）

　　　　　休息期間：継続8時間以上

隔日勤務　1か月の拘束時間262時間（協定があれば6か月間270時間）

　　　　　2暦日の拘束時間：21時間

　　　　　休息期間：連続した20時間以上

休日労働　2週間に1回が限度、かつ、1か月・1日の拘束時間の範囲内

4　旧改善基準告示の見直し

平成30年、働き方改革関連法に関する国会附帯決議（衆議院厚生労働委員会・同年5月25日、参議院厚生労働委員会・同年6月28日）において「自動車運転業務については、過労死防止の観点から、自動車運転者の労働時間の改善のための基準の総拘束時間の改善について、関係省庁と連携し速やかに検討を開始すること。」とされました。

これを受け、令和元年12月、厚生労働省労働政策審議会労働条件分科会の下に自動車運転者労働時間等専門委員会（さらにその下にハイヤー・タクシー、バス、トラックの作業部会※）が設置されました。

※　ハイヤー・タクシー作業部会の委員は次のとおりです。

（公益代表委員）

　　慶応義塾大学法務研究科教授　両角道代

　　東京海洋大学大学院海洋科学技術研究科教授　寺田一薫

（労働者代表委員）

　　日本私鉄労働組合総連合会社会保障対策局長　久松勇治

　　全国自動車交通労働組合連合会書記長　松永次央

（使用者代表委員）

　　昭栄自動車株式会社代表取締役　武居利春

　　西新井相互自動車株式会社代表取締役　清水始

同作業部会においては、実態調査を実施した上で鋭意検討が進められ、令和4年3月28日にハイタク及びバスの中間とりまとめが確定しました（ここまでハイタク作業部会は6回、専門委員会は8回開催。）。その後トラック部会が引き続き検討を継続し、最終的には、令和4年9月27日付けで自動車運転者労働時間専門委員会「自動車運転者の労働時間等の改善のための基準の在り方について（報告）」がなされました。

5 旧改善基準告示の見直し結果

　専門委員会のハイヤー・タクシー関連の報告の概要は次のとおりです（改正部分についてはアンダーラインを付し、改正前の改善基準告示の内容を括弧書きで示しています。）。

（1）　1か月の拘束時間について

　　1か月についての拘束時間は、288時間（改正前299時間）を超えないものとする。

　　隔日勤務の拘束時間は、262時間を超えないものとし、地域的事情その他の特別な事情がある場合において、労使協定により、年間6か月まで、1か月の拘束時間を270時間まで延長することができる。

（2）　1日及び2暦日の拘束時間、休息期間について

①　1日の拘束時間、休息期間

・1日（始業時刻から起算して24時間をいう。以下同じ。）についての拘束時間は、13時間を超えないものとし、当該拘束時間を延長する場合であっても、1日についての拘束時間の限度（以下「最大拘束時間」という。）は15時間（改正前16時間）とする。この場合において、1日についての拘束時間が14時間を超える回数（※）をできるだけ少なくするよう努めるものとする。

　　　（※）通達において、「1週間について3回以内」を目安として示すこととする。

・休息期間は、勤務終了後、継続11時間以上与えるよう努めることを基本とし、継続9時間（改正前8時間）を下回らないものとする。

②　隔日勤務に就く者の2暦日の拘束時間、休息期間

・2暦日についての拘束時間は、22時間（改正前21時間・弾力措置なし）を超えないものとし、この場合において、2回の隔日勤務（始業及び終業の時刻が同一の日に属しない業務）を平均し隔日勤務1回当たり21時間を超えないものとする。

・勤務終了後、継続24時間以上の休息期間を与えるよう努めることを基本とし、継続22時間（改正前20時間）を下回らないものとする。

（3）　車庫待ち等の自動車運転者について

①　車庫待ち等の自動車運転者の拘束時間、休息期間

・車庫待ち等（顧客の需要に応ずるため常態として車庫等において待機する就労形態）の自動車運転者については、労使協定により、1か月の拘束時間を300時間（改正前322時間）まで延長することができることとする。

・なお、車庫待ち等の自動車運転者とは、常態として車庫待ち、駅待ち形態によって就労する自動車運転者であり、就労形態について<u>以下の基準を満たす場合には、車庫待ち等に該当するものとして取り扱って差し支えないこととする。</u>

　　ア　<u>事業場が人口30万人以上の都市に所在していないこと。</u>

　　イ　勤務時間のほとんどについて「流し営業」を行っていないこと。

　　ウ　夜間に4時間以上の仮眠時間が確保される実態であること。

　　エ　原則として、事業場内における休憩が確保される実態であること。

・車庫待ち等の自動車運転者については、次に掲げる要件を満たす場合、1日の拘束時間を24時間まで延長することができる。

　　ア　勤務終了後、継続20時間以上の休息期間を与えること。

　　イ　1日の拘束時間が16時間を超える回数が1か月について7回以内であること。

　　ウ　1日の拘束時間が18時間を超える場合には、夜間に4時間以上の仮眠時間を与えること。

② 　車庫待ち等の自動車運転者で隔日勤務に就く者の拘束時間、休息期間

・車庫待ち等の自動車運転者については、労使協定により、1か月の拘束時間を270時間まで延長することができる。

・車庫待ち等の自動車運転者については、次に掲げる要件を満たす場合、1か月の拘束時間については上記の時間に<u>10時間（改正前20時間）を加えた時間まで</u>、2暦日の拘束時間については24時間まで延長することができることとする。

　　ア　夜間に4時間以上の仮眠時間を与えること。

　　イ　2暦日の拘束時間を24時間まで延長するのは、1か月7回以内とすること。

（4）　例外的な取扱いについて

① 　予期し得ない事象に遭遇した場合

・<u>事故、故障、災害等、通常予期し得ない事象に遭遇し、一定の遅延が生じた場合には、客観的な記録が認められる場合に限り、1日または2暦日の拘束時間の規制の適用に当たっては、その対応に要した時間を除くことができることとする。</u>

　　ただし、対応に要した時間を含めて算出した時間が1日または2暦日の拘束時間の限度を超えた場合には、勤務終了後、1日の勤務の場合には継続

11時間以上、２暦日の勤務の場合には継続24時間以上の休息期間を与えるものとする。

（具体的な事由）

 ア 運転中に乗務している車両が予期せず故障した場合

 イ 運転中に予期せず乗船予定のフェリーが欠航した場合

 ウ 運転中に災害や事故の発生に伴い、道路が封鎖された場合、道路が渋滞した場合

 エ 異常気象（警報発表時）に遭遇し、運転中に正常な運行が困難となった場合

② 適用除外業務

・改善基準告示の適用除外業務に、「一般乗用旅客自動車運送事業」において、災害対策基本法等に基づき、都道府県公安委員会から緊急通行車両であることの確認、標章及び証明書の交付を受けて行う緊急輸送の業務を加えることとする。

（5）休日労働について

休日労働は２週間について１回を超えないものとし、当該休日労働によって、上記に定める拘束時間の限度を超えないものとする。

（6）ハイヤーについて

ハイヤー（一般乗用旅客自動車運送事業の用に供せられる自動車であって、当該自動車による運送の引受けが営業所のみにおいて行われるもの）に乗務する自動車運転者の時間外労働協定の延長時間は、１か月45時間、１年360時間を限度とし、臨時的特別な事情がある場合であっても、１年について960時間を超えないものとし、労働時間を延長することができる時間数又は労働させることができる休日の時間数をできる限り少なくするよう努めるものとする。

なお、必要な睡眠時間が確保できるよう、勤務終了後に一定の休息期間を与えるものとする。

（7）その他

累進歩合制度については、廃止するものとされた趣旨を通達に記載の上、改善基準告示の改正内容と併せて周知を徹底すること。

6　改善基準告示の改正・適用

　上記専門委員会報告を踏まえ、令和4年12月23日、厚生労働省告示367号により、「自動車運転者の労働時間等の改善のための基準」が改正されました（大臣告示化から33年後）。また、同日付けで、基発1223第3号「自動車運転者の労働時間等の改善のための基準の一部改正等について」（以下「基本通達」といいます。）が発出されました。

　基本通達は平成元年3月1日付け基発92号（特例通達）、同日付け基発93号、平成9年3月11日付け基発143号及び同月26日付け基発201号（適用除外通達）の内容を整理・一本化したもので、令和6年4月1日から適用することとされ、これら旧通達は同日をもって廃止されます。

　なお、令和6年3月31日以前に締結した労使協定で拘束時間等を延長している場合であって、当該協定の有効期間の終期が令和6年4月1日以後であるときは、同日開始の協定を締結し直す必要はなく、同日以後に新たに定める協定から、新改善基準告示に対応することになります。例えば、令和5年10月1日～令和6年9月30日など、令和6年4月1日をまたぐ労使協定を締結している場合は、令和6年10月1日以降の協定について、新改善基準告示に対応することになります。また、労使協定を締結していない場合には、令和6年4月1日から新改善基準告示に対応することになります（厚労省Q&A1-2参照）。

Ⅱ　改善基準告示の目的、対象等

（目的等）

第1条　この基準は、自動車運転者[2]（労働基準法（昭和22年法律第49号。以下「法」という。）第9条に規定する労働者（同居の親族のみを使用する事業又は事務所に使用される者及び家事使用人を除く。）であって、四輪以上の自動車の運転の業務（厚生労働省労働基準局長が定めるものを除く。）に主として従事する者をいう。以下同じ。）の労働時間等の改善のための基準を定めることにより、自動車運転者の労働時間等の労働条件の向上を図ることを目的とする[1]。

2　労働関係の当事者は、この基準を理由として自動車運転者の労働条件を低下させてはならないことはもとより、その向上に努めなければならない[3]。

3　使用者及び労働者の過半数で組織する労働組合又は労働者の過半数を代表する者（以下「労使当事者」という。）は、法第32条から第32条の5まで若しくは第40条の労働時間（以下「労働時間」という。）を延長し、又は法第35条の休日（以下「休日」という。）に労働させるための法第36条第1項の協定（以下「時間外・休日労働協定」という。）をする場合において、次の各号に掲げる事項に十分留意しなければならない[4]。

一　労働時間を延長して労働させることができる時間は、法第36条第4項の規定により、1箇月について45時間及び1年について360時間（法第32条の4第1項第2号の対象期間として3箇月を超える期間を定めて同条の規定により労働させる場合にあっては、1箇月について42時間及び1年について320時間。以下「限度時間」という。）を超えない時間に限ることとされていること。

二　前号に定める1年についての限度時間を超えて労働させることができる時間を定めるに当たっては、事業場における通常予見することのできない業務量の大幅な増加等に伴い臨時的に当該限度時間を超えて労働させる必要がある場合であっても、法第140条第1項の規定により読み替えて適用する法第36条第5項の規定により、同条第2項第4号に関して協定した時間を含め960時間を超えない範囲内とされていること。

三　前2号に掲げる事項のほか、労働時間の延長及び休日の労働は必要最小限にとどめられるべきであることその他の労働時間の延長及び休日の労働を適正なものとするために必要な事項については、労働基準法第36条第1項の協定で定める労働時間の延長及び休日の労働について留意すべき事項等に関する指針

（平成30年厚生労働省告示第323号）[5]において定められていること。

《趣旨》

　　自動車運転者の労働時間等の改善のための基準（令4.12.23改正。以下「改善基準告示」といいます。）1条は改善基準告示の目的、適用対象、労使当事者の責務及び労基法36条1項の協定（以下「36協定」といいます。）を締結する際の留意事項について規定しています。

（解　説）

[1]　改善基準告示の目的

　　自動車運転者の労働時間等の規制については、前述したように、昭和42年以来、二・九通達、二七通達及び改正前の改善基準告示（以下「旧告示」といいます。）により、拘束時間、休息期間等の基準が設けられ、その遵守が図られてきました。しかしながら、現在も運輸・郵便業においては、過労死等のうち脳・心臓疾患の労災支給決定件数が全業種で最も多い業種となっている（令和3年度：59件（うち死亡の件数は22件））など、依然として長時間・過重労働が課題になっています。

　　このため、1条1項は、改善基準告示は、長時間労働の実態がみられる自動車運転者について、労働時間等に関する改善のための基準を定めることにより、自動車運転者の労働条件の向上を図ることを目的としていることを明らかにしています。

　　なお、改善基準告示は、法律ではなく厚生労働大臣告示であるため、罰則の規定はありません。労働基準監督署（以下「労基署」といいます。）の監督指導において改善基準告示違反が認められた場合、その是正について指導が行われますが、その指導に当たっては、事業場の自主的改善が図られるよう丁寧に対応することが予定されています（厚労省Q&A6-1参照）。

[2]　改善基準告示の適用対象

自動車運転者

　ア　改善基準告示の対象者は、労基法9条に規定する労働者（同居の親族のみを使用する事業又は事務所に使用される者及び家事使用人を除きます。以下同じです。）であって、四輪以上の自動車の運転の業務（厚生労働省労働基

準局長（以下「局長」といいます。）が定める者を除きます。以下同じです。）に主として従事する者です。したがって、改善基準告示は、運送を業とするか否かを問わず、自動車運転者を労働者として使用する全事業に適用されるものであり、例えば工場等の製造業における配達部門の自動車運転者、自家用自動車（事業用自動車以外の自動車をいいます。）の自動車運転者※等にも適用されます。

> ※　運行管理請負業（企業や団体で所有する自家用自動車の運行又は管理を請け負う事業）の自動車運転者は、「旅客自動車運送事業及び貨物自動車運送事業以外の事業に従事する自動車運転者であって、主として人を運送することを目的とする自動車の運転の業務に従事するもの」（改善基準告示5条）に該当するため、いわゆるバスの改善基準告示が適用されることになります。

イ　「労働基準法9条に規定する労働者」ですから、いわゆる個人タクシー等自らの自動車で、自らの事業を行うため、自ら自動車の運転を行っている運転者については、改善基準告示は適用されません。

　ただし、道路運送法（昭和26年法律183号）及び貨物自動車運送事業法（平成元年法律83号）等の関連法令に基づき、旅客自動車運送事業者及び貨物自動車運送事業者は、運転者の過労防止等の観点から、国土交通大臣が告示で定める基準に従って、運転者の勤務時間及び乗務時間を定め、当該運転者にこれらを遵守させなければならない旨の規定が設けられており、その基準として、改善基準告示が引用されています（運輸規則21条1項・国土交通省告示1675号）。したがって、個人事業主等である運転者にも当該基準が適用され、実質的に改善基準告示の遵守が求められていますので、これらの事業者等の関係者は、このことに留意する必要があります。

ウ　「自動車」について改善基準告示は特に定義をしていませんが、道路運送車両法（2条2項）では、「原動機により陸上を移動させることを目的として製作した用具で軌条若しくは架線を用いないもの又はこれにより牽引して陸上を移動させることを目的として製作した用具であって、原動機付自転車以外のものをいう」とされ、また道路交通法（2条1項9号）では、「原動機を用い、かつ、レール又は架線によらないで運転する車であって、原動機付自転車、自転車及び身体障害者用の車いす並びに歩行補助車その他の小型の車以外のもの」とされています。

　なお、自動二輪等三輪以下の自動車は対象となりません。また、改善基準

告示の趣旨から、「道路」において使用される自動車と解すべきであり、もっぱら工場内、作業現場など道路以外の場所で使用される自動車も対象となりません。

エ　「自動車の運転の業務に主として従事する」か否かは、個別の事案の実態に応じて判断することとなりますが、実態として、物品又は人を運搬するために自動車を運転する時間が現に労働時間の半分を超えており、かつ、当該業務に従事する時間が年間総労働時間の半分を超えることが見込まれる場合には、「自動車の運転の業務に主として従事する」に該当します。

このため、自動車の運転の業務が主たる業務ではない労働者、例えば運行管理者が欠勤した乗務員の代わりに稀に運転するような場合には、原則として「自動車の運転の業務に主として従事する」には該当しません（厚労省Q&A1-1参照）。

ただし、「自動車の運転の業務に主として従事する者」であれば職名の如何を問いません。したがって、助手、運行管理者等運転者以外の職名をもって雇用されていても、その業務が運転である場合、あるいは乗務員の欠勤等の場合に頻繁に運転業務に従事させている場合など、その頻度が高い者は、改善基準告示にいう「自動車運転者」に該当します。三輪以下の自動車の運転者として雇用されている労働者を四輪車の運転業務に従事させる場合、作業現場等道路以外の場所における運転者を道路における運転業務に従事させる場合等についても、同様、「自動車運転者」に該当します。

オ　「四輪以上の自動車の運転の業務（局長が定めるものを除く。）」の「局長が定める」業務とは、緊急輸送等の業務であり、当該業務は改善基準告示の適用除外とされています（後述Ⅴ参照）。

なお、1項の考え方については、旧告示からの変更はありません。

③　労働関係の当事者の責務

改善基準告示1条2項は、「労働関係の当事者は、この基準を理由として自動車運転者の労働条件を低下させてはならないことはもとより、その向上に努めなければならない。」としています。

改善基準告示は、全産業中でも長時間労働となりやすい旅客自動車運送事業及び貨物自動車運送事業で働く自動車運転者を中心に、自動車運転者の労働時間等

の改善のための基準を設け、これにより労働条件の向上を図ることを目的とした
ものです。

　したがって、改善基準告示は自動車運転者の標準条件と理解すべきではなく、
この基準を理由として労働時間、休憩、休日等の労働条件を始めその他労働条件
全般にわたって低下させてはならないことはもとより、さらに進んで労働時間の
短縮、週休2日制の推進、年次有給休暇の取得促進等労働条件の向上に努める
ことが必要です。なお、2項の考え方については、旧告示からの変更はありません。

④　36協定をする場合の留意事項

　令和6年4月1日から、自動車運転の業務に対しても、時間外労働の上限規制
が適用されるとともに、「労働基準法第36条第1項の協定で定める労働時間の延
長及び休日の労働について留意すべき事項等に関する指針」（平成30年厚生労働省告
示323号）が全面適用されることを踏まえ、使用者及び労働者の過半数で組織する
労働組合又は労働者の過半数を代表する者（以下「労使当事者」といいます。）は、
36協定を締結するに当たっては、次の事項に十分留意しなければならないこと
が、新たに規定されました。

　ア　労働時間を延長して労働させることができる時間（以下「時間外労働時間」
　　　といいます。）は、1か月について45時間及び1年について360時間（1年
　　　単位の変形労働時間制を採用している場合であって、その対象期間として3
　　　か月を超える期間を定めているときは、1か月について42時間及び1年に
　　　ついて320時間。以下「限度時間」といいます。）を超えない時間に限るこ
　　　ととされました。

　イ　アの1年の限度時間を超えて労働させることができる時間を定めるに当
　　　たっては、事業場における通常予見することのできない業務量の大幅な増加
　　　等に伴い臨時的に当該限度時間を超えて労働させる必要がある場合であって
　　　も、1年について960時間を超えない範囲内とされました。

　　　※　自動車運転業務については、限度時間のほか、臨時的な特別の事情がある場合
　　　　の年間960時間以内の規制があるのみで、一般則にある①2か月ないし6か月に
　　　　月平均80時間以内及び月100時間未満（いずれも休日労働を含みます。）とする、
　　　　②月45時間を超えるのは年間6か月を限度とする、の各規制は適用されません。
　　　　また、将来的な一般則への適用については引き続き検討されることとなっています。
　　　※　自動車運転業務における時間外労働と36協定との関係
　　　　①　36協定がない場合
　　　　……1日8時間、1週40時間の法定内労働のみが可能（時間外労働は不可）

②　36協定（特別条項なし）があり、届け出た場合

……1か月45時間、1年間360時間以内で、協定で定めた範囲内の時間外労働が可能

③　36協定（特別条項付き）があり、届け出た場合

……1年間960時間以内で、協定で定めた範囲内の時間外労働が可能

自動車運転の業務に係る時間外労働の上限規制

令和2年4月1日から令和6年3月31日まで	令和6年4月1日以降、当分の間
36協定を締結するに当たり、一般則は適用されません（労基法140条2項。要するに従前どおりということです。）。 一般則とは次のとおりです。 ①　原則として月45時間、年360時間（限度時間）を超えない範囲内 ②　臨時的な特別の事情がある場合で労使が合意する場合 ⅰ　年720時間（休日労働含まず。） ⅱ　2か月ないし6か月に月平均80時間以内（休日労働含む。） ⅲ　月100時間未満（休日労働含む。）ただし、月45時間を超えるのは年6か月まで。	36協定を締結するに当たっては、次によることになります（労基法140条1項）。 ①　原則として月45時間、年360時間（限度時間）を超えない範囲内 ②　臨時的な特別の事情がある場合で労使が合意する場合 　年960時間以内（休日労働含まず。） ※左欄のⅱ、ⅲ及び「月45時間を超えるのは年6か月まで」の規制は適用されません。 ③　36協定指針（平成30年厚生労働省告示323号）が全面適用されます。

ウ　ア及びイに掲げるもののほか、労働時間の延長及び休日の労働は必要最小限にとどめられるべきであること、その他の労働時間の延長及び休日の労働を適正なものとするために必要な事項については、指針（平成30年厚生労働省告示323号。次の⑤参照）において定められています。

⑤　「労働基準法第36条第1項の協定で定める労働時間の延長及び休日の労働について留意すべき事項等に関する指針」の概要

同指針には、次のような規定がありますので、36協定締結に当たり、留意してください。

ⅰ　使用者は、1か月においておおむね45時間を超えて長くなるほど、業務と脳・心臓疾患の発症との関連性が徐々に強まると評価できるとされていること並びに発症前1か月間におおむね100時間又は発症前2か月間から6か月間までにおいて1か月当たりおおむね80時間を超える場合には業務と脳・心臓疾患の発症との関連性が強いと評価できるとされていること（**課題16：過重労働防止参照**）に留意しなければならない（指針3条）。

ⅱ　労使当事者は、36協定の締結に当たっては、業務の区分を細分化することにより当該業務の範囲を明確にしなければならない（指針4条）。

ⅲ　労使当事者は、36協定の締結に当たっては、当該事業場における通常予見することのできない業務量の大幅な増加等に伴い臨時的に限度時間を超えて労働させる必要がある場合をできる限り具体的に定めなければならず、「業務の都合上必要な場合」、「業務上やむを得ない場合」など恒常的な長時間労働を招くおそれがあるものを定めることは認められないことに留意しなければならない（指針5条）（**資料4**：36協定届記入例参照）。

タクシー事業の自動車運転者の拘束時間、休息期間等

　改善基準告示2条1項から4項までは、一般乗用旅客自動車運送事業（いわゆる「ハイヤー・タクシー事業」のことです。）に従事する自動車運転者の拘束時間等に関する基準を定めています。

　「拘束時間等に関する基準」には、1か月及び1日（隔日勤務の場合は2暦日）の拘束時間及び休息期間（1項・2項）、予期し得ない事象があった場合の拘束時間の取扱い（3項）及び休日労働の取扱い（4項）の基準があります。このうち、拘束時間及び休息期間については、タクシー事業における勤務の就労形態に応じ、次の4つに分けて規定されています。

（1）　隔日勤務以外の勤務（日勤勤務）…… 改善基準告示2条1項

　　ア　通常の勤務（後述Ⅲ−1参照）

　　イ　車庫待ち等の勤務（後述Ⅲ−3参照）

（2）　隔日勤務 …… 改善基準告示2条2項

　　ア　通常の勤務（後述Ⅲ−2参照）

　　イ　車庫待ち等の勤務（後述Ⅲ−4参照）

　改善基準告示は、上記の区分の順で規定されていますが、本書では、理解を容易にするため、「通常の勤務」（日勤勤務・隔日勤務）について解説した後、ただし書き等で規定されている「車庫待ち等の勤務」について解説します。

　その後、3項から5項について解説します。

　なお、2条5項は、一般乗用旅客自動車運送事業に従事する自動車運転者のうち、ハイヤーに乗務する自動車運転者については、タクシー運転者に係る基準は適用しないことを定めています。ハイヤー運転者については3条によることになります（後述Ⅳ参照）。

1　隔日勤務以外の勤務（日勤勤務・通常の勤務）

（日勤勤務に従事する自動車運転者の拘束時間及び休息期間）

第2条第1項

　　使用者は、一般乗用旅客自動車運送事業（道路運送法（昭和26年法律第183号）第3条第1号ハの一般乗用旅客自動車運送事業をいう。以下同じ。）に従事する自動車運転者（隔日勤務（始業及び終業の時刻が同一の日に属さない業務をいう。

以下同じ。）に就くものを除く。以下この項において同じ。）を使用する場合は、その拘束時間（労働時間、休憩時間その他の使用者に拘束されている時間をいう。以下同じ。）[1]及び休息期間（使用者の拘束を受けない期間をいう。以下同じ。）[2]について、次に定めるところによるものとする。

一　拘束時間は、１箇月について288時間を超えないものとすること[3]。ただし、顧客の需要に応ずるため常態として車庫等において待機する就労形態（以下「車庫待ち等」という。）の自動車運転者の拘束時間は、当該事業場に労働者の過半数で組織する労働組合がある場合においてはその労働組合、労働者の過半数で組織する労働組合がない場合においては労働者の過半数を代表する者との書面による協定（以下「労使協定」という。）により、１箇月について300時間まで延長することができるものとする[8]。

二　１日（始業時刻から起算して24時間をいう。以下同じ。）[4]についての拘束時間は、13時間を超えないものとし、当該拘束時間を延長する場合であっても、１日についての拘束時間の限度（以下「最大拘束時間」という。）は、15時間とすること[5]。ただし、車庫待ち等の自動車運転者について、次に掲げる要件を満たす場合には、この限りでない。

　　イ　勤務終了後、継続20時間以上の休息期間を与えること。

　　ロ　１日についての拘束時間が16時間を超える回数が、１箇月について７回以内であること。

　　ハ　１日についての拘束時間が18時間を超える場合には、夜間４時間以上の仮眠時間を与えること。

　　ニ　１回の勤務における拘束時間が、24時間を超えないこと[8]。

三　前号本文の場合において、１日についての拘束時間が14時間を超える回数をできるだけ少なくするように努めるものとすること[6]。

四　勤務終了後、継続11時間以上の休息期間を与えるよう努めることを基本とし、休息期間が継続９時間を下回らないものとすること[7]。

《趣旨》

　　一般乗用旅客自動車運送事業においては、大都市部を中心に２労働日の勤務を１勤務にまとめて連続して行ういわゆる隔日勤務制をとる事業場が多くありますが、隔日勤務に就く自動車運転者の拘束時間及び休息期間については改善基準告示２条２項に規定されています。この２条１項では、隔日勤務制以外の勤務体

制、すなわち昼日勤制、夜日勤制その他の隔日勤務制以外の勤務体制の下で就労する自動車運転者の拘束時間及び休息期間について規定しています。

　なお、車庫待ち等による日勤勤務については、後述します（Ⅲ-3参照）。

（解説）

1　拘束時間の定義

　拘束時間とは、労働時間（ハンドル時間のほか点呼、点検、運転日報の提出、納金、洗車等の時間を含みます。以下同じです。）と休憩時間（仮眠時間を含みます。以下同じです。）の合計時間、すなわち、始業時刻から終業時刻までの使用者に拘束される全ての時間をいいます。

　なお、拘束時間は基本的に労働時間と休憩時間の合計時間で過不足なく定義できますが、改善基準告示においては拘束時間規制の観点から、あらゆる場合における始業時刻から終業時刻までの使用者に拘束されている全ての時間を確実に含ませる必要があることから、念のため「その他の使用者に拘束されている時間」の文言を加えています。しかし、通常の場合「その他の使用者に拘束されている時間」が発生する余地はありません。

　労基法は、労働時間について規制していますが、拘束時間に関する規制はありません。ただ、労基法38条において「坑内労働については、労働者が坑口に入った時刻から坑口を出た時刻までの時間を、休憩時間を含めて労働時間とみなす。」とし、いわゆる坑内労働の坑口計算制を規定していますが、これは坑内における拘束時間をすべて労働時間とみなす唯一の例です。

　ILO第153号条約（「路面運送における労働時間及び休息期間に関する条約」）には、拘束時間に関する規定はありませんが、同条約の8条に次の規定があります。

第8条

1　運転者の1日当たりの休息は、労働日の始業から始まる24時間の期間中の少なくとも継続する10時間とする。

2　1日当たりの休息は、各国の権限のある機関によって決定される期間にわたる平均として計算することができる。ただし、1日当たりの休息は、いかなる場合においても8時間を下回ってはならず、かつ、1週間に2回以上8時間に短縮されてはならない。

またILO第161号勧告（「路面運送における労働時間及び休息期間に関する勧告」）13項では1日当たりの拘束時間の広がりに関し次のとおり規定しています。

VI　1日当たりの拘束時間の広がり

13　（1）　各国の権限のある機関は、路面運送業の各種の部門について、二の相次ぐ1日当たりの休息期間の間を隔てる最高時間数を定めるべきである。

　　（2）　1日当たりの拘束時間の広がりは、労働者が享受する権利を有する1日当たりの休息期間の長さを減ずるようなものであるべきではない。

この勧告の中の「二の相次ぐ1日当たりの休息期間の間を隔てる」時間が拘束時間として観念され、最大拘束時間を定めることを求めています。

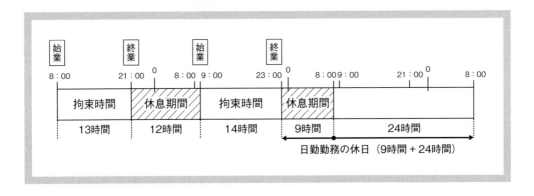

2 休息期間の定義

　休息期間とは、使用者の拘束を受けない期間をいいます。「休息期間」が「拘束時間」と表裏の関係にあることから、このように定義したものです。

　休息期間を実質面から定義すれば、勤務と次の勤務との間にあって、休息期間の直前の拘束時間における疲労の回復を図るとともに、睡眠時間を含む労働者の生活時間として、その処分が労働者の全く自由な判断に委ねられる時間であり、休憩時間や仮眠時間等とは本質的に異なる性格を有するもの、となります。また、1週間の単位における疲労の回復と余暇の性格を持つ休日とも異なるものです。

　休息期間という概念は労基法にはありませんが、労働時間設定改善法4条1項に基づく労働時間設定改善指針（平20.3.24厚生労働省告示108号）の二の（1）のトの（ロ）において、事業主等は勤務間インターバル（前日の終業時刻と翌日の始業時刻の間に一定時間の休息を確保することをいう。）の導入に努めることとされています。この勤務間インターバルは休息期間とほぼ同じ概念といえます。

3　1か月の拘束時間（1号）

　日勤勤務者の1か月の拘束時間は、「288時間」を超えないものとされました。

　二七通達においては、拘束時間について1日14時間以内を基本とし、2週間を平均して計算することができるとされていましたが、平成元年に制定された旧告示においては、1日についての基本を1時間短縮し13時間以内とするとともに、実際の労働時間管理は1か月単位で行っている事業場が多いことも考慮して2週間単位の平均化を廃止し、1か月についての総拘束時間を325時間以内としました。これが平成4年の改正により総拘束時間が312時間に短縮され、さらに平成9年の改正により299時間に短縮されました。

　この299時間とは13時間×23日という計算によるものと説明されていましたが、改善基準告示の288時間はそれより11時間短縮することとされました。

　今回の改正では、「血管病変等を著しく増悪させる業務による脳血管疾患及び虚血性心疾患等の認定基準」（令和3年9月14日付け基発0914第1号別添。以下「脳・心臓疾患に係る労災認定基準」といいます。）において発症前1か月間におおむね100時間又は発症前2か月間ないし6か月間にわたって1か月当たりおおむね80時間を超える時間外労働と休日労働がある場合に業務と脳・心臓疾患の発症との関連性が強いと評価できるとされていること等を踏まえ、過労死等の防止の観点から、月80時間の時間外労働を前提とした「275時間」の拘束時間に、月1回の休日労働として1日「13時間」の拘束時間を加えた、「288時間」とされたものです（基本通達記の第2の2の(1)のア参照）。

　※　参考：1か月の拘束時間が288時間とされた経緯（厚生労働省労働政策審議会労働条件分科会自動車運転者労働時間等専門委員会ハイヤー・タクシー作業部会（以下「ハイタク部会」といいます。））

　　①　当初、労働者側委員は275時間を主張した。

　　（ⅰ）　実態調査結果によれば、事業者の82.1％が繁忙期においても275時間以下と答えている。

　　（ⅱ）　1年の拘束時間 ＝ 法定労働時間（週40時間×52週＝2,080時間）＋休憩時間（1時間×週5日×52週＝260時間）＋時間外労働960時間

　　　　　＝3,300時間

　　　　　　1か月の拘束時間 ＝ 1年の拘束時間（3,300時間）÷12か月

　　　　　＝275時間

　　（ⅲ）　過労死等の防止の観点から、月80時間の時間外労働が前提。大の月、小の月の法定労働時間の平均は、約173時間。月23勤務とすれば休憩は23時間となり、

　　　　　　275時間－173時間－23時間＝79時間

　　　　　となることから、月275時間が適当である。

② 使用者側委員は、月288時間を主張した。

　自動車運転業務の時間外労働の上限である1年間960時間（960 ÷ 12 = 80時間）には、休日労働は含まれていないことから、

　　275時間（上記①の(ⅱ)）＋ 13時間（1か月1回の休日労働）= 288時間

が適当である。

③ さらなる議論の結果、月288時間とすることで意見の一致をみた。

※参考：1日の休憩時間を1.5時間とした場合の月288時間の内訳の説明例

　①1か月の所定労働時間　約175時間

　　28日の場合、法定労働時間160時間

　　30日の場合、法定労働時間171.4時間

　　31日の場合、法定労働時間177.1時間

　②1か月の休憩時間　1.5時間 × 22日 = 33時間

　③1か月の時間外労働時間　80時間

　したがって、

　　①＋②＋③ = 175 + 33 + 80 = 288時間

　この288時間は各月の暦日数や労働日数には直接かかわりがありません。1か月には28日から31日までのパターンがありますが、いずれの月においても1か月の総拘束時間を288時間以内に抑える必要があります。

　なお、1号の「1箇月」とは、原則として暦月をいうものですが、就業規則、勤務割表等で特定日を起算日と定めている場合には、当該特定日から起算した1か月でも差し支えないとされています。したがって、各社の賃金計算期間と捉えて差し支えありません。また、以上の起算日と36協定の起算日とは必ずしも同一である必要はありませんが、わかりやすく効率的な労務管理を行うに当たっては、同一の起算日とすることが望ましいといえます（厚労省Q&A1-3参照）。

4 日勤勤務者の1日

　日勤勤務者の「1日」は、始業時刻から起算した24時間をいいます。労基法上の「1日」は、原則として、午前零時から午後12時までのいわゆる暦日をいいますが、改善基準告示では、この原則の例外として取り扱うことを明らかにしています。

　このため、始業時刻が勤務のシフトによって毎日異なっている場合にも、それぞれの始業時刻からの24時間を指すことになります。このため、日により、1日が重なったり離れたりする場合が生じることになります（次の5の図参照）。

⑤　1日の拘束時間（2号、3号）

　日勤勤務者の1日の拘束時間は、「13時間」を超えないものとし、当該拘束時間を延長する場合であっても、1日の拘束時間の限度（以下「最大拘束時間」といいます。）は「15時間」とされました。

　旧告示では、1日の最大拘束時間は16時間でしたが、これはILO第153号条約8条2項の規定を受けて、始業時刻から起算して24時間中に少なくとも継続8時間以上の休息期間を確保することを担保しようとするものでした。しかし、今般、自動車運転者の睡眠時間の確保による疲労回復の観点から、最大拘束時間を1時間短縮し、「15時間」としたものです。

> ※　参考：1日の拘束時間が原則13時間、最大15時間とされた経緯（ハイタク部会）
> ①　当初、労働者側委員は、休息期間を11時間とすれば、1日の拘束時間は最大13時間が適切であると主張した。
> ②　当初、使用者側委員は、1日最大13時間となれば、業務の繁閑に対応できない。したがって現行どおり、原則13時間、最大16時間が適切であると主張した。
> ③　最終的には、原則13時間、最大15時間で意見の一致をみた。

　1日についての拘束時間は原則として13時間を超えないようにしなければなりませんが、必要がある場合には1日15時間まで拘束することができます。もちろん毎日15時間拘束が認められるわけではなく1か月についての拘束時間が288時間を超えない範囲内において認められるものであることはいうまでもありません。

　なお、改善基準告示は労基法上義務付けられた手続を省略し得るような効力を有するものではありませんから、改善基準告示に定める拘束時間の範囲内であっても、法定労働時間を超えて労働させ、又は休日に労働させる場合には36協定の締結・届出を要することは当然です。

　前述したとおり、1日とは始業時刻から起算した24時間をいいますので、始業時刻が勤務のシフトによって毎日異なっている場合にはそれぞれの始業時刻からの24時間を指すことになります。

　例えば次ページの図において、1日目は午前8時からの24時間、2日目は午前10時からの24時間、3日目は午前8時からの24時間がそれぞれ1日ということになります。なお、2日目については、午前10時からの24時間中に、拘束時間が14時間と2時間（3日目の8時から10時まで）の16時間が含まれることになりますので、改善基準告示に違反することとなります。

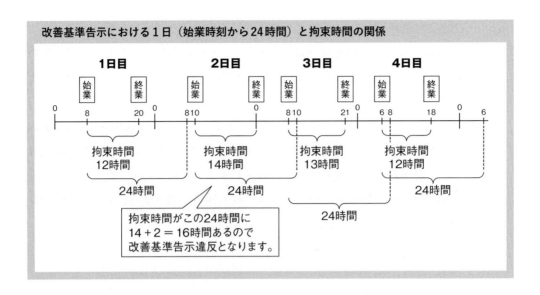

改善基準告示における1日（始業時刻から24時間）と拘束時間の関係

| | 1日目 | 2日目 | 3日目 | 4日目 |

拘束時間がこの24時間に
14＋2＝16時間あるので
改善基準告示違反となります。

6　1日に13時間を超える場合（3号）

　1日の拘束時間について「13時間」を超えて延長する場合は、自動車運転者の疲労の蓄積を防ぐ観点から、新たに、使用者は、1日の拘束時間が「14時間」を超える回数をできるだけ少なくするよう努めるものとされました。基本通達では、当該回数について、1週間に3回以内を目安とし、この場合において、1日の拘束時間が「14時間」を超える日が連続することは望ましくないとしています（基本通達記の第2の2の（1）のイ参照）。

　1日に13時間を超える回数……1週間に3回以内を目安とする。
　1日に14時間を超える日………連続することは望ましくない。

7　休息期間（4号）

　休息期間とは、前述したとおり、使用者の拘束を受けない期間であり、勤務と次の勤務との間にあって、休息期間の直前の拘束時間における疲労の回復を図るとともに、睡眠時間を含む労働者の生活時間として、その処分が労働者の全く自由な判断に委ねられる時間です（前述Ⅲ－1－②参照）。

　日勤勤務者については、「勤務終了後、継続11時間以上の休息期間を与えるよう努めることを基本とし、休息期間が継続9時間を下回らないものとすること。」とされました。

　旧告示は、「勤務終了後、継続8時間以上の休息期間を与えること。」としていましたが、これはILO第153号条約（「路面運送における労働時間及び休息期間

に関する条約」）の8条に次のような規定があったことを踏まえたものでした。

> **第8条（再掲）**
> 1　運転者の1日当たりの休息は、労働日の始業から始まる24時間の期間中の少なくとも継続する10時間とする。
> 2　1日当たりの休息は、各国の権限のある機関によって決定される期間にわたる平均として計算することができる。ただし、1日当たりの休息は、いかなる場合においても8時間を下回ってはならず、かつ、1週間に2回以上8時間に短縮されてはならない。

　今回の改正では、脳・心臓疾患に係る労災認定基準において、長期間の過重業務の判断に当たって「勤務間インターバル」がおおむね11時間未満の勤務の有無等について検討し評価することとされたこと等を踏まえ、自動車運転者の睡眠時間の確保による疲労回復の観点から、休息期間について「継続11時間以上」与えるよう努めることが原則であることを示すとともに、下限を1時間延長し、「9時間」とされました。したがって、ILO条約の内容を上回ったことになります。

　下限が9時間ですから、改善基準告示上、9時間の休息期間は確保する必要があります。その上で、「継続11時間以上休息期間を与えるよう努めることを基本とし」として、11時間以上の休息期間の確保を努力義務として規定しています。

　労使当事者にあっては、このことを踏まえ、単に休息期間の下限「9時間」を遵守するにとどまらず、「継続11時間以上」の休息期間が確保されるよう自主的な改善の取組を行うことが特に要請されています。

　※　参考：日勤勤務者について、「勤務終了後、継続11時間以上の休息期間を与えるよう努めることを基本とし、休息期間が継続9時間を下回らないものとする」とされた経緯（ハイタク部会）
　　① 労働者側委員は、1日の休息期間を11時間とすべきことを強く主張した。
　　（ⅰ）通勤、食事、入浴、睡眠時間などを確保するためには、11時間が必要
　　（ⅱ）過労死認定基準の改正により、過重労働の判断に当たり、勤務間インターバルがおおむね11時間未満の勤務の状況について検討・評価されることになった。
　　② 当初、使用者側委員は、現行どおり1日の休息期間は8時間とすべきと主張したが、後に9時間までの延長には理解を示した。
　　（ⅰ）休息期間はハイタク、トラック、バスの3業態でそろえるべき。
　　（ⅱ）現行8時間から11時間に延長することは急激すぎてシフトを組むのに支障をきたす。
　　（ⅲ）他業種では勤務間インターバルを8時間から9時間にすると補助金の対象となるのに対し、改善基準告示で11時間を定めるのは均衡を失する。

（ⅳ）　休息期間は少なくとも9時間を確保し、より長くなるよう努めることは妥当
③　最終的には、「勤務終了後、継続11時間以上の休息期間を与えるよう努めること
を基本とし、休息期間が継続9時間を下回らないものとする」ことで意見の一致を
みた。

　これは常に継続9時間の休息期間さえ与えておけば足りるということではありません。継続9時間の休息期間ということは、逆にいえば拘束時間が15時間ということであり、そのような勤務を続ければ1か月についての拘束時間の限度を遥かにオーバーしてしまうことになります。したがって、少なくとも平均的には、24時間から1日の拘束時間の基本である13時間を引いた時間、すなわち11時間程度以上の休息期間が与えられることとなります。ただし、業務の都合等で拘束時間が長くなる場合もないわけではありませんが、その場合でも最低限9時間の休息期間は与える義務があることに留意してください。

　また、改善基準告示における休息期間の役割は、勤務と勤務を区分するところにもその意味があります。

　すなわち、継続9時間以上の休息期間が与えられれば、その直後の勤務は新しい1日の勤務の始まりになるということです。

　一例を挙げてみましょう。下図に示すように、例えば、朝8時に出勤して正午まで働き、10時間の休息期間の後、夜10時に再び出勤して翌朝8時まで勤務したような場合についてみると、朝の勤務と夜間の勤務の間に9時間以上の休息期間が与えられていますので、朝の勤務と夜間の勤務は別の勤務ということになります。

　このケースについて念のため1日の最大拘束時間の計算をしてみると、朝の勤務は8時始業ですから翌朝8時までの間の拘束時間は、4時間＋10時間＝14時

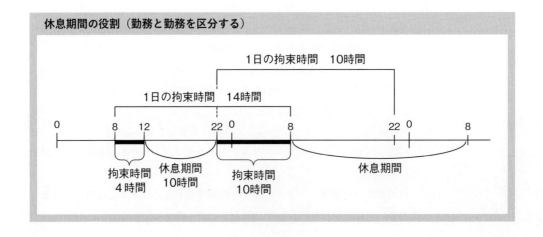

休息期間の役割（勤務と勤務を区分する）

間です。夜間の勤務の始業は午後10時で就業が翌朝8時までとなっており、その日は帰宅して仕事をしなかったとすると、午後10時の始業から翌日の午後10時までの間の拘束時間は10時間です。したがって朝の勤務も夜間の勤務も最大拘束時間15時間の範囲内ですから、改善基準告示の最大拘束時間には違反しないことになります。あとは、1か月についての拘束時間に違反するかどうかだけを問題にすればよいことになります。

8　車庫待ち等による日勤勤務（後述Ⅲ-3参照）

2　隔日勤務（通常の勤務）

（隔日勤務に従事する自動車運転者の拘束時間及び休息期間）

第2条第2項

　　使用者は、一般乗用旅客自動車運送事業に従事する自動車運転者であって隔日勤務[1]に就くものを使用する場合は、その拘束時間及び休息期間について、次に定めるところによるものとする。

一　拘束時間は、1箇月について262時間を超えないものとすること[2]。ただし、地域的事情その他の特別の事情がある場合において、労使協定により、1年について6箇月までは、1箇月の拘束時間を270時間まで延長することができるものとする[3]。

二　2暦日についての拘束時間は、22時間を超えないものとし、かつ、2回の隔日勤務を平均し隔日勤務1回当たり21時間を超えないものとすること[4]。

三　車庫待ち等の自動車運転者の拘束時間は、1箇月について262時間を超えないものとし、労使協定により、これを270時間まで延長することができるものとすること。ただし、次に掲げる要件をいずれも満たす場合に限り、2暦日についての拘束時間は24時間まで延長することができ、かつ、1箇月についての拘束時間はこの号本文に定める拘束時間に10時間を加えた時間まで延長することができるものとする[6]。

イ　夜間4時間以上の仮眠を与えること。

ロ　第2号に定める拘束時間を超える回数を、労使協定により、1箇月について7回を超えない範囲において定めること。

四　勤務終了後、継続24時間以上の休息期間を与えるよう努めることを基本とし、休息期間が継続22時間を下回らないものとすること[5]。

《趣 旨》

改善基準告示2条2項は、隔日勤務に従事する自動車運転者の拘束時間及び休息期間について規定しています。

なお、車庫待ち等による隔日勤務については、後述します（Ⅲ-4参照）。

解 説

1 隔日勤務の定義

隔日勤務とは、タクシー事業における変形労働時間制の一態様であり、2労働日の勤務を一勤務にまとめて連続して行うものですが、改善基準告示では2条1項において「始業及び終業の時刻が同一の日に属さない業務をいう」と定義しています。

隔日勤務のほとんどは、午前零時をまたいだ2暦日の業務となりますので、この定義でカバーできますが、例えば、始業時刻午後10時、終業時刻翌日午前7時（9時間拘束）のような勤務については単なる夜日勤として取り扱うこととなり、一方、始業時刻午前5時、終業時刻午後11時（18時間拘束）のような1暦日の中に収まる勤務については隔日勤務に該当すると解さざるを得ないことに留意してください。いずれにしても、勤務の実態等を踏まえて判断することになります（厚労省Q&A2-3参照）。

隔日勤務は、タクシーが深夜時間帯の移動にも対応する公共交通機関としての役割を果たすため、大都市部を中心に広く採用されています。しかし、2労働日の勤務を1勤務にまとめて行うという労働の強度を伴う勤務形態であるため、総拘束時間を隔日勤務以外の勤務についてのそれよりも短くするなど一定の条件の下に認められるものです。

2 1か月の拘束時間の原則 （1号）

隔日勤務における1か月の拘束時間は「262時間」を超えないものとされています。

隔日勤務の一定期間における拘束時間の限度については、旧告示制定時には「1か月について270時間以内」とされていましたが、平成9年の改正により「1か月については262時間以内」とされました。今回の改正では、旧告示からの変更はなく従前どおりとされました。

※　参考：隔日勤務における拘束時間は旧告示と同様とされた経緯（ハイタク部会）
　①　労働者側委員は、隔日勤務は2日連続勤務の負担が大きい業務であることから、2暦日の拘束時間は20時間、1か月の拘束時間は250時間とすべきと主張した。
　②　使用者側委員は、1か月の拘束時間は現行どおりが適切と主張した。
　（ⅰ）　そもそも日勤勤務よりも短い拘束時間となっていること。
　（ⅱ）　労働生産性向上の観点から、需要に応じた勤務ができるよう、1回の勤務の拘束時間を弾力化すべき。日勤勤務には弾力措置があるが、隔日勤務にはない。
　③　最終的には、現行どおりとすることで意見の一致をみた。なお、1回の勤務の拘束時間については弾力化し、1回22時間を上限とし、2回の隔日勤務を平均し1回当たり21時間を超えないものとした。

　「1か月」とは、原則として暦月をいうものですが、就業規則、勤務割表等で特定日を起算日として定めている場合には、当該特定日から起算した1か月でも差し支えありません（前述Ⅲ-1-③参照）。

③　1か月の拘束時間を延長する場合（1号）

　隔日勤務に就く自動車運転者の1か月についての拘束時間を262時間に限定することは、顧客需要の状況から難しい場合もないわけではありません。このため、平成9年の旧告示の改正により1か月の総拘束時間を270時間から262時間に短縮するに際し、「地域的事情その他の特別の事情」がある場合については、労使協定の締結により、1年のうち6か月までは270時間までの延長を認めることとされました。今回の改正でも、この点は維持されました。

　「地域的事情その他の特別の事情」とは、例えば地方都市における顧客需要の状況、大都市部における顧客需要の一時的増加等をいうものです。

　労使協定の当事者は、2条1項1号の場合と全く同様、使用者及び「当該事業場に労働者の過半数で組織する労働組合がある場合においてはその労働組合、労働者の過半数で組織する労働組合がない場合においては、労働者の過半数を代表する者」です。

　1か月の拘束時間を延長する場合の労使協定については、次の協定例を参考にしてください。この協定は労基署に届け出る必要はありませんが、事業場において周知するとともに保管しておいてください。

1か月の拘束時間の延長に関する協定書（例）
（隔日勤務のタクシー運転者）

　　○○タクシー株式会社代表取締役○○○○と○○タクシー労働組合執行委員長○○○○（○○タクシー株式会社労働者代表○○○○）は、「自動車運転者の労働時間等の改善のための基準」第2条第2項第1号ただし書きの規定に基づき、拘束時間に関し、下記のとおり協定する。

記

1　本協定の適用対象者は、隔日勤務に就くタクシー乗務員とする。
2　地域的事情その他の特別の事情がある場合、1か月の拘束時間は下表のとおりとする。各月の起算日は賃金計算期間の初日とし、例えば、「4月」は4月16日から5月15日までを示す。

4月	5月	6月	7月	8月	9月	10月	11月	12月	1月	2月	3月
270時間	262時間	270時間	270時間	262時間	262時間	262時間	262時間	270時間	270時間	262時間	270時間

3　本協定の有効期間は、○年4月16日から○年4月15日までとする。

以上

○年3月28日

　　　　　　　　　　　　　○○タクシー労働組合執行委員長○○○○　印

　　　　　　　　　　　　（○○タクシー株式会社労働者代表○○○○　印）

　　　　　　　　　　　　　○○タクシー株式会社代表取締役○○○○　印

　　労使協定では、1年の始期及び終期を定め、当該1年のうち6か月までの範囲で1か月の拘束時間を「270時間」を超えない範囲で延長する旨を協定することになります。その場合の各月の拘束時間は、例えば次のようになり、全ての協定対象者の各月の拘束時間は、この範囲内とする必要があります。

隔日勤務の1か月の拘束時間

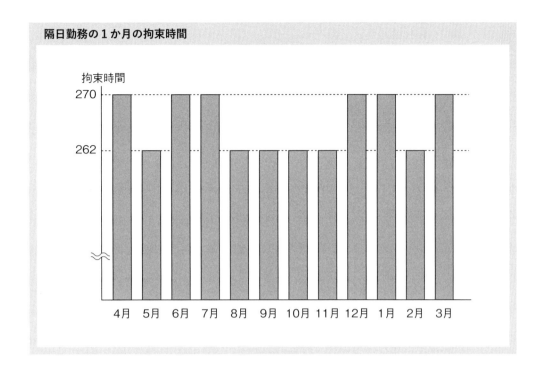

[4] **2暦日の拘束時間**（2号）

　隔日勤務者の2暦日の拘束時間は、「22時間」を超えないものとし、かつ、「2回の隔日勤務を平均し隔日勤務1回当たり21時間を超えない」ものとされました。

　旧告示では、1回の隔日勤務の拘束時間の上限が一律21時間と定められていたため、隔日勤務の終了間際の様々な事情（お客様の事情や交通事情等）により、5分、10分等の超過が生ずる場合がありましたが、これらもすべて改善基準告示違反と扱われていました。

　今回の改正では、1勤務の拘束時間について旧告示と同じ水準（21時間）に抑えつつ、労働生産性向上、突発的な顧客需要や交通事情等に一層柔軟に対応する観点から、見直しを行ったものです。

　隔日勤務において「2暦日について」とは「1勤務について」と同義といってよいものです。

　2回の隔日勤務を平均した1回当たりの拘束時間の計算に当たっては、特定の隔日勤務を起算点として、2回の隔日勤務に区切り、その2回の隔日勤務の平均とすることが望ましいものの、特定の隔日勤務の拘束時間が改善基準告示に違反するか否かは、次により判断することとされました。

特定の隔日勤務の 前の隔日勤務	特定の隔日勤務	特定の隔日勤務の 次の隔日勤務
B時間	A時間	C時間

※　次の①②のいずれもが「21時間」を超えた場合に、初めて違反と判断されます。
　①　特定の隔日勤務の拘束時間（A時間）と、その前の隔日勤務の拘束時間（B時間）との平均
　②　特定の隔日勤務の拘束時間（A時間）と、次の隔日勤務の拘束時間（C時間）との平均

$$\frac{A+B}{2} > 21 、かつ、\frac{A+C}{2} > 21 \cdots\cdots 違反$$

したがって、今回の改正により改善基準告示違反となるのは、次の2つのケースとなります（厚労省Q&A2-4参照）。
（1）　1回の隔日勤務の拘束時間が22時間を超えた場合
（2）　特定の隔日勤務の拘束時間について、その前の隔日勤務との平均拘束時間と、その次の隔日勤務との平均拘束時間のいずれもが21時間を超えた場合（次ページの図参照）

これにより、上述した勤務終了間際の様々な事情によるわずかの超過時間が改善基準告示違反と取り扱われないこととなるとともに、忙しいときは長めに勤務し、そうでないときは早めに切り上げるという需要に応じたメリハリのある働き方が可能となりました。
ただし、1勤務が最長22時間まで認められることになったからといって、22時間ぎりぎりまで勤務すれば従来と同様の問題が発生しますので、余裕を持った帰庫時刻となるようルール化することが重要です。
また、前の2勤務平均が21時間を超えた場合の次の勤務については、2勤務平均を21時間以内にしなければ違反となりますので、該当する乗務員に対しては次の勤務に就く前にその旨注意喚起する必要があることに留意してください。

改善基準告示は、隔日勤務においては、①1か月について262時間（労使協定があれば270時間）を超えないこと、②2暦日について「22時間」を超えず、かつ、「2回の隔日勤務を平均し隔日勤務1回当たり21時間を超えない」ことと、1か月の規制と2暦日の規制の双方を満たすことを要求していますので、このどちらか一方でも満たしていない場合は改善基準告示違反になります。

隔日勤務の拘束時間に係る違反の捉え方

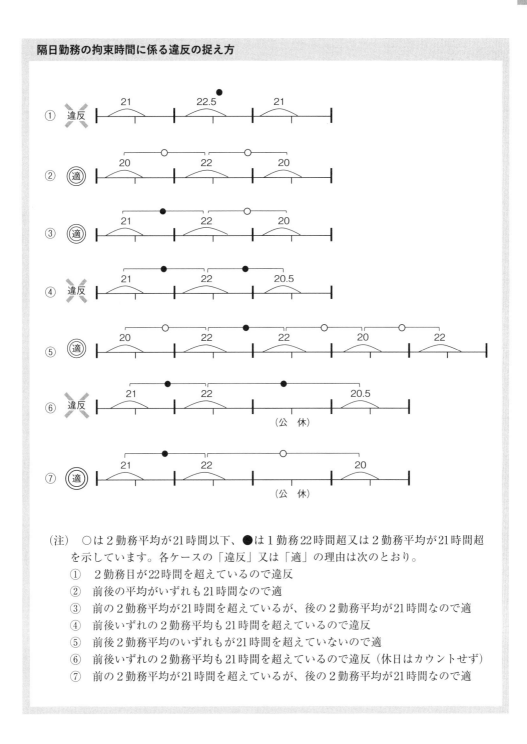

(注)　○は２勤務平均が21時間以下、●は１勤務22時間超又は２勤務平均が21時間超
　　を示しています。各ケースの「違反」又は「適」の理由は次のとおり。
　　① 　２勤務目が22時間を超えているので違反
　　② 　前後の平均がいずれも21時間なので適
　　③ 　前の２勤務平均が21時間を超えているが、後の２勤務平均が21時間なので適
　　④ 　前後いずれの２勤務平均も21時間を超えているので違反
　　⑤ 　前後２勤務平均のいずれもが21時間を超えていないので適
　　⑥ 　前後いずれの２勤務平均も21時間を超えているので違反（休日はカウントせず）
　　⑦ 　前の２勤務平均が21時間を超えているが、後の２勤務平均が21時間なので適

　　なお、日勤勤務と隔日勤務を併用して頻繁に勤務態様を変えることは、労働者
の生理的機能への影響に鑑み認められません。したがって、日勤勤務と隔日勤務
を併用する場合には、制度的に一定期間ごとに交替させるよう勤務割を編成しな
ければなりません。

なお、当分の間、次の要件を満たす場合には改善基準告示違反とはなりません（厚労省Q&A2-2参照）。

① 　1か月における拘束時間の長さが、隔日勤務の1か月の拘束時間（262時間）の範囲内であること。

② 　日勤の勤務の拘束時間が15時間を超えないこと。

③ 　日勤の勤務と次の勤務との間には、11時間以上の休息期間が確保されていること。

④ 　日勤の休日労働を行わせる場合には、隔日勤務の休日労働と合わせて2週間に1回を限度とすること。

5 　休息期間（4号）

隔日勤務者については、「勤務終了後、継続24時間以上の休息期間を与えるよう努めることを基本とし、休息期間が継続22時間を下回らないものとすること。」とされました。

旧告示において、隔日勤務者の休息期間は、勤務終了後「継続20時間以上」とされていましたが、日勤勤務の解説で述べた休息期間の重要性（前述Ⅲ-1-5参照）に加え、隔日勤務については2労働日の勤務を1勤務にまとめて行うため自動車運転者の身体的負担を伴うものであること等を踏まえ、休息期間について「継続24時間以上」与えることが努力義務であることを示すとともに、下限を2時間延長し、「継続22時間」としたものです。

> ※ 　参考：隔日勤務について、「勤務終了後、継続24時間以上の休息期間を与えるよう努めることを基本とし、休息期間が継続22時間を下回らないものとする」とされた経緯（ハイタク部会）
>
> ① 　労働者側委員は、休息期間を24時間とすべきことを強く主張した。
> （ⅰ） 　隔日勤務は過酷な勤務である。
> （ⅱ） 　拘束時間について見直しがなされないとしても、休息期間は延長すべき。
> ② 　当初、使用者側委員は、現行どおり休息期間は20時間とすべきと主張したが、後に、1回の勤務の拘束時間の弾力化を図ることを前提に22時間までの延長に理解を示した。
> ③ 　最終的には、1回の勤務の拘束時間の弾力化を図ること及び「勤務終了後、継続24時間以上の休息期間を与えるよう努めることを基本とし、休息期間が継続22時間を下回らないものとする」との表現で意見の一致をみた。

継続22時間は次の勤務に就かせてはならないということは、要するに連勤を禁止する趣旨です。「隔日勤務」は、2労働日の勤務を1勤務にまとめて行うも

のですから、その勤務終了後の1日はいわゆる非番日になって、本来勤務の入り込むことが予定されていない日です。したがって、原則的には休息期間は24時間以上ということになりますが、次の勤務の開始時刻を業務の都合で前倒しすることもあり得ることから、少なくとも「22時間以上」としたものです。

　労使当事者にあっては、以上のことを踏まえ、単に休息期間の下限「22時間」を遵守するにとどまらず、「継続24時間以上」の休息期間が確保されるよう自主的な改善の取組を行うことが特に要請されています（前述Ⅲ-1-⑦参照）。

> ※　休息期間は、タクシーの隔日勤務においては「明番」と呼ばれ、睡眠時間を含む乗務員の生活時間として、その処分が乗務員の全く自由な判断に委ねられる時間であることは当然ですが、一方で、この間に十分な休養をとり、心身ともに健全な状態で次の運行に臨むことが求められる期間でもあります（運輸規則41条に基づく各社の服務規律で一般的にこのように定められています。）。

6　**車庫待ち等による隔日勤務**（後述Ⅲ-4参照）

3　車庫待ち等による隔日勤務以外の勤務（日勤勤務）

（日勤勤務に従事する自動車運転者の拘束時間及び休息期間）（再掲）

第2条第1項（アンダーライン＝車庫待ち等に関する規定）

　使用者は、一般乗用旅客自動車運送事業（道路運送法（昭和26年法律第183号）第3条第1号ハの一般乗用旅客自動車運送事業をいう。以下同じ。）に従事する自動車運転者（隔日勤務（始業及び終業の時刻が同一の日に属さない業務をいう。以下同じ。）に就くものを除く。以下この項において同じ。）を使用する場合は、その拘束時間（労働時間、休憩時間その他の使用者に拘束されている時間をいう。以下同じ。）及び休息期間（使用者の拘束を受けない期間をいう。以下同じ。）について、次に定めるところによるものとする。

一　拘束時間は、1箇月について288時間を超えないものとすること。ただし、顧客の需要に応ずるため常態として車庫等において待機する就労形態（以下「車庫待ち等」という。）の自動車運転者[1]の拘束時間は、当該事業場に労働者の過半数で組織する労働組合がある場合においてはその労働組合、労働者の過半数で組織する労働組合がない場合においては労働者の過半数を代表する者との書面による協定（以下「労使協定」という。）により、1箇月について300時間まで延長することができるものとする[2]。

二　１日（始業時刻から起算して24時間をいう。以下同じ。）についての拘束時間は、13時間を超えないものとし、当該拘束時間を延長する場合であっても、１日についての拘束時間の限度（以下「最大拘束時間」という。）は、15時間とすること。ただし、車庫待ち等の自動車運転者について、次に掲げる要件を満たす場合には、この限りでない[2]。

イ　勤務終了後、継続20時間以上の休息期間を与えること。

ロ　１日についての拘束時間が16時間を超える回数が、１箇月について７回以内であること。

ハ　１日についての拘束時間が18時間を超える場合には、夜間４時間以上の仮眠時間を与えること。

ニ　１回の勤務における拘束時間が、24時間を超えないこと。

三　前号本文の場合において、１日についての拘束時間が14時間を超える回数をできるだけ少なくするように努めるものとすること。

四　勤務終了後、継続11時間以上の休息期間を与えるよう努めることを基本とし、休息期間が継続９時間を下回らないものとすること[3]。

《趣旨》

改善基準告示２条１項１号ただし書き、同項２号ただし書き及び同項４号は、日勤勤務に就く車庫待ち等の自動車運転者の拘束時間及び休息期間について規定しています。

解説

[1]　車庫待ち等の自動車運転者（1号）

「車庫待ち等の自動車運転者」とは、改善基準告示２条１項１号で、「顧客の需要に応ずるため常態として車庫等において待機する就労形態の自動車運転者」と定義されています。当該運転者は、常態として車庫待ち、駅待ち等の形態によって就労する※自動車運転者であり、比較的作業密度が薄いこと等により、帰庫させ仮眠時間を与えることが可能な実態を有するため、一定の要件の下に最大拘束時間の延長を認めています。

　　※　具体的には、例えば、一般的な駅前ロータリー、病院、路上での客待ちは、いわゆる車庫待ち等には該当しません（厚労省Q&A2-6参照）。

基本通達では、就労形態について次の要件を満たす場合には、車庫待ち等の自

動車運転者に該当するものとして取り扱って差し支えないとしています。

（ア）　事業場が人口30万人以上の都市に所在していないこと。

（イ）　勤務時間のほとんどについて「流し営業」を行っている実態でないこと。

（ウ）　夜間に4時間以上の仮眠時間が確保される実態であること。

（エ）　原則として、事業場内における休憩が確保される実態であること。

　ただし、改正後の改善基準告示の適用の際、現に車庫待ち等の自動車運転者として取り扱われている者の属する事業場については、（ア）にかかわらず、当該事業場が人口30万人以上の都市に所在している場合であっても、当分の間、当該事業場の自動車運転者を車庫待ち等の自動車運転者に該当するものとして取り扱うこととされました（基本通達記の第2の2の（3）のア参照）。これは、平成11年以降全国的に市町村合併が積極的に推進された一方、多くの地域で車庫待ち等の営業実態が従前とほぼ同様であることを考慮したものです。

　二七通達で「車庫待ち等の自動車運転者」とは、「常態として車庫待ち、駅待ち等の形態によって就労する自動車運転者」とされ「主として車庫待ち、駅待ち等によって営業しており、作業密度が比較的薄く、かつ営業区域も比較的狭く、休憩時間についても原則として事業場内における休憩が確保され、拘束時間が18時間を超える場合は事業場内において夜間4時間以上の仮眠時間が確保される実態にあるものをいう。」とされていました。

　また、「一般的には人口30万人程度以上の都市においては「車庫待ち等」に該当しない実態にあるものと考えられるが、必ずしも人口の多少のみによって判断されるものではなく、前記の実態にあるか否かによって判断される。」とされ、旧告示における「車庫待ち等の自動車運転者」の定義は二七通達と全く同じであるとされていました。

　なお、「（イ）　勤務時間のほとんどについて『流し営業』を行っている実態でないこと」としているのは、一部「流し営業」を行っていたとしても「車庫待ち等」に該当するものであることを明確にしたものです。

2　日勤勤務の車庫待ち等の自動車運転者の拘束時間（1号、2号）

　日勤勤務の車庫待ち等の自動車運転者の拘束時間は、前述Ⅲ−1−3の通常の日勤勤務者の1か月の拘束時間と同様、1か月について「288時間」を超えないものとし、労使協定がある場合には、1か月の拘束時間を「300時間」まで延長することができることとされました。

この300時間については、平成元年制定の旧告示において、車庫待ち等の自動車運転者については、作業密度が比較的薄く、直ちに拘束時間の短縮を図ることが困難な事情も認められるところから、労使協定の締結を条件に1か月について350時間（14時間×25日）までの拘束を認めることとされましたが、平成4年の改正により336時間（14時間×24日）とされ、さらに平成9年の改正により322時間（14時間×23日）とされていたものを、今般、脳・心臓疾患に係る労災認定基準等を踏まえ、過労死等の防止の観点から、さらに22時間短縮したものです。

1か月の拘束時間を延長する場合の労使協定については、以下の協定例を参考にしてください。この協定は労基署に届け出る必要はありませんが、事業場において周知するとともに保管しておいてください。

1か月の拘束時間の延長に関する協定書（例）
（車庫待ち等の日勤勤務のタクシー運転者）

　　○○タクシー株式会社代表取締役○○○○と○○タクシー労働組合執行委員長○○○○（○○タクシー株式会社労働者代表○○○○）は、「自動車運転者の労働時間等の改善のための基準」第2条第1項第1号ただし書きの規定に基づき、拘束時間に関し、下記のとおり協定する。

記

1　本協定の適用対象者は、日勤勤務に就くタクシー乗務員であって、かつ、顧客の需要に応ずるため常態として営業所（又は○○駅）において待機する就労形態のものとする。

2　1か月の拘束時間は下表のとおりとする。各月の起算日は賃金計算期間の初日とし、例えば、「4月」は4月16日から5月15日までを示す。

4月	5月	6月	7月	8月	9月	10月	11月	12月	1月	2月	3月
300時間	288時間	295時間	288時間	295時間	288時間	288時間	295時間	300時間	300時間	288時間	300時間

3　本協定の有効期間は、○年4月16日から○年4月15日までとする。

以上

○年3月28日

○○タクシー労働組合執行委員長○○○○　印

（○○タクシー株式会社労働者代表○○○○　印）

○○タクシー株式会社代表取締役○○○○　印

　また、次に掲げる要件を満たす場合、1日の拘束時間を「24時間」まで延長することができることとされています。

　（ア）　勤務終了後、「継続20時間以上」の休息期間を与えること。

　（イ）　1日の拘束時間が「16時間」を超える回数が1か月について7回以内であること。

　（ウ）　1日の拘束時間が「18時間」を超える場合には、夜間に「4時間以上」の仮眠時間を与えること。

　上記（ウ）の運用に当たっては、仮眠設備において夜間「4時間以上」の仮眠時間を確実に与えることが要請されています。

　なお、仮眠は当然、事業場内の仮眠施設又は使用者が確保した同程度の施設において付与すべきものであり、事業場外において車内で取らせるようなものは該当しません。この要件は二七通達・旧告示と同様です。

③　車庫待ち等の自動車運転者の休息期間（4号）

　日勤勤務の車庫待ち等の自動車運転者の休息期間については、通常の日勤勤務と同様、「勤務終了後、継続11時間以上の休息期間を与えるよう努めることを基本とし、休息期間が継続9時間を下回らないものとすること。」とされました（前述Ⅲ-1-⑦参照）。

4　車庫待ち等による隔日勤務

（隔日勤務に従事する自動車運転者の拘束時間及び休息期間）（再掲）

第2条第2項（アンダーライン＝車庫待ち等に関する規定）

　使用者は、一般乗用旅客自動車運送事業に従事する自動車運転者であって隔日勤務に就くものを使用する場合は、その拘束時間及び休息期間について、次に定めるところによるものとする。

一　拘束時間は、1箇月について262時間を超えないものとすること。ただし、地域的事情その他の特別の事情がある場合において、労使協定により、1年について6箇月までは、1箇月の拘束時間を270時間まで延長することができるものとする。

二　2暦日についての拘束時間は、22時間を超えないものとし、かつ、2回の隔日勤務を平均し隔日勤務1回当たり21時間を超えないものとすること。

三　<u>車庫待ち等の自動車運転者の拘束時間は、1箇月について262時間を超えな</u>

いものとし、労使協定により、これを270時間まで延長することができるものとすること[1]。ただし、次に掲げる要件をいずれも満たす場合に限り、2暦日についての拘束時間は24時間まで延長することができ、かつ、1箇月についての拘束時間はこの号本文に定める拘束時間に10時間を加えた時間まで延長することができるものとする[2]。

イ　夜間4時間以上の仮眠を与えること。

ロ　第2号に定める拘束時間を超える回数を、労使協定により、1箇月について7回を超えない範囲において定めること。

四　勤務終了後、継続24時間以上の休息期間を与えるよう努めることを基本とし、休息期間が継続22時間を下回らないものとすること[3]。

《趣旨》

改善基準告示2条2項3号及び同項4号は、隔日勤務に就く車庫待ち等の自動車運転者の拘束時間及び休息期間について規定しています。

解説

[1]　隔日勤務の車庫待ち等の自動車運転者の拘束時間（3号本文）

隔日勤務の車庫待ち等の自動車運転者の拘束時間は、前述Ⅲ−2−[2]の隔日勤務者の1か月の拘束時間の原則と同様、1か月について「262時間」を超えないものとし、労使協定がある場合には、「270時間」まで延長することができるとされています。

[2]　2暦日及び1か月の拘束時間の延長（3号ただし書き）

次に掲げる要件を満たす場合、2暦日の拘束時間については、「24時間」まで、また、1か月の拘束時間について上記の時間（262時間又は270時間）に「10時間」を加えた時間まで、それぞれ延長することができることとされています。

（ア）夜間に「4時間以上」の仮眠時間を与えること。

これは、2暦日についての拘束時間が21時間を超える場合には、拘束時間中少なくとも4時間の仮眠時間が含まれていることから、月間10時間の限度で延長を認めても仮眠時間のない21時間拘束に比べて過重とはいえないという理由によるものです。

（イ）2暦日の拘束時間が22時間を超える回数及び2回の隔日勤務を平均し

　　隔日勤務1回当たり21時間を超える回数の合計は、労使協定により、1
か月について7回以内の範囲で定めること。

　隔日勤務は、大都市部を中心に行われ、多くの場合いわゆる「流し」中心であっ
て車庫待ちを中心とするものは少ないのですが、全くないわけではありません。
これらの事業場では顧客の需要等に応じるため、一定周期でいわゆる泊り番を組
まざるを得ない場合があります。

　そこで旧告示では、隔日勤務の車庫待ち等の自動車運転者の拘束時間は、1か
月「270時間」まで延長することができ、上記（ア）及び（イ）の要件を満たす場合
には、「20時間」を加えた時間まで延長できるとされていましたが、今回の改正
により、脳・心臓疾患に係る労災認定基準等を踏まえ、過労死等の防止の観点か
ら、当該要件を満たした場合に延長できる時間を「20時間」から10時間短縮し、
「10時間」としたものです。

　「262時間又は270時間までで労使協定により定めた時間」に10時間を加えた
時間とは、具体的には次のようになります。

　まず、地域的事情その他の特別の事情がある場合の労使協定がなく1か月の拘
束時間が262時間のときは、262時間＋10時間で272時間となり、当該労使協定
により1か月の拘束時間を265時間と定めた場合は、265時間＋10時間で275時
間となります。この数字は労使協定により定めた1か月の拘束時間によって変わ
ることとなりますが、労使協定により定めることのできる1か月の拘束時間の上
限は270時間ですので、車庫待ち等の場合の拘束時間の上限は270時間＋10時間
で280時間となります。

　なお、拘束時間の延長を行う場合には、次の協定例を参考にしてください。こ
の協定は労基署に届け出る必要はありませんが、事業場において周知するととも
に保管しておいてください。

1か月及び2暦日の拘束時間の延長に関する協定書（例）
（車庫待ち等の隔日勤務のタクシー運転者）

　○○タクシー株式会社代表取締役○○○○と○○タクシー労働組合執行委員長
○○○○（○○タクシー株式会社労働者代表○○○○）は、「自動車運転者の労働
時間等の改善のための基準」第2条第2項第3号の規定に基づき、拘束時間に関
し、下記のとおり協定する。

記

1 　本協定の適用対象者は、隔日勤務に就くタクシー乗務員であって、かつ、顧客の需要に応ずるため常態として営業所（又は○○駅）において待機する就労形態のものとする。

2 　1か月の拘束時間は下表のとおりとする。各月の起算日は賃金計算期間の初日とし、例えば、「4月」は4月16日から5月15日までを示す。

4月	5月	6月	7月	8月	9月	10月	11月	12月	1月	2月	3月
270時間	262時間	270時間	270時間	262時間	262時間	262時間	262時間	270時間	270時間	262時間	270時間

3 　2暦日の拘束時間に関し、22時間を超える回数及び2回の隔日勤務を平均し隔日勤務1回当たり21時間を超える回数の合計は、1か月について7回以内とする。また、夜間4時間以上の仮眠を与えることとする。

4 　上記3を満たす場合において、2暦日の拘束時間を24時間まで延長するものとする。

　また、この場合において、1か月の拘束時間は、下表のとおり、上記2の表の各月に10時間を加えた時間とする。

4月	5月	6月	7月	8月	9月	10月	11月	12月	1月	2月	3月
280時間	272時間	280時間	280時間	272時間	272時間	272時間	272時間	280時間	280時間	272時間	280時間

5 　本協定の有効期間は、○年4月16日から○年4月15日までとする。

以上

○年3月28日

○○タクシー労働組合執行委員長○○○○　印
（○○タクシー株式会社労働者代表○○○○　印）

○○タクシー株式会社代表取締役○○○○　印

---

③　休息期間（4号）

　隔日勤務に就く車庫待ち等の自動車運転者については、勤務終了後、継続24時間以上の休息期間を与えるよう努めることを基本とし、休息期間が継続22時間を下回らないようにしなければなりません（前述Ⅲ-2-⑤参照）。

5　予期し得ない事象への対応時間の取扱い

（予期し得ない事象への対応時間）

第2条第3項

　第1項第2号に定める1日についての拘束時間並びに前項第2号及び第3号に定める2暦日についての拘束時間の規定の適用に当たっては、次の各号に掲げる要件を満たす時間（以下「予期し得ない事象への対応時間」という。）[1]を、これらの拘束時間から除くことができる[2]。この場合において、予期し得ない事象への対応時間により、1日についての拘束時間が最大拘束時間を超えた場合は、第1項第4号の規定にかかわらず、勤務終了後、継続11時間以上の休息期間を与え、隔日勤務1回についての拘束時間が22時間を超えた場合は、前項第4号の規定にかかわらず、勤務終了後、継続24時間以上の休息期間を与えることとする[3]。

一　通常予期し得ない事象として厚生労働省労働基準局長が定めるものにより生じた運行の遅延に対応するための時間であること。

二　客観的な記録により確認できる時間であること。

《**趣　旨**》

　改善基準告示2条3項は、タクシー運転者が運転中に災害や事故等の通常予期し得ない事象に遭遇し、運行が遅延した場合において、その対応に要した時間について、拘束時間の例外的な取扱いを行うことを新たに定めたものです。

（**解　説**）

1　**予期し得ない事象への対応時間**

　「予期し得ない事象への対応時間」とは、次の（ア）及び（イ）の両方の要件を満たす時間をいいます（基本通達記の第2の2の（4）参照）。

（ア）　通常予期し得ない事象として局長が定めるものにより生じた運行の遅延に対応するための時間であること。（1号）

　　　「局長が定める」事象とは、次のいずれかの事象をいいます（厚労省Q&A2-8参照）。「いずれかの事象」ですから、これらは限定列挙と解され、ここに列挙されていない事象は「通常予期し得ない事象」に該当しないことになります。

a　運転中に乗務している車両が予期せず故障したこと。

・例えば、運転中に乗務している車両が予期せず故障したことに伴い、修理会社等に連絡して待機する時間、レッカー車等で修理会社等に移動する時間及び修理中の時間は「予期し得ない事象への対応時間」に該当します。

・ただし、例えば、上記対応に伴い、別の運転者が出勤を命じられ、勤務する場合における当該運転者の勤務時間は該当しません。

b　運転中に予期せず乗船予定のフェリーが欠航したこと。

・例えば、運転中に予期せず乗船予定のフェリーが欠航したことに伴い、フェリーの駐車場で待機する時間は「予期し得ない事象への対応時間」に該当します。

・また、フェリー欠航に伴い、急きょ陸路等で移動する場合、陸路での移動時間がフェリー運航時間とおおむね同程度である等、経路変更が合理的であると認められるときは、当該移動時間は「予期し得ない事象への対応時間」に該当します。

c　運転中に災害や事故の発生に伴い、道路が封鎖されたこと又は道路が渋滞したこと。

・例えば、前方を走行する車の衝突事故により発生した渋滞に巻き込まれた時間、地震や河川氾濫に伴う道路の封鎖、道路の渋滞等に巻き込まれた時間は「予期し得ない事象への対応時間」に該当します。

・ただし、例えば、災害や事故の発生を伴わない自然渋滞（商業施設や大型イベントの開催、お盆休み等の帰省ラッシュ等、単なる交通集中等）に巻き込まれた時間、相当程度遠方の事故渋滞の情報に基づき迂回する時間[※]、鉄道事故等による振替輸送・代行輸送等に要した時間は該当しません。

　　　※　例えば、長野（飯田）から東京（高井戸）に運行中、現地点から約2時間20分先の中央道上り相模湖ＩＣ付近で事故が発生し、1時間程度で事故渋滞が解消される見込みであるにもかかわらず、一般道に迂回し、通常約3時間の行程について、約6時間30分を要した場合

d　異常気象（警報発表時）に遭遇し、運転中に正常な運行が困難となったこと。

・例えば、運転前に大雪警報が発表されていたものの、まもなく解除が見込まれていたため、運転を開始したが、運転開始後も大雪警報が解除されず、結果として運転中に正常な運行が困難となった場合には、その対

応に要した時間は「予期し得ない事象への対応時間」に該当します。
・ただし、例えば、異常気象であっても警報が発表されない場合における対応時間は該当しません。

　このほか、運転中に自動車運転者が乗客の急病対応を行う場合や犯罪に巻き込まれた場合は、停車せざるを得ず、道路の封鎖又は渋滞につながると考えられることから、「c運転中に災害や事故の発生に伴い、道路が封鎖されたこと又は道路が渋滞したこと」に該当するものとして取り扱います。例えば、乗客の急病への対応時間、タクシー運転者が犯罪に巻き込まれた場合における警察等への対応時間等については、「予期し得ない事象への対応時間」に該当します。

　なお、予期し得ない事象については、「運転中に」という限定がありますが、運転前にあらかじめ当該事象が発生している場合には、たとえ運転開始前の車両点検中であったとしても、事象が既に発生しているため「予期し得ない事象への対応時間」に該当しません。ただし、例えば、運転開始後、休憩中に予期し得ない事象に遭遇し、その対応に要した時間は、「予期し得ない事象への対応時間」に該当します。

　一方、異常気象（警報発表時）については、運転前に異常気象の警報が発表されていたものの、その時点では正常な運行が困難とは想定されず、運転開始後に初めて正常な運行が困難となった場合、その対応に要した時間は「予期し得ない事象への対応時間」に該当します（厚労省Q&A2-10参照）。

（イ）　客観的な記録により確認できる時間であること。（2号）

　　次のaの記録に加え、bの記録により、当該事象が発生した日時等を客観的に確認できる必要があり、aの記録のみでは「客観的な記録により確認できる時間」とは認められません。
　a　運転日報上の記録
　　・対応を行った場所
　　・予期し得ない事象に係る具体的事由
　　・当該事象への対応を開始し、及び終了した時刻や所要時間数
　b　予期し得ない事象の発生を特定できる客観的な資料
　　遭遇した事象に応じ、例えば次のような資料が考えられます。

(a)　修理会社等が発行する故障車両の修理明細書等

(b)　フェリー運航会社等のホームページに掲載されたフェリー欠航情報の写し

(c)　公益財団法人日本道路交通情報センター等のホームページに掲載された道路交通情報の写し（渋滞の日時・原因を特定できるもの）

(d)　気象庁のホームページ等に掲載された異常気象等に関する気象情報等の写し

ただし、当該事象について、遅延の原因となった個々の対応時間の特定が困難な場合には、

当該事象への対応時間 ＝（当該事象に遭遇した勤務を含めた実際の拘束時間）－（運行計画上の拘束時間）

として、一勤務を通じた当該事象への対応時間を算出することも可能です。この場合には、上記(a)〜(d)の「予期し得ない事象の発生を特定できる客観的な資料」が必要ですが、やむを得ず客観的な記録が得られない場合には、「運転日報上の記録」に加え、当該事象によって生じた遅延に係る具体的な状況をできる限り詳しく運転日報に記載しておく必要があります。例えば「予期し得ない事象」が運転中の災害や事故に伴う道路渋滞に巻き込まれた区間や走行の時間帯等を運転日報に記載しておく必要があります（厚労省Q&A2-12参照）。

2　予期し得ない事象への対応時間の取扱い

予期し得ない事象への対応時間は、1日の拘束時間及び2暦日の拘束時間の規定の適用に当たっては、これらの拘束時間から除くことができます。

なお、「1日についての拘束時間並びに……2暦日の拘束時間の規定の適用に当たっては」と限定されていますので、この例外的な取扱いは、1日又は2暦日の拘束時間の規定の適用に限ったもので、1か月の拘束時間等の改善基準告示の他の規定の適用において、この対応時間を除くことはできません。

このため、通常予期し得ない事象に遭遇したのが、1か月の最終勤務日であった場合、1日又は2暦日の拘束時間については例外的な取扱いが認められますが、1か月の拘束時間については、例外的な取扱いが認められず、拘束時間違反となる可能性がありますので、注意が必要です（厚労省Q&A2-11参照）。

また、予期し得ない事象への対応時間は、休憩に該当しない限り、労働時間として賃金・割増賃金の対象になることはいうまでもありません※。

※　このため、36協定の締結に当たっては、1日又は2暦日の延長時間について「予期し得ない事象への対応時間」も織り込んだものとする必要があります（最大拘束時間を踏まえて延長時間を協定すると、予期し得ない事象が発生した場合に36協定をオーバーしてしまう可能性があります。**資料4**：36協定届記入例参照）。

3　予期し得ない事象への対応時間があった場合の休息期間

予期し得ない事象への対応時間により、1日の拘束時間が最大拘束時間15時間を超えた場合、勤務終了後、「継続11時間以上」の休息期間を与える必要があります。また、同様に2暦日の拘束時間の最大である22時間を超えた場合には、勤務終了後、「継続24時間以上」の休息期間を与える必要があります。

これは、予期し得ない事象への対応時間は、数十分の単位ではなく、かなり長時間になることもあり得ることを踏まえ、長めの休息時間を与えることとしたものです。

6　休日労働の取扱い

（休日労働の制限）
第2条第4項

使用者は、一般乗用旅客自動車運送事業に従事する自動車運転者を休日[1]に労働させる場合は、当該労働させる休日は2週間について1回を超えないものとし、当該休日の労働によって第1項又は第2項に定める拘束時間及び最大拘束時間を超えないものとする[2]。

《 趣 旨 》

改善基準告示2条4項は、タクシー運転者が法定休日に労働する場合の制限を定めたものです。旧告示にも同様の規定がありました。

（解 説）

1　休日

労基法では毎週少なくとも1回の休日又は4週間を通じ4日以上の休日を与えなければならないとされています（法35条）。この労基法で定める休日（法定休日）に労働させる場合には36協定の締結、届出が必要ですが、36協定により休日労

働を行わせる場合であっても、改善基準告示は、自動車運転者については休日労働は2週間について1回までとし、また休日労働によって改善基準告示2条1項及び2項に定める拘束時間及び最大拘束時間の限度を超えないよう求めています。すなわち、休日労働は1か月についての拘束時間の範囲内でしか行わせることはできないということです。

したがって、一定の勤務日における勤務によって既に1か月についての拘束時間の限度に達していたとすれば、休日労働を行わせることはできません。逆に、休日労働の結果、1か月についての拘束時間の限度に達していれば、所定の勤務日における勤務が制限されることになります。

また、休日労働の場合も1日についての最大拘束時間（隔日勤務の場合は2暦日についての拘束時間）の制限がかかってきますので、それぞれの限度内で労働させる必要があります。

さらに、休日労働の場合も、当該休日における勤務と前後の勤務との間にはそれぞれ所定の休息期間が必要です。

2 休日労働の回数の限度

休日労働の回数は2週間について1回を超えないものとし、当該休日労働によって、上記Ⅲ-1からⅢ-4までに定める拘束時間の限度を超えないものとする必要があります。この取扱いについては、旧告示からの変更はありません。

隔日勤務の場合の休日労働は2日をまとめて行うものですが、この場合、次のような形の休日労働も「2週間を通じ1回を限度とする」との休日労働に該当するものです。

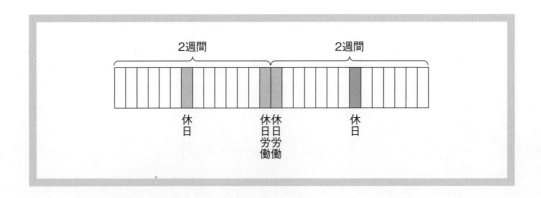

ハイヤーに乗務する自動車運転者の労働時間等

（ハイヤーに乗務する自動車運転者の適用除外）

第2条第5項

　　ハイヤー（一般乗用旅客自動車運送事業の用に供せられる自動車であって、当該自動車による運送の引受けが営業所のみにおいて行われるものをいう。次条において同じ。）に乗務する自動車運転者[1]については、第1項から前項までの規定は適用しない[2]。

（ハイヤーに乗務する自動車運転者の時間外・休日労働）

第3条

　　労使当事者は、時間外・休日労働協定においてハイヤーに乗務する自動車運転者に係る労働時間を延長して労働させることができる時間について協定するに当たっては、次の各号に掲げる事項を遵守しなければならない[3]。

一　労働時間を延長して労働させることができる時間については、限度時間を超えない時間に限ること。

二　1年についての限度時間を超えて労働させることができる時間を定めるに当たっては、当該事業場における通常予見することのできない業務量の大幅な増加等に伴い臨時的に当該限度時間を超えて労働させる必要がある場合であっても、法第140条第1項の規定により読み替えて適用する法第36条第5項の規定により、同条第2項第4号に関して協定した時間を含め960時間を超えない範囲内とすること。

2　使用者は、時間外・休日労働協定において、労働時間を延長して労働させることができる時間を定めるに当たっては、当該時間数を、休日の労働を定めるに当たっては、当該休日に労働させることができる時間数を、それぞれできる限り短くするよう努めなければならない[4]。

3　使用者は、ハイヤーに乗務する自動車運転者が疲労回復を図るために、必要な睡眠時間を確保できるよう、勤務終了後に一定の休息期間を与えなければならない[5]。

　ハイヤー運転者は、タクシー運転者に比べて、一層柔軟にお客様の需要に対応する必要があることから、タクシー運転者とは異なる緩やかな基準を設定しています。

解説

1　ハイヤーに乗務する自動車運転者

　改善基準告示2条5項で規定するハイヤーの定義（「一般乗用旅客自動車運送事業の用に供せられる自動車であって、当該自動車による運送の引受けが営業所のみにおいて行われるものをいう。」）は、タクシー業務適正化特別措置法（昭和45年法律第75号）2条2項の規定を参考としているものです。具体的には各地方運輸局長（沖縄総合事務局長を含む。）からハイヤー運賃の認可を受けた自動車をいいます。なお、関東運輸局管内では、東京都特別区・武三交通圏、神奈川県京浜交通圏、千葉県京葉・東葛・千葉・北総交通圏、埼玉県県南中央交通圏が認可対象の交通圏となっています。

　ハイヤーは実態的には、完全予約制の貸し切り送迎車のことです。多くの場合、ハイヤー会社と企業の間で契約され、企業の役員や海外VIPの送迎に利用されています。あらかじめ乗車地点と目的地が決められた状態で予約され、ハイヤーが営業所を出庫する時刻から、営業所に帰庫する時刻までを貸し切るもので、利用する時間帯や利用頻度、車種などによっても料金が異なってきます。一般にタクシーに比較し、お客様の様々なご予定・ご要望に応じたきめ細かな対応が求められる業務といえます。

2　タクシー運転者の規定はハイヤー運転者には適用されません

　改善基準告示2条5項では、ハイヤーに乗務する自動車運転者については、ハイヤー運転者の勤務の実態を踏まえ、2条1項から4項までに規定されたタクシー運転者の基準は適用しないことを明確にしています。この取扱いについては、旧告示から変更はありません。

3　時間外労働の上限規制等（3条1項）

　労使当事者は、ハイヤー運転者に係る36協定を締結するに当たっては、次の事項を遵守しなければならないものとされました。

ア　時間外労働時間については、限度時間（1か月45時間、1年360時間）を超えない時間に限ること。

イ　臨時的な特別の事情がある場合の時間外労働時間を定めるに当たっては、1年に960時間を超えない範囲内とすること。

旧告示においては、ハイヤー運転者について、時間外労働時間を「1か月50時間」、「3か月140時間」及び「1年間450時間」の目安時間以内とするよう努めること、特別条項付き協定がある場合には例外的に目安時間を超えることができること等とされていました。

しかし、令和6年4月1日から、ハイヤー運転者についても他の自動車運転者と同様、労基法に基づく時間外労働の上限規制（前述Ⅱ-4参照）や指針（前述Ⅱ-5参照）の適用対象となることから、改善基準告示の内容が全面的に変更され、36協定を締結するに当たっての労使当事者又は使用者の責務が定められました。

4　できる限り短くする努力義務（3条2項）

使用者は、36協定において、時間外労働時間を定めるに当たっては当該時間数を、休日の労働を定めるに当たっては当該休日に労働させる時間数を、それぞれできる限り短くするよう努めなければならないものとされました。

5　休息期間（3条3項）

使用者は、ハイヤー運転者が疲労回復を図るために、必要な睡眠時間を確保できるよう、勤務終了後に一定の休息期間を与えなければならないものとされました。

これは、自動車運転者の睡眠時間の確保による疲労回復の観点から、勤務終了後に一定の休息期間を与えなければならないことを新たに規定したものです。ハイヤー運転者は、タクシー運転者に比べて、一層柔軟にお客様の需要に対応する必要があり、休息期間の下限時間を定めることが困難であることから、「一定の休息期間」としたものですが、当該規定に基づき、使用者は、ハイヤー運転者の各々の勤務の実態に即した適切な時間の休息期間を勤務終了後に与える必要があります。

ハイヤー運転者については、拘束時間の基準等の規定は設けられていませんが、時間外労働の削減や過労死等の防止といった観点から、お客様のご理解・ご協力の下に適正な労働時間管理を行うべきことは当然のことであり、使用者は特にこのことに留意する必要があります。

なお、３項の規定が設けられたことに伴い、従前において143号通達で示していた「当該運転者の疲労回復を図る観点から、継続４時間以上の睡眠時間を確保するため少なくとも６時間程度は次の勤務に就かせないようにする」との取扱いは、令和６年４月１日をもって廃止されます。

適用除外業務

（**目的等**）（再掲）

第1条第1項（アンダーライン＝適用除外業務に関する規定）

　　この基準は、自動車運転者（労働基準法（昭和22年法律第49号。以下「法」という。）第9条に規定する労働者（同居の親族のみを使用する事業又は事務所に使用される者及び家事使用人を除く。）であって、四輪以上の自動車の運転の業務（<u>厚生労働省労働基準局長が定めるものを除く。</u>）に主として従事する者をいう。以下同じ。）の労働時間等の改善のための基準を定めることにより、自動車運転者の労働時間等の労働条件の向上を図ることを目的とする。

《**趣　旨**》

　　改善基準告示1条1項に基づき、タクシー運転者についても、局長が定める改善基準告示の適用除外業務に該当する場合があることとなりました。

（**解　説**）

　　従前は、旧告示1条1項の規定に基づき、平成9年3月26日付け基発201号「自動車運転者の労働時間等の改善のための基準に係る適用除外業務について」が発出され、具体的には、貨物自動車運送事業における緊急輸送の業務及び一定の危険物の運送の業務が改善基準告示の適用除外業務とされていました。

　　今回の改正を機に「厚生労働省労働基準局長が定めるものを除く。」の局長が定めるものの範囲が次のとおり拡大され、タクシー運転者についても一部適用除外業務の対象となる場合があることとなりました（詳細は厚労省Q&A5適用除外業務参照）。

　　なお、本取扱いは、令和6年4月1日を待たずに実施されました（令4.12.27基発1227第1号）。

（1）　災害対策基本法等に基づく緊急輸送の業務

　　　大震災等の大規模災害等が発生した場合、一般的には、災害対策基本法及び大規模地震特別措置法等に基づく交通規制が実施され、車両の通行が禁止されますが、災害応急対策等に従事する車両は、緊急通行車両として都道府県公安委員会から確認を受けると、標章及び証明書が交付され、標

章を車両に掲示することにより、規制区間を通行することができます。こ
れらの業務は、大規模災害等発生時の応急対策の一環として、人命救助や
災害拡大防止等のために行われる業務であり、公益性が高く、かつ緊急の
性格を有することから、改善基準告示の適用除外業務とするものです。

（２） 人命又は公益を保護するために、法令の規定又は国若しくは地方公共団
体の要請等に基づき行う運転の業務

（３） 消防法等に基づく危険物の運搬の業務

　なお、これらの業務に従事する期間が1か月に満たない場合は、当該1か月の
残りの期間については改善基準告示の拘束時間の規制が按分して適用になりま
す。その際の上限は具体的には次の式で算出することとなります。

　[(該当業務に従事した月の日数) − (該当業務に従事した日数)] ÷ (該当業務に
従事した月の日数) × (該当業務に従事した月の拘束時間)

　　※具体例：31日ある1か月に20日間、適用除外業務に従事した場合
　　　　(31 − 20) ÷ 31 × 288 ＝ 102.19時間

自動車運転者の労働時間等の取扱い及び
賃金制度等の取扱い

1　労働時間等の取扱い

（1）労働時間の取扱い

労働時間は、拘束時間から休憩時間を差し引いたものです。この場合において、事業場外における仮眠時間を除く休憩時間は3時間を超えてはならないものとされています。ただし、業務の必要上やむを得ない場合であって、あらかじめ運行計画により3時間を超える休憩時間が定められている場合、又は運行記録計等により3時間を超えて休憩がとられたことが客観的に明らかな場合には、この限りでないとされています。

自動車運転者の業務は事業場外において行われるものですが、通常は走行キロ数、運転日報等からも労働時間を算定し得るものであり、労基法38条の2の「労働時間を算定し難いとき」という要件には該当しません。

基本通達では、「事業場外における休憩時間については、就業規則等に定めた所定の休憩時間を休憩したものとして取り扱うこととしたが※、休憩時間が不当に長い場合は歩合給等の賃金体系との関連から休憩時間中も働く可能性があるので、事業場外での休憩時間は、仮眠時間を除き、原則として3時間を超えてはならない」ものとされました。なお、手待時間が労働時間に含まれることはいうまでもありません。

　※　**課題2**：休憩時間参照

法の遵守に当たっては、使用者には労働時間の管理を行う責務があり、労働時間の適正な把握のために使用者が講ずべき措置に関するガイドライン（平成29年1月20日付け基発0120第3号別添）により、始業・終業時刻の確認及び記録を含め適正な労働時間管理を行う必要があります（**課題1**：始業・終業時刻参照）。また、自動車運転者の労働時間管理を適正に行うためには、運転日報等の記録を適正に管理するほか、運行記録計による記録を自動車運転者個人ごとに管理し、労働時間を把握することも有効な方法です。

したがって、貨物自動車運送事業輸送安全規則（平成2年運輸省令22号）9条や運輸規則26条に基づき、運行記録計を装着している車両を保有する使用者においては、運行記録計の活用による適正な労働時間管理を行ってください。また、運行記録計を装着している車両を保有していない使用者においては、車両に運行記

録計を装着する等により適正な労働時間管理を行ってください（基本通達記の第3の1の（1）参照）。

（2）　休日の取扱い

　　休日は、休息期間に24時間を加算して得た、連続した時間とする必要があります。

　　労基法35条に規定する休日は原則として暦日を単位として付与されるべきものですが、自動車運転者については、その業務の特殊性から暦日を単位として休日を付与することが困難であるため、休息期間に24時間を加算して得た労働義務のない時間を休日として取り扱うものです。このため、休日については、日勤勤務の場合は継続33時間（9時間＋24時間）、隔日勤務の場合は継続46時間（22時間＋24時間）を下回ることのないようにする必要があります。

　　なお、2日の休日を与える場合は、上記時間にさらに24時間プラスした57時間、70時間を下回らないようにしてください。

2　賃金制度等の取扱い

　自動車運転者の賃金制度等については、次により改善を図るものとされています。

（1）　保障給

　　労基法27条は「出来高払制その他の請負制で使用する労働者については、使用者は、労働時間に応じ一定額の賃金の保障をしなければならない。」と規定しています。この趣旨は、労働者の最低生活を保障することにありますが、労基法では具体的な保障給の額についての規定がありません。

　　そこで、基本通達は、歩合給制度が採用されている場合には、労働時間に応じ、固定的給与と併せて通常の賃金の6割以上の賃金が保障されるよう保障給を定めることを求めています（基本通達記の第3の2の（1）のア参照）。

　　これは歩合給制度を採用している場合には、労働者ごとに労働時間に応じ各人の通常賃金の6割以上の賃金が保障されるようにすることを意図したもので、6割以上の固定的給与を設けなければならないという趣旨ではありません。

　　この場合の「通常の賃金」とは、原則として、労働者が各人の標準的能率で歩合給の算定期間における通常の労働時間（勤務割に組み込まれた時間外労働及び休日労働の時間を含みます。）を満勤した場合に得られると想定される賃金額（上記の時間外労働及び休日労働に対する手当を含み、臨時に支払われる賃金及び賞

与を除きます。）をいい、「一時間当たりの保障給」の下限は次の算式により算定
してください。

$$1時間当たりの保障給 = \frac{通常の賃金}{算定期間における通常の労働時間} \times 0.6$$

　なお、「一時間当たりの保障給」の実際の算定に当たっては、特段の事情のな
い限り、各人ごとに過去３か月程度の期間において支払われた賃金の総額（全て
の時間外労働及び休日労働に対する手当を含み、臨時に支払われた賃金及び賞与
を除きます。）を当該期間の総労働時間数で除して得た金額の100分の60以上の
金額をもって充てることとして差し支えなく、また、毎年１回等定期的にあらか
じめ定めておく場合には、特段の事情のない限り、当該企業の歩合給制労働者に
対し過去３か月程度の期間に支払われた賃金の総額（全ての時間外労働及び休日
労働に対する手当を含み、臨時に支払われた賃金及び賞与を除きます。）を当該
期間の延総労働時間数で除して得た金額の100分の60以上の金額をもって保障給
としても差し支えありません。

（2）累進歩合制度

　賃金制度は、本来、労使が自主的に決定すべきものですが、自動車運転者に係
る賃金制度のうち、累進歩合制度については、自動車運転者の長時間労働やス
ピード違反を極端に誘発するおそれがあり、交通事故の発生も懸念されることか
ら※、廃止すべきであるとされています（基本通達記の第３の２の(1)のイ参照）。

　　※　専門委員会報告（令4.9.27）に基づき、累進歩合制度が廃止するものとされた趣旨が
　　　基本通達に書き込まれました。

　累進歩合制度には、水揚高、運搬量等に応じて歩合給が定められている場合に
その歩合給の額が非連続的に増減するいわゆる「累進歩合給制」（次ページの上
の図参照）のほか、水揚高等の最も高い者又はごく一部の労働者しか達成し得な
い高い水揚高等を達成した者のみに支給するいわゆる「トップ賞」、水揚高等を
数段階に区分し、その水揚高の区分の額に達するごとに一定額の加算を行ういわ
ゆる「奨励加給」（次ページの下の図参照）が該当します。これらの制度は、い
ずれも廃止すべき累進歩合制度に該当するため、認められないものです。

　累進歩合制度の廃止については、特定地域における一般乗用旅客自動車運送事
業の適性化及び活性化に関する特別措置法等の一部を改正する法律（平成25年法律
83号）の国会附帯決議（衆議院国土交通委員会（平成25年11月８日）及び参議院国土交通委員会

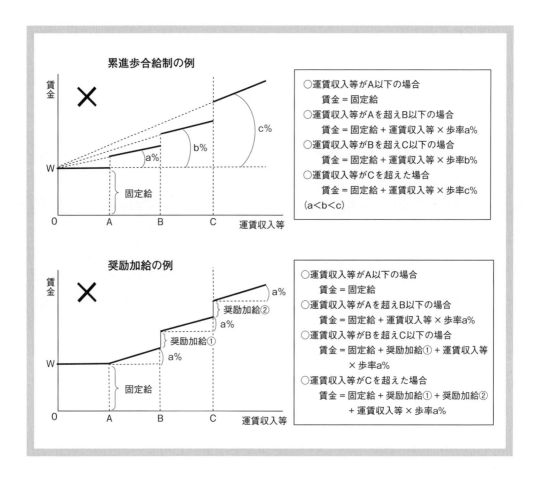

累進歩合給制の例

賃金

×

W

固定給

O   A   B   C   運賃収入等

a%
b%
c%

○運賃収入等がA以下の場合
　　賃金＝固定給
○運賃収入等がAを超えB以下の場合
　　賃金＝固定給＋運賃収入等×歩率a%
○運賃収入等がBを超えC以下の場合
　　賃金＝固定給＋運賃収入等×歩率b%
○運賃収入等がCを超えた場合
　　賃金＝固定給＋運賃収入等×歩率c%
(a<b<c)

奨励加給の例

賃金

×

W

固定給

O   A   B   C   運賃収入等

a%
奨励加給②
a%
奨励加給①
a%

○運賃収入等がA以下の場合
　　賃金＝固定給
○運賃収入等がAを超えB以下の場合
　　賃金＝固定給＋運賃収入等×歩率a%
○運賃収入等がBを超えC以下の場合
　　賃金＝固定給＋奨励加給①＋運賃収入等
　　　　×歩率a%
○運賃収入等がCを超えた場合
　　賃金＝固定給＋奨励加給①＋奨励加給②
　　　　＋運賃収入等×歩率a%

（同月19日））においても、労使双方にその趣旨を踏まえ、真摯な対応を行うよう促すことが求められていることから、労使当事者にあっては自主的な改善を行うことが要請されます（**課題8**：累進歩合給参照）。

　なお、累進歩合制度の廃止に関する周知及び指導については、平成26年1月24日付け基発0124第1号※によるとされています。

　　※　「特定地域における一般乗用旅客自動車運送事業の適正化及び活性化に関する特別措置法等の一部を改正する法律の附帯決議を踏まえた累進歩合制度の廃止に係る指導等の徹底について」により、次の指示がされています。
　　　1　累進歩合制度の廃止について、集団指導、監督指導等を通じて周知を図ること。
　　　2　累進歩合制度を採用している事業場に対し、「労使間で検討の上、賃金制度を見直すなどにより、累進歩合制度を廃止するよう指導します。なお、累進歩合制度の廃止等改善状況については、○月○日までに報告してください。」との（専用）指導文書を交付することにより、指導すること。

（3）　年次有給休暇の不利益取扱いの是正

　　労基法附則136条の規定に従い、年次有給休暇を取得した労働者に対して賃金の減額その他不利益な取扱いをしないようにする必要があります（**課題5**：年次有給休暇参照）。

3　法定基準等の確保

　　改善基準告示及び基本通達の内容は、自動車運転者の労働の実態に鑑み、自動車運転者の労働時間等の労働条件の改善を図るため、法に定める事項のほかに必要な事項を定めているものですが、割増賃金の適正かつ確実な支払（**課題6**：割増率50％以上、**課題10**：固定割増賃金、**課題11**：オール歩合給と割増賃金参照）、最低賃金の確実な支払（**課題7**：最低賃金参照）、実態に即した就業規則の整備、賃金台帳の適正な記録、仮眠施設の設置、健康診断の実施（**課題16**：過重労働防止参照）など、労基法、最低賃金法、安衛法等に定められた事項を遵守すべきことはいうまでもありません。

第2章

タクシー事業の労務課題の解決に向けて

課題1 始業・終業時刻

厳格な労働時間管理が求められるようになっていますが、改めてタクシー乗務員の始業時刻はどこからスタートすると考えればよいですか。また終業時刻はどの時点ととらえればよいですか。

押さえておきたい 基礎知識

▶1 労働時間とは

労働時間とは、労働者が使用者の指揮命令下に置かれている時間をいいます。必ずしも現実に精神又は肉体を活動することを要件としていません。また、明示的なものである必要はなく、黙示の指示により行われている場合も労働時間です。

タクシー事業においてもみられる次のような時間は労働時間です。

① 使用者の指示により、就業を命じられた業務に必要な準備行為や業務終了後の業務に関連した後始末を事業場で行った時間

② 使用者の指示があった場合には即時に業務に従事することを求められており、労働から離れることが保障されていない状態で待機している時間（いわゆる「手待時間」）

③ 参加することが義務付けられている研修・教育訓練の受講や、使用者の指示により業務に必要な学習等を行っていた時間

▶2 休憩時間とは

休憩時間とは、労働時間の途中にあって、労働者が権利として労働から離れることを保障されている時間をいいます。始業時刻から終業時刻までを拘束時間といい、拘束時間から休憩時間を除いた時間が労働時間になるという関係にあります。

▶3 「労働時間の適正な把握のために使用者が講ずべき措置に関するガイドライン」（平29.1.20基発0120第3号別添）における使用者が講ずべき措置（抄）

（1） 始業・終業時刻の確認及び記録

使用者は、労働時間を適正に把握するため、労働者の労働日ごとの始業・終業時刻を確認し、これを記録すること。

（2） 始業・終業時刻の確認及び記録の原則的な方法

使用者が始業・終業時刻を確認し、記録する方法としては、原則として次のいずれかの方法によること。

ア 使用者が、自ら現認することにより確認し、適正に記録すること。

イ タイムカード、ＩＣカード、パソコンの使用時間の記録等の客観的な記録を基礎として確認し、適正に記録すること。

（3） 自己申告制により始業・終業時刻の確認及び記録を行う場合の措置

上記（2）の方法によることなく、自己申告制によりこれを行わざるを得ない場合、使用者は次の措置を講ずること。

ア 自己申告制の対象となる労働者及び管理者に対し、自己申告制の適正な運用について十分な説明を行うこと。

イ 自己申告により把握した労働時間が実際の労働時間と合致しているか否かについて、必要に応じて実態調査を実施し、所要の労働時間の補正をすること。

ウ 使用者は、労働者が自己申告できる時間外労働の時間数に上限を設け、上限を超える申告を認めない等、労働者による労働時間の適正な申告を阻害する措置を講じてはならないこと。

課題解決に向けて

1 労働時間管理の重要性

近年、タクシー事業のみならず厳格な労働時間管理が従来以上に強く求められるようになっています。

この背景には、政府が働き方改革の実現に向け、働き過ぎの防止、ワーク・ライフ・バランス、多様で柔軟な働き方の推進を３本柱として掲げ、特に労働時間法制の見直しとして、年次有給休暇の取得促進、残業時間の上限規制、月60時間超の残業に係る割増賃金率の引上げ、労働時間の客観的な把握、改善基準告示の見直しなどに取り組み始めたことが挙げられます。最低賃金が毎年大幅に引き上げられていることも間接的に影響しています。

労基法や最低賃金法には罰則があります。改善基準告示には罰則はありませんが、過労防止の観点から労働基準監督機関は指導を強めることが考えられますし、国土交通省との通報制度も運用されています。

労働時間管理が適正に行われていなければ、労基法、最低賃金法、安衛法、改善基準告示等を遵守することはできません。健全な事業運営・労務管理の一丁目一番

地に労働時間管理があるといっても過言ではありません。

　厚生労働省は、「労働時間の適正な把握のために使用者が講ずべき措置に関するガイドライン」(平29.1.20)を策定し、労働時間管理は使用者の重要な責務であること及び労働時間管理の具体的な手法を示し、周知徹底を図っています。

2　乗務員の始業・終業時刻

　始業時刻とは、労働者が使用者の指揮命令下に入った時刻のことであり、終業時刻とは、労働者が使用者の指揮命令下から解放された時刻のことです。一般の製造業や事務部門では、定められた始業時刻までに労働者が所定の配置につき、その時刻になれば一斉に業務がスタートすることになりますので、始業時刻の把握というような問題はありません(早出や遅刻はあり得ますが。)。一方、終業時刻については、定時で帰る労働者も多くいますが、個々の労働者で異なる場合がありますので、個別の残業時間の把握管理が必要になります。

　これに対し、乗務員の場合は事情がかなり異なります。乗務員については、出庫に先立って行うアルコールチェック、点呼、始業前点検等のいずれかを乗務員が最初に開始した時刻が使用者の指揮命令下に入った時刻、すなわち始業時刻となり、一斉にスタートということにはなりません。また、乗務員の終業時刻は一般的には帰庫後、アルコールチェック、納金、洗車、点呼等のいずれかを最後に終了した時刻が使用者の指揮命令下から解放された時刻となり、こちらも一斉に終了ということにはなりません。

3　出庫・帰庫時刻に基づく把握

　上記のような乗務員の各行為の最初の時刻又は最後の時刻について、ガイドラインで推奨している「使用者が、自ら現認することにより確認し、適正に記録すること」により対応することは、多数の乗務員がいる場合、とても現実的な手法とはいえません。

　ところで、タクシー事業者は乗務員ごとの出庫・帰庫時刻又はこれに類する時刻については、客観的な記録が保存されていますので、これらの時刻に基づき始業・終業時刻を把握・記録することは合理的といえます。

　出庫の前に行われるアルコールチェック、点呼、始業前点検等に要する時間を一定時間と設定し、出庫時刻より一定時間前倒しした時刻を始業時刻とするわけです。同様に帰庫の後に行われるアルコールチェック、納金、洗車、点呼等に要する時間を一定時間と設定し、帰庫時刻にこの時間を加えた時刻を終業時刻とするわけ

です。この一定時間については、現場の実情をよく知っている労使で話し合って合理的な長さを決める必要があります。

　また、一定の時間がかかると想定していますので、実際にはそれ以上かかったというケースもあり得ます。この場合には、乗務員からの申し出を受けて実際の始業・終業時刻を確定することになります。

　この把握方法（客観的な記録 ＋ 一部自己申告制）に係る就業規則の記載例は、次のとおりですので参考にしてください。

（乗務員の始業時刻及び終業時刻の把握）

第〇条　乗務員の始業時刻は、原則として出社後出庫までに行われるアルコールチェック、点呼、始業前点検等に要する時間を〇分と取り扱い、出庫時刻の〇分前とする。乗務員の終業時刻は、原則としてアルコールチェック、納金、洗車、点呼等に要する時間を△分と取り扱い、帰庫時刻の△分後とする。

　　ただし、実際に当該時間を超えた場合であって、乗務員が理由を明らかにして申し出、かつ、会社が認めたときは、その時間によって始業・終業時刻を確定するものとする。

　なお、最近、遠隔点呼（カメラ、モニター等の映像・音声を中継する機器を介して、遠隔で点呼を行うこと）が制度化されましたが、これを行う場合も出庫・帰庫の時刻は記録として残りますので、上記に準じて始業・終業時刻を把握することが可能です。

4　アルコールチェック時刻に基づく把握

　タクシー事業においては、乗務員に対する始業・終業時のアルコールチェックは必須であり、多くの場合、アルコールチェック時刻が保存されています。この時刻を始業・終業時刻の把握に使用することも極めて合理的といえます。

　ただし、この場合には、アルコールチェックの前後に労働時間に該当する時間がないことが前提となりますので、乗務員の協力が欠かせません。すなわち、出社したら、まず最初にアルコールチェックを受け、その後すみやかに点呼や始業前点検を行って出庫する。また、帰庫したら、すみやかに運転日報の提出、納金、洗車、点呼等を行い、最後にアルコールチェックを受けるということを乗務員に徹底しておくことが必要となります。これができていれば、ストレートに始業・終業時刻をアルコールチェック時刻で特定することが可能となります。

　この把握方法（客観的な記録に基づくもの）に係る就業規則の記載例は、次のと

おりですので参考にしてください。

> （乗務員の始業時刻及び終業時刻の把握）
> 第○条　乗務員の始業時刻は、出庫前の点呼開始時刻（アルコールチェック時刻）と
> し、終業時刻は、運転日報の提出、納金、洗車等を終了した後に行われる点呼終了
> 時刻（アルコールチェック時刻）とする。

始業・終業時刻の把握

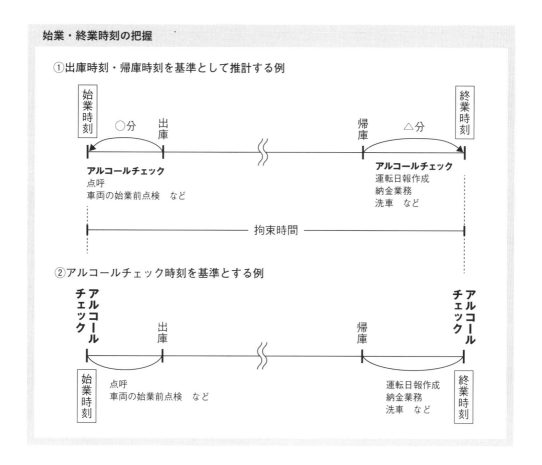

① 出庫時刻・帰庫時刻を基準として推計する例

② アルコールチェック時刻を基準とする例

5　タクシー乗務員の着替えは労働時間か

　これに関連する判例として、「入門後職場までの歩行や着替え履替えは、それが
作業開始に不可欠なものであるとしても、労働力の提供のための準備行為であっ
て、労働力の提供そのものではないのみならず、特段の事情のない限り使用者の直
接の指揮下においてなされるわけではないから、これを一律に労働時間に含めるこ
とは使用者に不当の犠牲を強いることになって相当とはいい難く、結局これをも労
働時間に含めるか否かは、就業規則にその定めがあればこれに従い、その定めがな

い場合には職場慣行によってこれを決するのが最も妥当である。」（昭59.10.18最高裁第一小法廷）とするものがあります。

　したがって、有害環境下での作業など着替えそのものが使用者の厳重な管理下において行われるような場合や事務所内において行うことが使用者から義務付けられているよう場合などは労働時間に該当しますが、乗務員の着替えについては一般的に使用者の指揮命令下の労働とは解されず、労働時間には該当しないと考えられます。

課題2　休憩時間

> タクシー乗務員の休憩時間の把握の仕方について、悩んでいます。
> 適切に把握するためにどのようなことを行えばよいかアドバイスを
> お願いします。

押さえておきたい　基礎知識

▶ 1　休憩時間とは

　休憩時間とは、労働時間の途中にあって、労働者が権利として労働から離れることを保障されている時間をいいます。労働時間の途中に与えることになっていますので、始業時刻直後又は終業時刻直前に休憩時間を取ることは適切ではありません。

　法定の休憩時間は労働時間が6時間を超える場合は少なくとも45分、8時間を超える場合は少なくとも1時間以上与えなければならないとされています（労基法34条）。労基法上、最少時間がこのように定められていますが、最長時間についての定めはありません。

　休憩時間には、労働から離れることが保障されていないいわゆる手待時間は含まれません（手待ち時間は労働時間として扱われます。）。

　製造業や事務部門などは休憩時間の開始・終了時刻があらかじめ指定され、労働者はそれに従って休憩するため、休憩時間に食い込んで業務に従事したような場合を除き、休憩時間の把握という問題は通常起こりません。これに対し、タクシー乗務員については事業場外の単独業務であるとともに労働時間と表裏の関係にありますので、適切に把握することが大きな課題になっています。

▶ 2　事業場外労働のみなし労働時間制とは

　労基法には、「労働者が労働時間の全部又は一部について事業場外で業務に従事した場合において、労働時間を算定し難いときは、所定労働時間労働したものとみなす。」（38条の2）と事業場外労働のみなし労働時間制が規定されています。

　しかし、タクシー乗務員の業務は事業場外の労働ではありますが、通常はデジタル式運行記録計などから労働時間を算定できるため、「労働時間を算定し難いとき」に該当せず、この規定は適用されません。

　したがって、使用者は個々の乗務員について、一律に所定労働時間労働したとみなすことはできず、実際の労働時間を把握しなければなりません。

課題解決に向けて

1 乗務員について、みなし休憩時間制は適用されるのか

　基本通達においては、記の第3の1の（1）で、「自動車運転者の業務は事業場外において行われるものではあるが、通常は走行キロ数、運転日報等からも労働時間を算定し得るものであり、法38条の2の「労働時間を算定しがたいとき」という要件には該当しない」とされています。

　また、「事業場外における休憩時間については、就業規則等に定めた所定の休憩時間を休憩したものとして取り扱うこととしたが、休憩時間が不当に長い場合は歩合給等の賃金体系との関連から休憩時間も働く可能性があるので、事業場外での休憩時間は、仮眠時間を除き、原則として3時間を超えてはならないものとしたこと。なお、手待ち時間が労働時間に含まれることはいうまでもないこと。」とされています。

　さらに、「法の遵守に当たっては、使用者には労働時間の管理を行う責務があり、労働時間の適正な把握のために使用者が講ずべき措置に関するガイドライン（平29.1.20基発0120第3号別添）により、始業・終業時刻の確認及び記録を含め適正な労働時間管理を行う必要があること。また、自動車運転者の労働時間管理を適正に行うためには、運転日報等の記録を適正に管理するほか、運行記録計による記録を自動車運転者個人ごとに管理し、労働時間を把握することも有効な方法であること。

　したがって、……旅客自動車運送事業運輸規則（昭和31年運輸省令44号）26条に基づき、運行記録計を装着している車両を保有する使用者においては、運行記録計の活用による適正な労働時間管理を行うこと。また、運行記録計を装着している車両を保有していない使用者においては、車両に運行記録計を装着する等により適正な労働時間管理を行うこと。」とされています。

　ところで、上述の基本通達の中で「事業場外における休憩時間については、就業規則等に定めた所定の休憩時間を休憩したものとして取り扱うこととした」との記述については、あくまでも運行記録計が備え付けられていない車両についての取扱いに限定すべきと考えます。そうしないと、運行記録計の活用による適正な労働時間管理を求めている基本通達の立場と矛盾することになるからです。例えば、就業規則で定められた休憩時間が3時間のときに、運行記録計上1時間しか休憩時間を取らなかったと把握された乗務員についても所定の休憩時間3時間を取得したものと取り扱うことは、運行記録計により把握した2時間の労働時間を切り捨てること

になり不合理な結果となってしまうからです。

　以上から、運行記録計が備え付けられている車両においては、乗務員ごとに走行・停止の客観的な時間管理が可能なため、労働時間のみならず休憩時間についてもこれを用いて把握することが適切です。

2　車両停止時間は休憩時間とみなしてよいか

　上述したように、休憩時間をできるだけ客観的に把握するためには、デジタル式運行記録計の記録を基に把握することになります。

　そこで、デジタル式運行記録計における車両停止時間は原則として休憩時間と捉えることになります。ただし、数分の停止時間でも休憩時間なのかというと、それはかえって実態を反映していないと思われます。短時間の停止時間の中には次のようなケースが考えられるからです。

　　・お客様への対応や次の運転業務の準備の時間かもしれない（電子決済に伴うお客様への説明、ナビの確認等）。
　　・信号待ち、踏切待ちで数分にわたる停車はあり得る。
　　・駅待ちでも数分にわたる停車はあり得る。

　そこで上記のような休憩の実態にない時間を確実に除くとなると、車両停止時間のうち10分から15分くらいを除いた時間が基準になるのではないでしょうか。いずれにしても現場の実情をよく知っている労使で十分話し合って決めるしかありません。

3　休憩ボタンの押下による把握

　乗務員が休憩ボタンを押下することにより休憩時間を把握するという方法があります。就業規則で例えば「乗務員は、休憩時間の取得に当たっては車両備付けの休憩ボタンによりデジタル式運行記録計に記録を残さなければならない。」というような規定を設け、実際に励行してもらえば実態を把握できますし、現にこの方法で休憩時間を把握している事業所もあります。

　しかし、これはいわば自己申告制による把握であり、事業場外労働であるタクシー営業においては管理者の目が届かず、乗務員によっては押さない、押し忘れるなどの場合が想定されるとともに、客観的な記録が可能なデジタル式運行記録計が存在する中で、休憩ボタンだけに頼ることは適切でないことも多いと思われます。

　したがって、このような場合には、休憩ボタンは休憩時間の把握の補強材料として利用するのがよく、特に休憩ボタンを押下した場合はその時点から休憩時間がス

タートすると取り扱うことが合理的と思われます。

4 休憩ボタンの押下がない場合の把握

　休憩ボタンの押下はないが、車両が停止している場合には、デジタル式運行記録計による休憩時間の把握を行うことになります。

　例えば車両停止時間から除外する基準を10分と定めた場合には、10分経過の時点から休憩時間がスタートすることになります。もし18分の車両停止時間があったとすれば、8分の休憩時間を取得したことになります。また、同じケースで車両停止後6分経過後に休憩ボタンが押下された場合にはその時点から休憩がスタートし、12分休憩したことになります（下図参照）。

　なお、上記の取扱いにおいて、車両は停止していても、お客様の対応など乗務員が業務を遂行していた場合もあり得ますので、乗務員から特段の申し出がある場合には、申出内容を勘案の上、個別に判断することになります。

　以上の把握方法について、例えば9分止まって1分移動し、また9分止まって1分移動する。これを繰り返せば、車両停止時間を含めてすべて労働時間とカウントすることになり、労働者にあまりにも有利ではないかという指摘も考えられます。確かに、これでは営収は上がらず、時間外労働が増え、最低賃金との差額支給も増えることになりかねません。こうしたイレギュラーな場合には、デジタル式運行記録計の記録や車内ビデオカメラの映像等を詳細にチェックすれば、上記のような問題点もはっきりしますので、当該乗務員に対し、それら事実を踏まえた必要な指導を行うことで防止できると思われます。

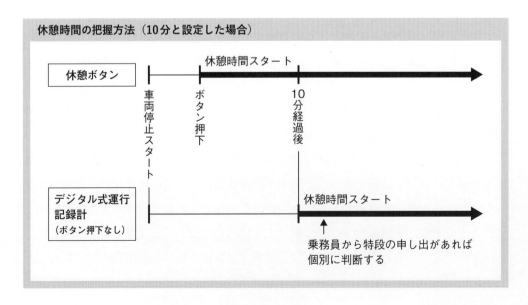

休憩時間の把握方法（10分と設定した場合）

5　就業規則の規定例

　労働時間、休憩時間の把握に関することは、就業規則の絶対的必要記載事項であるため、就業規則に明確に規定しておく必要があります。その際、次のような記載例がありますので参考にしてください。

（休憩時間の把握）

第○条　乗務員の休憩時間は隔日勤務にあっては合計3時間、日勤勤務にあっては合計1時間30分とし、乗務員は、原則としてシフト基準で指定された時間帯に休憩時間を確実に取得するようにしなければならない。なお、休憩時間を取得する場合は、休憩ボタンを押下するものとする。ただし、休憩ボタンの押下がない場合であっても継続○分を超えて車両が停止していた場合であって、乗務員から特段の申出がないときは、当該○分を超えた時間については休憩を取得したものとして取り扱うものとする。

　この就業規則の規定例では、所定の休憩時間を取ることは労働者の権利であるとともに労働者の義務でもあるということを明確にするため、「乗務員は、原則としてシフト基準で指定された時間帯に休憩時間を確実に取得するようにしなければならない。」という表現を用いています。

　事業場外で働く乗務員には労働時間及び休憩時間の配置については幅広い裁量権が与えられていますが、休憩時間を取得すること自体は乗務員の義務であるということを十分認識してもらうことが重要です。

6　食事の場所に移動するため車両を運転する時間は休憩時間か

　乗務員が営業を一時中止し、休憩ボタンを押すとともに車内表示装置（スーパーサイン）を「回送」表示※した上で、食事又は休憩場所に向かう時間は労働時間か休憩時間のいずれでしょうか。

　この場合、デジタル式運行記録計上、車両は停止しておらず、乗務員が会社所有のタクシー車両を運転して自らの目的地に移動していることになります。このような場合は、乗務員自らのために走行していると捉えることができ、この時間をも労働時間と扱うのは使用者に酷と考えられますので、労使協議の上で、この時間を使用者の指揮命令下から離れた時間、すなわち休憩時間として扱うことは可能と考えます。

　ただし、この場合は、回送走行の直後一定時間以上、実際に食事をし、又は休憩

をとったことを要件とすべきでしょう。

7　休憩時間の確実な取得に向けた指導

　日勤勤務又は隔日勤務のいずれにおいても、乗務員が労働時間の途中に適切な長さの休憩時間を確実に取得することは、それまでの労働の疲れをとるだけでなく、リフレッシュすることによりその後の勤務に集中できるようになりますので、事故防止やサービスの向上の観点からも重要です。

　そこで、折に触れ、乗務員に対し、適正な労働時間管理の観点に加え、事故防止やサービスの向上のためにも、就業規則どおりの休憩時間を取得することが乗務員の義務でもあることを周知徹底することが適切と考えます。

課題3　変形労働時間制

変形労働時間制について訴訟でタクシー会社側が敗訴する例があるようですが、同制度を適正に導入・運用する上での留意点について教えてください。

押さえておきたい　基礎知識

▶ 1　変形労働時間制とは

　変形労働時間制とは、原則的な労働時間制の例外として、一定期間内の法定労働時間の総枠の範囲内で労働時間を弾力的に配置することを可能とするもので、これにより特定の日又は特定の週に法定労働時間を超えて労働させても時間外労働として扱う必要がない労働時間制度のことをいいます。変形期間が1か月以内のものが1か月単位の変形労働時間制ですが、このほかに変形期間が1年のもの（1年単位の変形労働時間制）、1週間のもの（労働者数が29人以下の小売業、旅館、飲食店等に限定）もあります。フレックスタイム制も変形労働時間制の一種です（労基法32条の2～32条の5）。

▶ 2　1か月単位の変形労働時間制

　1か月単位の変形労働時間制は、就業規則その他これに準ずるものにおいて定めることにより、採用することができます。変形期間は1か月以内であれば、4週間単位等でもかまいません（詳細な要件は後述します。）。

　1か月単位の変形労働時間制を採用する場合には、通達により「就業規則においてできる限り具体的に特定すべきものであるが、業務の実態から月ごとに勤務割を作成する必要がある場合には、就業規則において各直勤務の始業終業時刻、各直勤務の組合せの考え方、勤務割表の作成手続及びその周知方法等を定めておき、それにしたがって各日ごとの勤務割は、変形期間の開始前までに具体的に特定することで足りる」（昭63.3.14基発150号）とされています。

▶ 3　1年単位の変形労働時間制

　1年単位の変形労働時間制は、労使協定により、1か月を超え、1年以内の一定期間を平均し、1週間当たりの労働時間が40時間を超えない範囲において、特定された日又は週に1日8時間又は1週40時間を超えて労働させることができるという制度です（労基法32条の4）。1年のうち特定の期間が忙しいと予測できる場合などに適しています。

　1年単位の変形労働時間制を採用する場合には、次の要件を満たす必要があります。

① 就業規則において1年単位の変形労働時間制を採用する旨を定めること。また、各労働日の始業・終業の時刻、休憩時間、休日等についても定めること。

② 労働者代表と書面による協定を締結し、様式4号により所轄の労基署長に届け出る

こと。この場合の労使協定で定める事項は次のとおりです。

ⅰ　対象となる労働者の範囲

ⅱ　対象期間（1か月を超え1年以内の一定期間とすること）及びその起算日

ⅲ　特定期間（対象期間中の特に業務が繁忙な期間について設定できます。）

ⅳ　対象期間における労働日及び労働日ごとの所定労働時間※（対象期間を1か月以上の期間に区分する場合は、最初の期間については労働日及び労働日ごとの所定労働時間を特定する必要がありますが、その後の期間については各期間の総労働日数と総労働時間を定めれば差し支えありません。）

　　※労働日数及び所定労働時間は、次の範囲内としなければなりません。

　　　ア　労働日数は対象期間が3か月を超える場合は原則として1年当たり280日以内

　　　イ　連続労働日数は原則として6日以内（特定期間においては1週間に1日の休日が確保できる範囲内。したがって、2週間・14日間の最初と最後を休日にすると、連続12日勤務が可能となります。）

　　　ウ　所定労働時間は1日10時間以内（隔日勤務のタクシー運転者については暫定措置として16時間以内。労基則66条）、1週52時間以内（対象期間が3か月を超える場合は、1週48時間を超える週は連続3週以内、1週48時間を超える週の初日の数は3か月に3以内

ⅴ　有効期間（1年程度とすることが望ましい。）

課題解決に向けて

1　はじめに

　タクシー事業における隔日勤務は、2日分の労働を1回の勤務にまとめて行うため、もし変形労働時間制を使わなければ、毎勤務ごとに8時間を超える労働が時間外労働になってしまい、多額の割増賃金が必要となります。したがって、隔日勤務を行う場合は、労基法上の変形労働時間制の規定等を正確に理解した上で、変形労働時間制を適法に導入し、かつ、適法に運用することがタクシー事業者に求められます。

2　1か月単位の変形労働時間制の要件

（1）　就業規則に定める

　1か月単位の変形労働時間制は、「使用者は、……労使協定により、又は就業規則その他これに準ずるものにより、……定めをしたときは、」採用することができると定められています（労基法32条の2）。

　「労使協定」によっても採用できますが、この効力については、36協定と同様、協定の定めるところにより労働させても労基法に反しないという免罰効果があるにとどまり、労働者の民事上の義務は労働協約、就業規則等の根拠が必要となります。したがって、1か月単位の変形労働時間制を採用する場合は、通常、労使協定によらず、就業規則に規定することになります。

　「その他これに準ずるもの」とは、常時10人未満の労働者を使用する就業規則作成義務のない事業場が変形労働時間制を採用する場合を想定したものです（昭22.9.13発基17号）。

（2）　変形期間

　労基法では、「1か月以内の一定の期間を平均し1週間当たりの労働時間が前条第1項の労働時間（1週間当たり40時間）を超えない定めをしたときは、同条の規定にかかわらず、その定めにより、特定された週において同項の労働時間（1週間当たり40時間）又は特定された日において同条第2項の労働時間（1日当たり8時間）を超えて、労働させることができる。」とされています（32条の2）。

　ここで「1か月以内の一定の期間」とされているのが「変形期間」のことです。変形期間は、1か月以内であれば30日単位、29日単位、28日単位（4週間単位）、20日単位等でも構いません。

　また、変形期間の起算日を就業規則に定めておく必要があります（労基則12条の2）。

（3）　変形期間における所定労働時間の上限

　変形期間における所定労働時間の上限は、法定労働時間を基準に求めることができます。すなわち、$\left[\dfrac{\text{変形期間}}{7} \times 40\right]$で以下のように算出します。

（計算例）

　　変形期間が30日の場合……$\dfrac{30}{7} \times 40 = 171.4$

　　変形期間が28日の場合……$\dfrac{28}{7} \times 40 = 160.0$

　　変形期間が20日の場合……$\dfrac{20}{7} \times 40 = 114.2$

（具体例１）

　　変形期間が28日、３s３t３s２s制（数字は連続勤務数、sは１公休、tは３連続公休を示します。）の11勤６休制、１回の勤務の所定労働時間が14時間30分の隔日勤務の場合

　　　→変形期間28日における法定労働時間の上限は160時間［28 ÷ 7 × 40］であるのに対し、所定労働時間は159.5時間［14.5 × 11］とその内輪に収まっていますので要件を満たします。

（具体例２）

　　変形期間が11日、２w２s制（sは１公休、wは２連続公休を示します。）の４勤３休制、１勤務の所定労働時間が15時間40分の隔日勤務の場合

　　　→変形期間11日における法定労働時間の上限は62.8時間［11 ÷ 7 × 40］であるのに対し、所定労働時間は62.68時間［15.67 × 4］とその内輪に収まっていますので要件を満たします。

（4）　月ごとに勤務割を作成する必要がある場合

　　１か月単位の変形労働時間制を就業規則に定める場合には、原則として、変形期間における各日の労働時間の長さだけでなく、始業及び終業の時刻を定める必要があります。したがって、変形期間を平均し週40時間の範囲内であっても使用者が業務の都合によって任意に労働時間を変更するような制度はこれに該当しないとされています（昭63.1.1基発１号）。

　　しかし、事業の運営上あらかじめ各日の始業終業時刻を定めることができない場合もあり得ます。そこで、通達において「就業規則においてできる限り具体的に特定すべきものであるが、業務の実態から月ごとに勤務割を作成する必要がある場合には、就業規則において各直勤務の始業終業時刻、各直勤務の組合せの考え方、勤務割表の作成手続及びその周知方法等を定めておき、それにしたがって各日ごとの勤務割は、変形期間の開始前までに具体的に特定することで足りる」（昭63.3.14基発150号）とされています。

　　なお、多くのタクシー事業者では、賃金計算期間開始の数日前に１か月分の勤務交番表を乗務員に示すのが一般的ですが、これはあらかじめエンドレスのローテーションとして示された勤務日を乗務員の直近の希望等を踏まえ微調整・再確認するために行っているものであり、変形期間の開始前までに各日の勤務割を具体的に特定すべきとの上記要件はそれ以前の段階で満たされていると解すべきでしょう。

（5）　就業規則規定例

　　1か月単位の変形労働時間制については、次のような規定例が考えられますので、参考にしてください。

（隔日勤務の乗務員の勤務時間等）

第○条　隔日勤務に従事する乗務員の勤務時間等は、次のとおりとする。

① 　28日を変形期間とする1か月単位の変形労働時間制を採用し、週の所定勤務時間は28日間を平均して40時間以内とする。

② 　隔日勤務の勤務ダイヤは1サイクル28日の「3s3t3s2s制（数字は連続勤務数（勤務後の明番を含む。）、sは1公休、tは3連続公休を示す。11勤6休制）」とする。この場合の1勤務の所定勤務時間は14時間30分とする。

③ 　隔日勤務の各シフト別の始業・終業時刻及び休憩時間は次表のとおりとする。

[隔日勤務のシフト基準]

勤務シフト	始業時刻	終業時刻	所定勤務時間	休憩時間（合計3時間）
A	6時30分	0時00分		8時から12時までに○分 14時から20時までに○分 21時から23時までに○分
B	7時30分	1時00分		9時から13時までに○分 15時から21時までに○分 22時から24時までに○分
C	8時30分	2時00分	14時間30分	10時から14時までに○分 16時から22時までに○分 23時から1時までに○分
D	9時30分	3時00分		11時から15時までに○分 17時から23時までに○分 0時から2時までに○分
E	11時30分	5時00分		13時から17時までに○分 19時から1時までに○分 2時から4時までに○分

2 　変形労働時間制の変形期間の起算日は○年○月○日とする。また、乗務員ごとの勤務日、勤務時間等を定めた勤務交番表については、各人に勤務開始○日前までに案を示し、調整を行った上で△日前までに通知するものとする。

　　※ 　本規定例では、勤務シフトはA～Eの5種類としていますが、このほかにもある場合は、もれなく規定しておく必要があります。

3　1か月単位の変形労働時間制の運用

（1）　時間外労働の取扱い

　1か月単位の変形労働時間制を採用している場合に時間外労働となる時間、すなわち割増賃金の対象となる労働時間は、変形期間が終了した時点で振り返って判定するものではなく、まず日ごと、次に週ごと、最後に変形期間ごとというように時間の経過とともに順次判定していくものです。具体的には次の3つの段階に応じ判定する必要があります。

　　①　日ごと

　　　ア　変形労働時間制で1日8時間を超えて所定労働時間が設定されている日について、その時間を超えて労働した時間

　　　　　※例えば1回の所定労働時間が14.5時間の隔日勤務において、15.5時間勤務した場合の1時間

　　　イ　変形労働時間制で1日8時間以下（ゼロ時間の日を含みます。）の労働をすることとなっている日について、1日8時間を超えて労働した時間

　　　　　※例えば日勤勤務において、法定外休日に10時間勤務した場合の2時間

　　②　週ごと（ただし、上記①で時間外労働となった時間を除きます。）

　　　ア　変形労働時間制で1週40時間を超えて所定労働時間が設定されている週について、その時間を超えて労働した時間

　　　イ　変形労働時間制で1週40時間以下の労働をすることとなっている週について、1週40時間を超えて労働した時間

　　　　　※例えば日勤勤務において、所定労働時間が38時間の週の法定外休日に8時間勤務した場合の6時間

　　③　変形期間ごと（ただし、上記①②で時間外労働となった時間を除きます。）
　　　1変形期間の法定労働時間の枠を超えて労働した時間

（2）　休日の振替

　1カ月単位の変形労働時間制を採用している場合に、休日の振替を行うことは、就業規則にあらかじめ休日の振替の具体的事由と振替手続を定めていれば可能です。ただし、休日を振り替えたことにより、当該1日又は1週の労働時間が法定労働時間を超えるときは、時間外労働として取り扱う必要がありますので注意してください（昭63.3.14基発150号）。

（3）　変形労働時間制の適用除外

①　18歳未満の年少者については変形労働時間制の規定は適用されません（労基法60条1項）。

②　妊産婦については、妊産婦が請求した場合には変形労働時間制（フレックスタイム制を除きます。）を採用している場合にも、1週又は1日の法定労働時間を超えて労働させてはなりません（労基法66条1項）。

③　使用者は、1か月単位の変形労働時間制のもとで労働者を労働させる場合には、育児を行う者、老人等の介護を行う者、職業訓練又は教育を受ける者その他特別の配慮を要する者については、これらの者が育児等に必要な時間を確保できるよう配慮しなければなりません（労基則12条の6）。

（4）　裁判例から見た留意点

①　**1か月単位の変形労働時間制が無効とされた東京地裁**（令2.6.25）**の裁判例**

　　1か月単位の変形労働時間制により、11時間と17.5時間の勤務を組み合わせたシフト表（月末の2、3日前に示される）に基づき勤務していたハイヤーの配車業務に従事する労働者3名が提訴したもの。裁判所は、次のとおり判示しました。

　　……会社の就業規則は、「配車職員の労働時間は毎月16日を起算日とする1か月単位の変形時間制による。」旨記載するのみで、変形労働時間制をとる場合の各直勤務の始業終業時刻及び休憩時間、各直勤務の組合せの考え方、勤務割表の作成手続及び周知の方法の記載を全く欠くものであったから、労基法32条の2第1項の要件を満たすものとはいえない。また本件規則は……従業員に対し周知させる措置がとられておらず、この点でも労基法32条の2第1項の要件を満たさない。

　　したがって、会社は原告（配車職員）に対し、本件規則に基づいて1週40時間又は1日8時間を超えて労働させることはできず、原告が1週40時間又は1日8時間を超えて労働した場合は労基法37条の割増賃金の支払義務がある。

　　※　裁判所は原告の主張を認め、会社に対し、未払残業代1,453万8,323円・付加金1,300万209円の支払を命じました。

②　**1か月単位の変形労働時間制が無効とされた京都地裁**（平29.6.29）**の裁判例**

　　1か月単位の変形労働時間制により、2日間連続勤務、3日目休日（2車3人制。1日の労働時間9時間10分。ただし時間調整日は6時間30分）で勤務

していたタクシー乗務員が提訴したもの。裁判所は次のとおり判示しました。

……会社は、「2出勤1公休」（月度が31日の場合はさらに1指定公休）に基づき、次月度の給与計算期間の開始前に勤務予定表を作成して、全乗務員に対して出勤予定日となる20日間の告知を行い、乗務員が、そのうちの1日を公休以外の「祝日休日」として選択指定し、その指定が給与計算期間の開始までにされない場合は、自動的に勤務予定日の最終日（「祝日休日」以外の創立記念日等の休日がある1月、8月及び11月については最後の2日間）が「祝日休日」となると主張する。

※編者注……1日の労働時間が9時間10分であるため、20日勤務すると183.3時間となり1か月の法定労働時間の枠を超えてしまうため、勤務日を19日にする必要があるもの。

この会社の主張のうち、事前に「2出勤1公休」（及び1指定公休）に基づく勤務予定表を作成していた点については、個人営業成績表にその旨の記載があり、原告本人の供述からも認められる。しかし、「祝日休日」は事前に指定されておらず、乗務員が指定しない場合には自動的に勤務予定日の最終日が祝日休日となるとの点は、就業規則に定めはなく、個人営業成績表でも明らかでないから、これを認めるに足りる証拠はない。また、勤務日のうち時間調整日（時短日）についても同様である。

そうすると旧就業規則における変形労働時間制の定めは、法の定める要件を満たしていないから、無効というべきである。

※　控訴審では、1か月単位の変形労働時間制の有効性について、会社側が争いませんでした。平31.4.11大阪高裁で会社側敗訴。

4 まとめ

タクシー業界で広く採用されている1か月単位の変形労働時間制が、万が一、労基法等が定める要件を満たしていない場合、訴訟になるとその効果が否定され、法定労働時間の1日8時間・1週40時間を超える労働がすべて時間外労働として扱われ、割増賃金の対象となってしまいます。

就業規則の不備によるものですから、関係する労働者は多数となります。また、令和2年4月から賃金支払義務の消滅時効が2年から3年に延長されているほか、付加金制度の対象となりますので、賠償額が途方もない額となる可能性があります。

就業規則の規定について改めて要件を具備しているかどうか確認してください。

課題4 労働時間の通算

他の会社で働いている人をタクシー乗務員として採用することはできますか。その際の労働時間の取扱いはどうなりますか。

押さえておきたい 基礎知識

▶1 副業・兼業の促進に関するガイドライン

労働時間以外の時間をどのように利用するかは、基本的には労働者の自由であるとされています。多様な働き方への期待が高まっており、副業・兼業を行う場合には、長時間労働により健康が阻害されることがないよう厚生労働省策定の「副業・兼業の促進に関するガイドライン」（平30年1月）を踏まえた環境整備が求められます。

▶2 労働時間の通算

労基法38条1項では「労働時間は、事業場を異にする場合においても、労働時間に関する規定の適用については通算する。」と規定されており、「事業場を異にする場合」とは同一の事業主の下で異なる事業場において労働する場合のみならず、事業主を異にする場合をも含む（昭23.5.14基発769号）とされています。

また、副業・兼業の場合における労基法38条の解釈等については、令2.9.1基発0901第3号で示されています。

課題解決に向けて

1 はじめに

人材確保難の中、他の会社で短時間働いているような労働者を乗務員に採用し、タクシー車両の稼働率を上げることは、一つの解決策として検討に値します。ただし、公共交通機関として安全運行が至上命題の乗務員にとって、事故防止、労働時間管理、健康管理等について十分な配慮が必要となります。

ところで、副業・兼業に関する裁判例では、労働者が労働時間以外の時間をどのように利用するかは、基本的には労働者の自由であるとされています。そして、各企業においてそれを制限することが許されるのは、例えば、

① 労務提供上の支障がある場合

② 業務上の秘密が漏えいする場合

③　競業により自社の利益が害される場合

④　自社の名誉や信用を損なう行為や信頼関係を破壊する行為がある場合

に該当する場合と解されています。このような支障がない場合には副業・兼業は可能ですが、これを円滑に行うためには会社及び労働者との間で十分なコミュニケーションをとることが特に求められます。

2　運転者として採用できない者

運輸規則36条では、事業用自動車の運転者として次の者は選任してはならないとされていますので、留意してください。

①　日々雇い入れられる者

②　2か月以内の期間を定めて使用される者

③　試みの試用期間中の者（14日を超えて引き続き使用されるに至った者を除きます。）

④　14日未満の期間ごとに賃金の支払（仮払い、前貸しその他の方法による金銭の授受であって実質的に賃金の支払と認められる行為を含みます。）を受ける者

⑤　雇い入れ後少なくとも10日間の指導、監督及び特別な指導が行われていない者（指導内容が確保されていれば、1日の時間を短くしそれに応じて日数を長くすることは認められます。）

⑥　適性診断を受診していない者

3　労働時間管理

労働者が事業主を異にする複数の事業場で労働する場合、労基法38条1項の規定の解釈・運用については、次のとおりです（令2.9.1基発0901第3号）。

（1）　労働時間の通算が必要となる場合

ア　労働時間が通算される場合

労働者が、事業主を異にする複数の事業場において、「労基法に定められた労働時間規制が適用される労働者」に該当する場合に、複数の事業場における労働時間が通算されます。

ただし、次のいずれかに該当する場合は、通算する必要はありません。

- 労基法が適用されない場合（例　フリーランス、独立、起業、共同経営、アドバイザー、コンサルタント、顧問、理事、監事等）
- 労基法は適用されるが労働時間規制が適用されない場合（農業・畜産業・養蚕業・水産業、管理監督者・機密事務取扱者、監視・断続的労働者、高度プロフェッショナル制度）

なお、これらの場合においても、過労等により業務に支障をきたさないようにする観点から、その者からの申告等により就業時間を把握し、長時間にならないよう配慮することが望ましいとされています。

イ　通算して適用される規定

法定労働時間の適用に当たっては、通算されます。

時間外労働のうち、時間外労働と休日労働の合計で単月100時間未満、複数月平均80時間以内の要件（労基法36条6項2号及び3号）については、労働者個人の実労働時間に着目し、当該個人を使用する使用者を規制するものですから、その適用に当たっては、通算されます。

時間外労働の上限規制が適用除外又は適用猶予される業務・事業についても、法定労働時間についてはその適用において複数の事業場における労働時間が通算されます※。

> ※　自動車運転業務については、労基法140条により、適用猶予とされていますので、労働時間は通算はされますが、適用猶予であることには変わりがありません。

ウ　通算されない規定

時間外労働のうち、36協定により延長できる時間の限度時間（36条4項）、36協定に特別条項を設ける場合の1年についての延長時間の上限（同条5項）については、個々の事業場における36協定の内容を規制するものであり、それぞれの事業場における延長時間を定めることとなりますので、通算されません。

また、36協定において定める延長時間が事業場ごとの時間で定められていますので、それぞれの事業場における時間外労働が36協定に定めた延長時間の範囲内であるか否かについても、通算されません。

休憩（労基法34条）、休日（労基法35条）※、年次有給休暇（労基法39条）については、労働時間に関する規定ではなく、その適用において複数の事業場における労働時間は通算されません。

※　自社の法定休日に当たる日に、他の事業場において副業・兼業を行った場合においても、自社として法定休日を確保したことになります。労働時間の通算については、他の事業場の所定労働時間又は所定外労働時間として取り扱うこととなります。

（2）　副業・兼業の確認

ア　副業・兼業の確認方法

　　使用者は、労働者からの申告等により、副業・兼業の有無・内容を確認します。

　　その方法としては、就業規則、労働契約等にあらかじめ副業・兼業に関する届出制を定めておき、該当者があった場合に適用します。

イ　労働者から確認する事項

　　副業・兼業の内容として確認する事項としては、次のものが考えられます。

・他の使用者の事業場の事業内容

・他の使用者の事業場で労働者が従事する業務内容

・労働時間通算の対象となるか否かの確認　など

　　労働時間通算の対象となる場合には、併せて次の事項について確認し、各々の使用者と労働者との間で合意しておくことが望ましいとされています。

・他の使用者との労働契約の締結日、期間

・他の使用者の事業場での所定労働日、所定内労働時間、始業・終業時刻

・他の使用者の事業場での所定外労働の有無、見込み時間数、最大時間数

・他の使用者の事業場における実労働時間等の報告の手続

・これらの事項について確認を行う頻度　など

※　厚生労働省ホームページで副業・兼業に関する届出の様式例が公表されています。

（3）　労働時間の通算

ア　基本的事項

a　労働時間を通算管理する使用者

　　副業・兼業を行う労働者を使用する全ての使用者（前述（1）アにおいて労働時間が通算されない場合として掲げられている業務等に係るものを除きます。）は、労基法38条1項の規定により、それぞれ、自らの事業場における労働時間と他の使用者の事業場における労働時間とを通算して管理する必要があります。

b　通算される労働時間

　　労基法38条1項の規定による労働時間の通算は、自らの事業場における労働時間と労働者からの申告等[※]により把握した他の使用者の事業場における労働時間とを通算することによって行います。

> ※　労働者からの申告等がなかった場合には労働時間の通算は要せず、また、労働者からの申告等により把握した他の使用者の事業場における労働時間が事実と異なっていた場合でも労働者からの申告等により把握した労働時間によって通算していれば足ります。

c　基礎となる労働時間制度

　　労基法38条1項の規定による労働時間の通算は、自らの事業場における労働時間制度を基に、労働者からの申告等により把握した他の使用者の事業場における労働時間と通算することによって行います。

　　週の労働時間の起算日又は月の労働時間の起算日が、自らの事業場と他の使用者の事業場とで異なる場合についても、自らの事業場の労働時間制度における起算日を基に、そこから起算した各期間における労働時間を通算します。

d　通算して時間外労働となる部分

　　自らの事業場における労働時間と他の使用者の事業場における労働時間とを通算して、自らの事業場の労働時間制度における法定労働時間を超える部分が、時間外労働となります。

イ　副業・兼業の開始前（所定内労働時間の通算）

a　所定内労働時間の通算

　　副業・兼業の開始前に、自らの事業場における所定内労働と他の使用者の事業場における所定内労働とを通算して、自らの事業場の労働時間制度における法定労働時間を超える部分の有無を確認します。

b　通算して時間外労働となる部分

　　自らの事業場における所定内労働時間と他の使用者の事業場における所定内労働とを通算して、自らの事業場の労働時間制度における法定労働時間を超える部分がある場合は、<u>時間的に後から労働契約を締結した使用者における当該超える部分が時間外労働となり、</u>当該使用者における36協定で定めるところによって行うこととなります（第1図・第2図参照）。

c　所定内労働の把握

　　他の使用者の事業場における所定内労働は、前述（2）イのとおり、副業・

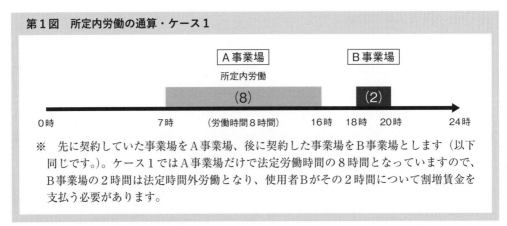

第1図　所定内労働の通算・ケース1

A事業場　　　　　　　B事業場
所定内労働
（8）　　　　　　　（2）
0時　　　7時　　　（労働時間8時間）　16時　18時　20時　　　24時

※　先に契約していた事業場をA事業場、後に契約した事業場をB事業場とします（以下同じです。）。ケース1ではA事業場だけで法定労働時間の8時間となっていますので、B事業場の2時間は法定時間外労働となり、使用者Bがその2時間について割増賃金を支払う必要があります。

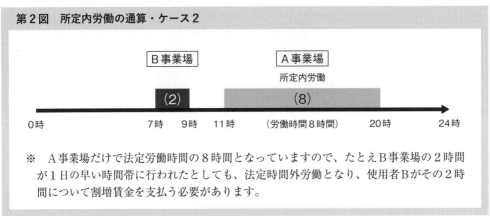

第2図　所定内労働の通算・ケース2

B事業場　　　　　　A事業場
所定内労働
（2）　　　　　　（8）
0時　　　7時　9時　11時　（労働時間8時間）　20時　　　24時

※　A事業場だけで法定労働時間の8時間となっていますので、たとえB事業場の2時間が1日の早い時間帯に行われたとしても、法定時間外労働となり、使用者Bがその2時間について割増賃金を支払う必要があります。

兼業の確認の際に把握しておくのがよいでしょう。

ウ　副業・兼業の開始後（所定外労働時間の通算）

a　所定外労働時間の通算

　　イの所定内労働の通算に加えて、副業・兼業の開始後に、自らの事業場における所定外労働と他の使用者の事業場における所定外労働とを<u>当該所定外労働が行われる順に通算して</u>、自らの事業場の労働時間制度における法定労働時間を超える部分の有無を確認します。

　　　※　自らの事業場で所定外労働がない場合は、所定外労働の通算は不要です。
　　　※　自らの事業場で所定外労働があるが、他の使用者の事業場で所定外労働がない場合は、自らの事業場の所定外労働を通算すれば足ります。

b　通算して時間外労働となる部分

　　所定内労働の通算に加えて、自らの事業場における所定外労働と他の使用者の事業場における所定外労働とを当該所定外労働が行われる順に通算し

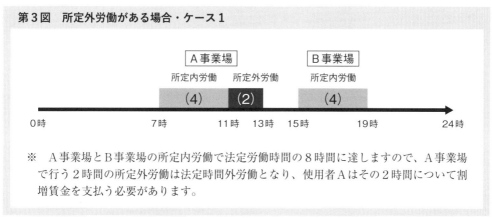

第3図　所定外労働がある場合・ケース1

※　A事業場とB事業場の所定内労働で法定労働時間の8時間に達しますので、A事業場で行う2時間の所定外労働は法定時間外労働となり、使用者Aはその2時間について割増賃金を支払う必要があります。

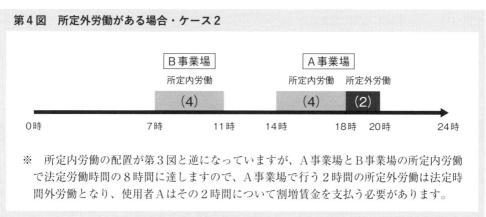

第4図　所定外労働がある場合・ケース2

※　所定内労働の配置が第3図と逆になっていますが、A事業場とB事業場の所定内労働で法定労働時間の8時間に達しますので、A事業場で行う2時間の所定外労働は法定時間外労働となり、使用者Aはその2時間について割増賃金を支払う必要があります。

て、自らの事業場の労働時間制度における法定労働時間を超える部分がある場合は、当該超える部分が時間外労働となります（第3図〜第6図参照）。

　各々の使用者は、通算して時間外労働となる時間のうち、自らの事業場において労働させる時間については、自らの事業場における36協定の延長時間の範囲内とする必要があります。

　各々の使用者は、通算して時間外労働となる時間（他の使用者の事業場における労働時間を含みます。）によって、時間外労働と休日労働の合計で単月100時間未満、複数月平均80時間以内の要件（労基法36条6項2号及び3号）を遵守するよう、1か月単位で労働時間を通算管理する必要があります。

c　所定外労働時間の把握

　他の使用者の事業場における実労働時間は、前述(3)アbのとおり、労働者からの申告等により把握します。

　他の使用者の事業場における実労働時間は、労基法を遵守するために把握する必要がありますが、把握の方法としては、必ずしも日々把握する必要は

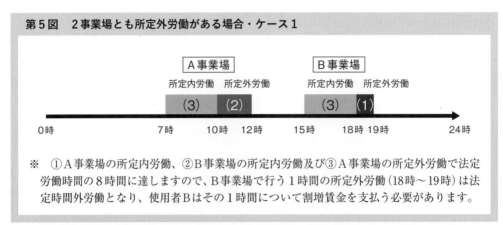

第5図　2事業場とも所定外労働がある場合・ケース1

※　①A事業場の所定内労働、②B事業場の所定内労働及び③A事業場の所定外労働で法定労働時間の8時間に達しますので、B事業場で行う1時間の所定外労働（18時～19時）は法定時間外労働となり、使用者Bはその1時間について割増賃金を支払う必要があります。

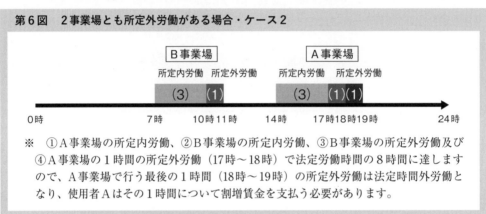

第6図　2事業場とも所定外労働がある場合・ケース2

※　①A事業場の所定内労働、②B事業場の所定内労働、③B事業場の所定外労働及び④A事業場の1時間の所定外労働（17時～18時）で法定労働時間の8時間に達しますので、A事業場で行う最後の1時間（18時～19時）の所定外労働は法定時間外労働となり、使用者Aはその1時間について割増賃金を支払う必要があります。

なく、労基法を遵守するために必要な頻度で把握すれば足ります。

例えば、時間外労働の上限規制の遵守等に支障がない限り、

・一定の日数分をまとめて申告等させる

（例：一週間分を週末に申告する等）

・所定労働時間どおり労働した場合には申告等は求めず、実労働時間が所定労働時間どおりではなかった場合のみ申告等させる

（例：所定外労働があった場合等）

・時間外労働の上限規制の水準に近づいてきた場合に申告等させる

などとすることが考えられます。

エ　その他

労働者が事業主を異にする3以上の事業場で労働する場合についても、上記に記載したところにより、副業・兼業の確認、副業・兼業開始前の所定内労働の通算、副業・兼業開始後の所定外労働の通算を行います。

（4）　時間外労働の割増賃金の取扱い

ア　割増賃金の支払義務

各々の使用者は、自らの事業場における労働時間制度を基に、他の使用者の事業場における所定内労働・所定外労働についての労働者からの申告等により、

・まず、労働契約の締結の先後の順に所定内労働を通算し、

・次に、所定外労働の発生順に所定外労働を通算することによって、

それぞれの事業場での所定内労働・所定外労働を通算した労働時間を把握し、その労働時間について、自らの事業場の労働時間制度における法定労働時間を超える部分のうち、自ら労働させた時間について、時間外労働の割増賃金（労基法37条1項）を支払う必要があります。

イ　割増賃金率

時間外労働の割増賃金の率は、自らの事業場における就業規則等で定められた率（2割5分以上の率。ただし、所定外労働の発生順によって所定外労働時間を通算して、自らの事業場の労働時間制度における法定労働時間を超える部分が1か月について60時間を超えた場合には、その超えた時間の労働のうち自ら労働させた時間については、5割以上の率。）となります（労基法37条1項）。

（5）　簡便な労働時間管理の方法（管理モデル）

ア　趣旨

副業・兼業の場合の労働時間管理の在り方については以上のとおりですが、例えば、副業・兼業の日数が多い場合や、自らの事業場及び他の使用者の事業場の双方において所定外労働がある場合等においては、労働時間の申告等や通算管理において、労使双方に手続上の負担が伴うことが考えられます。

このため、副業・兼業の場合の労働時間管理の在り方について、以上のほかに、労使双方の手続上の負担を軽減し、労基法に定める最低労働条件が遵守されやすくなる簡便な労働時間管理の方法（以下「管理モデル」といいます。）として、以下の方法によることが考えられます。

イ　管理モデルの枠組み

管理モデルは、副業・兼業の開始前に、当該副業・兼業を行う労働者と時間的に先に労働契約を締結していた使用者（以下「使用者A」といいます。）の事業場における法定外労働時間と時間的に後から労働契約を締結した使用者

（以下「使用者B」といいます。）の事業場における労働時間（所定内労働時間及び所定外労働時間）とを合計した時間数が単月100時間未満、複数月平均80時間以内となる範囲内において、各々の使用者の事業場における労働時間の上限をそれぞれ設定し、各々の使用者がそれぞれその範囲内で労働させることとするものです。また、使用者Aは自らの事業場における法定外労働時間の労働について、使用者Bは自らの事業場における労働時間（所定内労働時間及び所定外労働時間）の労働について、それぞれ自らの事業場における36協定の延長時間の範囲内とし、割増賃金を支払うこととなります。

　これにより、使用者A及び使用者Bは、副業・兼業の開始後においては、それぞれあらかじめ設定した労働時間の範囲内で労働させる限り、他の使用者の事業場における実労働時間の把握を要することなく労基法を遵守することが可能となるものです。

ウ　管理モデルの実施

a　導入手順

　副業・兼業に関する企業の事例において、労務管理上の便宜や労働者の健康確保等のため、副業・兼業の開始前に、あらかじめ使用者が他の使用者の事業場における労働時間や通算した労働時間について上限を設定し、労働者にその範囲内で副業・兼業を行うことを求めている事例がみられます。

　管理モデルについても、一般的には、副業・兼業を行おうとする労働者に対して使用者Aが管理モデルにより副業・兼業を行うことを求め、労働者及び労働者を通じて使用者Bがこれに応じることによって導入されることが想定されます。

b　労働時間の上限の設定

　使用者Aの事業場における1か月の法定外労働時間と使用者Bの事業場における1か月の労働時間とを合計した時間数が単月100時間未満、複数月平均80時間以内となる範囲内において、各々の使用者の事業場における労働時間の上限をそれぞれ設定します。

　月の労働時間の起算日が、使用者Aの事業場と使用者Bの事業場とで異なる場合には、各々の使用者は、各々の事業場の労働時間制度における起算日を基に、そこから起算した1か月における労働時間の上限をそれぞれ設定することとして差し支えありません。

　※　厚生労働省ホームページで管理モデル導入（通知）の様式例が公表されています。

c　時間外労働の割増賃金の取扱い

使用者Aは自らの事業場における法定外労働時間の労働について、使用者Bは自らの事業場における労働時間（所定労働時間を含みます。）の労働の全部について、それぞれ割増賃金を支払います。

使用者Aが、法定外労働時間に加え、所定外労働時間についても割増賃金を支払うこととしている場合には、使用者Aは、自らの事業場における所定外労働時間の労働について割増賃金を支払うこととなります。

時間外労働の割増賃金の率は、自らの事業場における就業規則等で定められた率（2割5分以上の率。ただし、使用者Aの事業場における法定外労働時間の上限に使用者Bの事業場における労働時間を通算して、自らの事業場の労働時間制度における法定労働時間を超える部分が1か月について60時間を超えた場合には、その超えた時間の労働のうち自らの事業場において労働させた時間については、5割以上の率。）とします。

エ　その他

a　それぞれの上限の設定

管理モデルの導入の際の労働時間の上限の設定において、使用者Aの事業場における1か月の法定外労働時間と使用者Bの事業場における1か月の労働時間とを合計した時間数を80時間を超えるものとした場合には、翌月以降において複数月平均80時間未満となるように労働時間の上限の設定を調整する必要が生じ得ます。

このため、労働時間の申告等や通算管理における労使双方の手続上の負担を軽減し、労基法に定める最低労働条件が遵守されやすくするという管理モデルの趣旨に鑑み、そのような労働時間を調整する必要が生じないように、各々の使用者と労働者との合意により労働時間の上限を設定することが望ましいとされています。

b　法違反となる使用者

管理モデルを導入した使用者が、あらかじめ設定した労働時間の範囲を逸脱して労働させたことによって、時間外労働の上限規制を超える等の労基法に抵触した状態が発生した場合には、当該逸脱して労働させた使用者が、労働時間通算に関する法違反を問われ得ることとなります。

4 健康管理

　使用者は、労働者が副業・兼業をしているか否かにかかわらず、安衛法66条等に基づき、健康診断、長時間労働者に対する面接指導、ストレスチェックやこれらの結果に基づく事後措置等を実施しなければなりません。

　タクシー事業においては、安全輸送の確保の観点から、乗務員の健康状態の把握に努め、安全な運転ができないおそれがある乗務員を乗務させてはならないこととなっているとともに、乗務員全員の健康診断の実施が義務付けられています（運輸規則21条5項及び48条1項4号の2。**課題16**：過重労働防止参照）。

　さらに、健康確保の観点からも他の事業場における労働時間と通算して適用される労基法の時間外労働の上限規制を遵守すること、また、自らの事業場及び他の使用者の事業場のそれぞれにおける労働時間の上限を設定する形で副業・兼業を認めている場合においては、自らの事業場における上限を超えて労働させないようにしてください。

　副業・兼業をする労働者については、健康保持のため自己管理を行うよう指示し、心身の不調があれば都度相談を受けることを伝えること、副業・兼業の状況も踏まえ必要に応じ法律を超える健康確保措置を実施することなど、労使の話し合い等を通じ、副業・兼業を行う者の健康確保に資する措置を実施することが適当です。

課題5　年次有給休暇

当社では年次有給休暇を取得するタクシー乗務員が着実に増え
ています。年次有給休暇制度の適正な運用について留意すべき事
項を教えてください。

押さえておきたい　基礎知識

▶1　年次有給休暇とは

使用者は、雇入れの日から起算して6か月間継続勤務し、全労働日の8割以上出勤した
労働者に対して、継続し、又は分割した最低10日の年次有給休暇を与えなければなりま
せん（労基法39条1項）。

6か月経過後、さらに1年間、8割以上出勤するごとに有給休暇は10労働日に加えて
勤続2年6か月目まで1日ずつ加算して付与され、勤続3年6か月目からは2日ずつ加算
して付与されます。勤続6年6か月経過時には20日に達し、以降は1年間の継続勤務ご
とに20日を付与すれば足ります（労基法39条2項）。

付与日数は、次表のとおりです。この日数はあくまで法定の最低基準（労基法1条）であ
り、これを減ずることはできません。

継続勤務期間	6か月	1年6か月	2年6か月	3年6か月	4年6か月	5年6か月	6年6か月以上
付与日数	10日	11日	12日	14日	16日	18日	20日

定時制乗務員やパート従業員など所定労働日数の少ない労働者にもその所定労働日数
に比例して有給休暇を付与する必要があります。週所定労働時間が30時間未満であって、
週所定労働日数が4日以下又は年間所定労働日数が216日以下の者に対しては、次表のと
おり継続勤務期間に応じた日数の年次有給休暇を与える必要があります（労基法39条3項）。

週所定勤務日数	1年間の所定勤務日数	継続勤務期間						
		6か月	1年6か月	2年6か月	3年6か月	4年6か月	5年6か月	6年6か月
4日	169～216日	7日	8日	9日	10日	12日	13日	15日
3日	121～168日	5日	6日	6日	8日	9日	10日	11日
2日	73～120日	3日	4日	4日	5日	6日	6日	7日
1日	48～72日	1日	2日	2日	2日	3日	3日	3日

年次有給休暇に対する賃金は、原則として次のいずれかを支払う必要があります。

① 　平均賃金

② 　所定労働時間労働した場合に支払われる通常の賃金

③ 　健康保険法に定める標準報酬月額の30分の１に相当する金額

いずれを選択するかについては、就業規則などに明確に規定する必要があります。また、③による場合は、労使協定（労基署への届出義務なし）を締結する必要があります。

▶ 3　年次有給休暇の最低５日確実取得

平成31年４月から、使用者が与えなければならない年次有給休暇の日数（繰り越し分は含まれません。）が10労働日以上である労働者に係る年次有給休暇の日数のうち５日については、使用者は、基準日（各労働者について年次有給休暇の権利が発生する日のこと）から１年以内の期間に労働者ごとにその時季を定めることにより与えなければならないこととされました（労基法39条７項）。

なお、この使用者による時季指定は、労働者が自ら５日以上の年次有給休暇を取得した場合や、計画的付与により５日以上の年次有給休暇を取得した場合には不要となります。同様に５日未満の年次有給休暇を取得している場合には５日との差の日数を時季指定すれば足ります（労基法39条８項）。

また、各人の年次有給休暇の取得状況を適切に管理するため、年次有給休暇管理簿（資料５参照）を作成し、５年間保存する必要があります（労基則24条の７）。

課題解決に向けて

1　はじめに

年次有給休暇は、労働者の時季指定があって初めて、使用者に有給の休暇を取得させる義務が生ずるものです。以前は、賃金が歩合給中心ということもあって、この時季指定をしないタクシー乗務員が多くみられ、タクシー業界の年次有給休暇の取得率は他産業に比較し低水準で推移していました。しかし、平成31年４月からの改正労基法の施行を機に、年次有給休暇の５日確実取得の義務が始まり、年次有給休暇の取得は、タクシー業界においても大きな課題となりました。また、求職者の関心は収入だけでなく、休みの多さや休みやすさにも重点が置かれる傾向にあり、人材確保の観点からも年次有給休暇の適正な制度運営に積極的に取り組む必要があります。

2　年次有給休暇の取得要件

　6か月又は1年の全労働日の8割以上の出勤を条件としているのは、労働者の勤怠の状況を勘案し、特に出勤率の低い者を除外する立法趣旨です（平25.7.10基発0710第3号）。

　出勤率算定に当たっては、全労働日のうち以下については出勤したものとして取り扱う（つまり分母分子に入れる。）必要があります。

①　業務上の怪我や病気で休んでいる期間

②　産前産後の女性が労基法65条の定めにより休んだ期間

③　法律上の育児休業や介護休業を取得した期間

　　※　なお、育児・介護休業法が定める日数を上回る育児・介護休業期間や子の看護休暇及び介護休暇については、労基法では出勤したものとして取り扱うことまでは求めていません。

④　年次有給休暇を取得した期間

⑤　就業規則による慶弔休暇等（ただし、労使で自由にその性質を決定し得ることから、異なる扱いも可能）

⑥　遅刻・早退した日

　　※　したがって、例えば出勤後間もなく早退したような場合でも出勤したものとして取り扱う必要があります。

　会社都合の休業期間（労基法26条）や休日労働した日ついては、全労働日から除外する（分母分子から除く。）必要があります（昭33.2.13基発90号）。

　継続勤務している労働者が8割以上出勤しなかった場合、その翌年は年次有給休暇を付与する必要はありません。ただし、その翌年の1年間に8割以上の出勤があった場合、リセットされて10日になるのではなく、継続勤務期間に応じた日数の年次有給休暇を付与する必要があります（下図参照）。

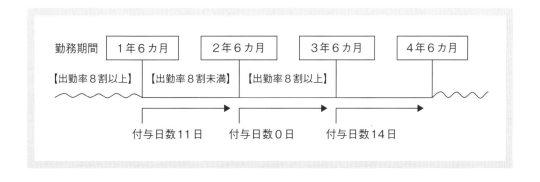

定年退職者を定時制乗務員として再雇用する場合には、形式的には従前の労働契約とその後の労働契約とは別個のものとなりますが、定時制乗務員としての再雇用は単なるタクシー会社内における就業形態の切替えであって、実質的には労働関係が継続していると認められます。したがって、年次有給休暇の取扱いについては勤務年数を通算する必要があります。ただし、退職と再雇用の間に相当期間が存し、客観的に労働関係が断続していると認められる場合はこの限りではありません（昭63.3.14基発150号）。

3　年次有給休暇の基準日の統一

　年次有給休暇の基準日とは、各労働者について年次有給休暇の権利が発生する日のことであり、基準日の統一等をしていなければ、労働者ごとに雇入れ後6か月経過した日、その後は1年経過するごとの日をいいます。

　さて、入社日が異なる多数の労働者の年次有給休暇を管理することは大変な業務量を必要とします。そこで、基準日を統一することが考えられます。例えば、一賃金支払期間の間に採用された労働者は当該賃金計算期間の初日に採用されたと取り扱えば、全労働者を12通り（2賃金計算期間でまとめると6通り）の基準日で管理することができるようになります（下図参照）。

　なお、基準日を統一する場合は労働者に不利にならないようにしなければなりません。勤務期間の切捨ては認められず常に遡り、その日数については出勤したものとみなす必要がありますので留意してください。

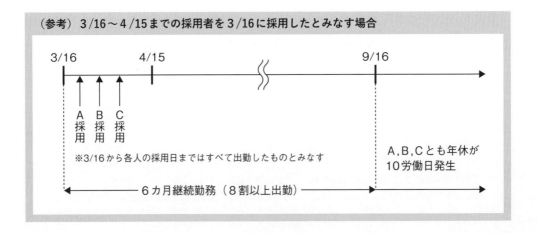

（参考）3/16〜4/15までの採用者を3/16に採用したとみなす場合

4　年次有給休暇の利用目的

年次有給休暇の利用目的は労基法の関知するところではなく労働者の自由です。したがって労働者は年次有給休暇を取得する旨を事前に使用者に伝える必要はあっても、その理由までを使用者に伝える義務はありません。ただし、ストライキのために年次有給休暇を利用するようなことは年休とは性格上相容れないものというべきですから、拒否しても差し支えありません。

5　年次有給休暇の時季変更権

年次有給休暇は労働者が請求する時季に与えることとされています。しかし、労働者から指定される時季に休暇を与えることが事業（業務ではありません。）の正常な運営を妨げる場合には、使用者に時季変更権が認められています。例えば、同一期間に多数の労働者の休暇指定が競合したためその全員に休暇を付与しがたいというような場合が考えられます。この場合当該事由が消滅した後は、できる限り速やかに与えなければなりません（昭23.7.27基収2622号）。

労働者が年次有給休暇の時季を指定（申し出る）時期について労基法上の定めはありません。しかし、使用者が時季変更権を行使する時間的余裕を置いて指定がなされるべきことは事柄の性質上当然といえます。この点について次の判例があります。

「年次休暇の時季指定を原則として前々日までとする就業規則の定めは、時季変更権の行使についての判断の時間的余裕を与え、代替要員の確保を容易にし、時季変更権の行使を不要ならしめようとする配慮に出たものであり、合理的なものとして労基法に違反するものではなく有効である。」（昭53.1.31大阪高裁を昭57.3.18最高裁第一小法廷が是認）

なお、就業規則の規定例としては、「従業員は、年次有給休暇を取得しようとするときは、2日前までに所属長を経由して会社に申し出るものとする。ただし、突発的な傷病その他の事由により2日前までに申し出ることができなかった場合で、会社がやむを得ない事由があると認めたときはこの限りではない。」とするものがありますので参考にしてください。

6　年次有給休暇の取得単位

年次有給休暇は、1日単位で与えることが原則ですが、労働者が希望し、使用者が同意した場合であれば半日単位で与えることが可能です（計画的付与の場合を含みます。）。なお、隔日勤務の場合、1勤務の指定は2労働日として取り扱うことに

なります（昭26.9.26基収3964号）。

　さらに、労使協定（労基署に届け出る必要なし）を結べば、1時間単位で与えることができます（上限は1年で5日分まで）（労基法39条4項）。この場合、労使協定に規定しなければならない内容は次のとおりです。

① 時間単位年休の対象労働者の範囲

② 時間単位年休の日数（5日以内の範囲で定めます。前年度からの繰越しがある場合であっても、当該繰越し分を含めて5日以内となります。）

③ 年次有給休暇1日分に相当する時間単位年休の時間数（1日分の年次有給休暇に対応する所定労働時間数を基に定めます。1日の所定労働時間に1時間に満たない端数がある場合は時間単位に切り上げて計算します。）

　　　　※具体例
　　　　1日の所定労働時間7時間30分の場合で時間単位年休を5日とするとき
　　　　→7時間30分を切り上げて1日8時間とします。
　　　　→8時間×5日＝40時間分の時間単位年休（7時間30分×5日＝37時間30分を切り上げて38時間ではありません。）が取得できることとなります。
　　　　なお、時間単位年休1時間分の賃金額は、その日の所定労働時間（7時間30分）で割った額となります。

④ 1時間以外の時間を単位とする場合はその時間数（ただし、1日の所定労働時間を上回ることはできません。）

　時間単位年休も年次有給休暇ですので、事業の正常な運営を妨げる場合は使用者による時季変更権が認められます。ただし、日単位での請求を時間単位に変えることや、時間単位での請求を日単位に変えることはできません。なお、時間単位年休は、労働者が請求した場合に与えることができるものであり、計画的付与として与えることは認められていません（平21.5.29基発0529001号）。

7　年次有給休暇の計画的付与

　労働者ごとに年次有給休暇の付与日数のうち5日を超える部分については、労使協定（労基署に届け出る必要なし）を結べば、計画的に休暇取得日を割り振ることができます（労基法39条6項）。

　年次有給休暇の計画的付与の方式としては、①事業場全体の休業による一斉付与方式、②班別の交替制付与方式、③年次有給休暇付与計画表による個人別付与方式があります。

　なお、事業場全体の休業による一斉付与の場合は、年休がない労働者や少ない労働者の取扱いに留意する必要があります。例えば特別の休暇を与えるとか、少なく

とも休業手当の支払が必要です（昭63.3.14基発150号）。

8　年次有給休暇取得の5日確実取得

　年次有給休暇の5日確実取得に当たり、使用者が時季を指定する際は、あらかじめ労基法39条7項の規定により年次有給休暇を与えることを明らかにした上で、その時季について当該労働者の意見を聴くとともに、その意見を尊重するよう努めなければなりません（労基則24条の6）。

　労基法39条7項に規定する使用者による時季指定は、必ずしも基準日からの1年間の期首に限られず、当該期間の途中に行うことも可能です。タクシー業界では、基準日から9カ月程度経過したところで年次有給休暇の取得状況を確認し、残り数か月間に必要な日数を取得するよう時季指定しているところが多いようです。

　　※　乗務員及び管理者に常に年次有給休暇の取得日数を意識してもらうため、運転日報の様式の中に当該日数を表示し、5日以上の取得に役立てている例があります。

　時季指定に当たり労働者の意見を聴いた際に、隔日勤務の半分又は日勤勤務の半分の単位の年次有給休暇の取得の希望があった場合においては、使用者はそれを認めることは差し支えありません。この場合において、隔日勤務では1日分、日勤勤務では0.5日分として取り扱うことになります。

　ただし、「労働者が時間単位で年次有給休暇を取得した日数分については、労基法39条8項の「日数」には含まれない。」（平30.12.28基発1228第15号）とされていますので、注意が必要です。

9　年次有給休暇の時効と取得の順序

　年次有給休暇は、発生した日から2年間で時効により消滅します（労基法115条）。したがって、発生年度に行使されなかった年次有給休暇は次年度に限り繰り越されることになります。

　年次有給休暇の取得の順序については、労基法に特段の規定はありません。したがってどちらを先に取得したこととしても直ちに違法にはなりませんが、通常は労働者の時季指定権は繰越分からなされていくと推定すべきです（菅野和夫『労働法』12版P.575参照）。いずれにしても就業規則等で明確にしておくことが望ましいでしょう。なお、従来、繰越分を先に取得することとしていたものを当年分を先に変更するのであれば、変更は一種の不利益変更となりますので、その際は労働者の同意を得ておくことが必要です。

10 年次有給休暇の買取り禁止

　年次有給休暇の本来の趣旨である「実際に休むこと」を妨げることとなるため、年次有給休暇の買取りは許されません。解釈例規では、「年次有給休暇の買上げの予約をし、これに基づいて法39条の規定により請求し得る年次有給休暇日数を減じ、ないし請求された日数を与えないことは法39条の違反である。」（昭30.11.30基収4718号）とされています。ただし、退職時に結果的に残ってしまった年休について、引継ぎ等の理由から日数に応じた金銭を給付することは差し支えありません。

11 年次有給休暇取得に係る不利益取扱いの禁止

　使用者は、労働者が年次有給休暇を取得したことを理由として、その労働者に不利益な取扱いをしないようにしなければなりません（労基法附則136条）。不利益な取扱いとは、賃金の減額のほか、精皆勤手当や賞与の算定に際して年次有給休暇を取得した日を欠勤又は欠勤に準じて取り扱うなど、年次有給休暇の取得を抑制するような全ての取扱いが含まれます。

　判例上これまで無効とされた措置としては、年休取得日を昇給上の要件たる出勤率の算定に当たり欠勤として扱うこと（日本シェーリング事件・最判平元.12.14）、賞与の算出において年休取得日を欠勤扱いにすること（エス・ウント・エー事件・最判平4.2.18）などがあります。

　ただし、月算歩合制の賃金制度では、年休をとると水揚げ高が減少し、その月の賃金額が減少しますが、これは賃金の算定基準そのものの問題であり、年休取得による不利益取扱いではないとされています（菅野和夫『労働法』12版 P.576 参照）。

[参考] モデル・ハイヤー事件・平元.9.26 高松高裁（昭63.7.7 高知地裁の控訴審）。

　労働基準法39条の定める年休制度は、同法35条の休日のほかに有給の休暇を与えて余暇を確保し、労働力の再生産を図るとともに、労働者に社会的、文化的生活を保障することを目的とし、これを達成するため、労働をしないにもかかわらず、平均賃金、通常の賃金、標準報酬日額に相当する金額のいずれかを支払うこととするものであるが、その平均賃金等のいずれによるにせよ、休暇を取らずに稼働したならば得られたであろう賃金の全額が確保されることにはならない（標準報酬日額は、毎年一定時期の賃金を一定期間適用するというもので、勤務したならば得られたであろう賃金とは一致せず、それより低額となることも当然の前提となっており、平均賃金及び通常の賃金も同様である。）から、同法39条の年休手当の定めは、賃金の全額を保障するものではなく、かえって、それを下回ることを予想、是認しているといわざるを得ないので、年休を取ったことにより賃金がある程度

減少する場合に、その減少分を保障すべき義務を雇い主が負担すると解することは困難である。

　もっとも、労働条件に関する不利益な取扱いが、年休の取得を事実上抑制するものであるときは、その内容と程度いかんにより、その取扱いは、年休制度の趣旨に反し、ひいては民法90条に該当することがあると考えられるが、本件の場合、原告らの賃金は、もともと労使間において基本給と月算歩合給の2本立とする旨合意しているものであって、そういう賃金体系自体につき、原告らが年休を取ったことを理由に被告が賃金をカットするなど不利益な取扱いをしているわけではない。

課題**6** | **割増率50％以上**

　令和5年4月以降、タクシー事業を含め1か月60時間を超える時間外労働については、割増賃金の割増率を50％以上にしなければなりませんが、どのように対応したらよいでしょうか。

押さえておきたい　基礎知識

▶1　割増賃金とは

（1）　労基法は、法定労働時間（1日8時間、1週40時間）を超える労働、法定休日における労働又は深夜の労働を労働者に命じた場合に、通常の賃金額を割増しして支払うことを使用者に義務付けています。これにより、労基法が定める法定労働時間、週休制の原則の維持を図るとともに、過重な労働に対する労働者への補償を行わせるものです。この割増しした賃金を「割増賃金」と呼んでいます。

（2）　割増率は次のとおりです（②と⑥については、令和5年4月1日から中小企業に対しても適用されています。）。

　　①　法定労働時間（1日8時間、1週40時間）を超えて労働 …… 25％以上

　　②　①の労働が1か月で60時間を超えた場合 …… 50％以上

　　③　法定休日（1週間に1日又は4週に4日与える休日）に労働 …… 35％以上

　　④　深夜の時間帯（午後10時から午前5時まで）に労働 …… 25％以上

　　⑤　①と④が重なる場合 …… 50％以上

　　⑥　②と④が重なる場合 …… 75％以上

　　⑦　③と④が重なる場合 …… 60％以上

（3）　割増賃金の額を算出する場合の基礎となる賃金は、以下の賃金を除いたものとなります（これらは名称ではなく、実態で判断されます。）。反対にここに列挙されていない手当等は必ず算定基礎に入れてください。

　　①　家族手当

　　②　通勤手当

　　③　別居手当

　　④　子女教育手当

　　⑤　住宅手当

　　⑥　臨時に支払われた賃金（結婚手当など）

　　⑦　1か月を超える期間ごとに支払われる賃金（賞与など）

（4）　割増賃金の計算方法

　　割増賃金の計算方法は賃金形態により異なります。

① 時間給制の場合 …… 時間額 × 割増率 × 時間数

② 日給制の場合 …… 時間単価（日給 ÷ 所定労働時間）× 割増率 × 時間数

③ 月給制の場合 …… 時間単価（月給 ÷ 月間所定労働時間）× 割増率 × 時間数

　　※月間所定労働時間が月により異なる場合は年間の平均を用います。

④ 歩合給制の場合 …… 時間単価（歩合給 ÷ 総労働時間）× 割増率 × 時間数

　　※総労働時間にはその月の時間外・休日労働時間が含まれます。

　　※歩合給の場合は、1.0は歩合給の中に含まれていますので、割増分だけを支払うことになります。

⑤ 上記③と④が併給される場合 …… ③と④を別々に計算し合算

（5）割増賃金の具体的な計算例

① 歩合給制の場合

歩合給400,000円、総労働時間250時間、所定労働時間170時間、

時間外労働時間80時間、深夜労働時間30時間の場合

　　ア　時間外割増（1）＝（400,000 ÷ 250）× 0.25 × 60 ＝ 24,000

　　イ　時間外割増（2）＝（400,000 ÷ 250）× 0.5 × 20 ＝ 16,000

　　ウ　深夜割増 ＝（400,000 ÷ 250）× 0.25 × 30 ＝ 12,000

　　したがって、割増賃金計は52,000円、総支給額は、452,000円となります。

② 月給制 + 歩合給制の場合

基本給140,000円、乗務手当20,000円、精皆勤手当11,000円、通勤手当8,000円、

住宅手当12,000円、無事故手当9,000円

歩合給200,000円

総労働時間250時間、所定労働時間170時間、

時間外労働時間80時間、深夜労働時間30時間の場合

　　ア　月給制時間外割増（1）

　　　＝ ｛(140,000 + 20,000 + 11,000 + 9,000) ÷ 170｝ × 1.25 × 60

　　　＝ 79,412

　　　　※通勤・住宅手当は除かれます。

　　イ　月給制時間外割増（2）

　　　＝ ｛(140,000 + 20,000 + 11,000 + 9,000) ÷ 170｝ × 1.5 × 20

　　　＝ 31,765

　　ウ　月給制深夜割増

　　　＝ ｛(140,000 + 20,000 + 11,000 + 9,000) ÷ 170｝ × 0.25 × 30 ＝ 7,942

　　エ　歩合給制時間外割増（1）＝（200,000 ÷ 250）× 0.25 × 60 ＝ 12,000

　　オ　歩合給制時間外割増（2）＝（200,000 ÷ 250）× 0.5 × 20 ＝ 8,000

　　カ　歩合給制深夜割増 ＝（200,000 ÷ 250）× 0.25 × 30 ＝ 6,000

　　したがって、時間外割増はア + イ + エ + オ ＝ 131,177円、深夜割増はウ + カ

＝ 13,942円、割増賃金計は145,119円、総支給額は、545,119円となります。

▶ 2 代替休暇とは

　労基法では、１か月に60時間を超えて時間外労働をさせた場合には、その超えた時間の労働については、通常の労働時間の賃金の計算額の50％以上の率で計算した割増賃金の支払が義務付けられています（労基法37条１項ただし書き）。

　しかし、これには例外が設けられています。

　そもそも１か月に60時間を超える長い時間外労働をさせた労働者については、労働者の健康を確保する観点からいえば、割増賃金という金銭的な補償よりは、長く働いた分はそれに見合う休息の機会を与えることの方がより望ましいといえます。

　そこで、事業場の過半数労働組合又は過半数代表者との書面による協定（労基署に届け出る必要なし）を締結することにより、法定割増賃金率の引上げ分の割増賃金の支払に代えて、有給の休暇を与えることができることとしたもので、これが「代替休暇」です（労基法37条３項）。なお、労働者が実際に代替休暇を取得した場合であっても、従前から支払義務のあった割増賃金（25％以上の率で計算した割増賃金、すなわち1.25以上）の支払が必要であることに留意してください（下図参照）。

　代替休暇に関する労使協定には、以下の４つの事項を定めることとされています（平21.5.29 基発0529001号）。

① 代替休暇として与えることができる時間外労働の時間数の算定方法

　　代替休暇として与えることができる時間外労働の時間数の算定方法については、１か月について60時間を超えて時間外労働をさせた時間数に、労働者が代替休暇を取得しなかった場合に支払うこととされている割増賃金率（50％以上）と、労働者が代

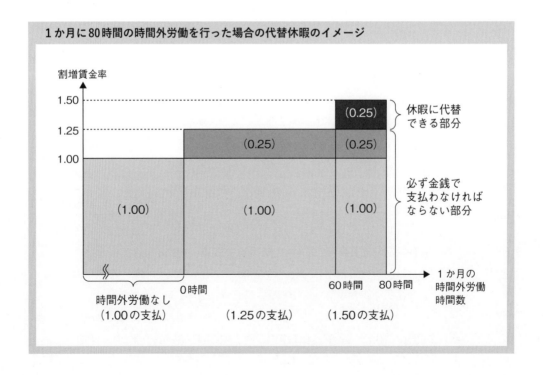

１か月に80時間の時間外労働を行った場合の代替休暇のイメージ

替休暇を取得した場合に支払うこととされている割増賃金率（25%以上）との差に相当する率（以下「換算率」といいます。法定どおりであれば25%になります。）を乗じるものとされています。

（**参考例・法定どおりの割増率の場合**）

代替休暇として与えることができる時間数

　＝（1か月の時間外労働時間数 − 60時間）× 換算率（50% − 25%）

　　※例えば、84時間の時間外労働が行われた月については、

　　（84 − 60）×（50% − 25%）＝ 24 × 25% ＝ 6時間

② 代替休暇の単位

代替休暇の単位については、まとまった単位で与えられることによって労働者の休息の機会とする観点から、1日又は半日とすべきとされていますので、その一方又は両方を定める必要があります。

1日又は半日に達しない場合であっても、「代替休暇以外の通常の労働時間の賃金が支払われる休暇」と合わせてよいとされていますので、次のような取扱いも可能です。

（対応例）代替休暇の時間数が10時間ある場合（次のいずれも可）

・8時間分を1日の代替休暇とし、2時間分を金銭で支払う。

・8時間分を1日の代替休暇とし、2時間分の代替休暇に2時間分の時間単位の年次有給休暇を加えて半日の休暇とする。

③ 代替休暇を与えることができる期間

代替休暇は当該60時間を超える時間外労働が行われた月の末日の翌月から2か月以内に与えなければならないとされています。

・4月の時間外労働に対応する代替休暇 …… 5〜6月に取得可

・5月の時間外労働に対応する代替休暇 …… 6〜7月に取得可

④ 代替休暇の取得日の決定方法及び割増賃金の支払日

代替休暇を取得するかどうかは、労働者の判断によりますので、使用者が労使協定に基づき取得を命じるようなことはできません。

また、労働者が代替休暇取得の意向がある場合の通常の25%以上に相当する割増賃金、労働者が代替休暇取得の意向がないか、その意向が確認できない場合の特別の50%以上の割増賃金については、いずれも当該割増賃金が発生した賃金計算期間の賃金支払日に支払うことになります。

課題解決に向けて

1 時間外・休日労働を行う義務は何から生ずるか

時間外労働又は休日労働は、労働契約上働くことが想定されている所定労働時間及び所定労働日の外側の労働であり、本来労働者に労働義務はありません。しかし、所定労働時間及び所定労働日の範囲内で会社業務のすべてを処理することは現実的ではありません。そこで労基法は36協定の事前締結・所轄労基署への届出と所定の割増賃金を支払うことを条件に、36協定に記載された具体的事由に該当し、かつ、36協定で設定された時間外労働又は休日労働の範囲内でこれを認めています。

ただし、36協定の締結・届出は使用者に対し法定労働時間と週休制の違反を免れさせる効果を持つにとどまり、個々の労働者が時間外又は休日労働命令に服すべき民事上の義務は、36協定から直接生じるものではありません。

個々の労働者に時間外・休日労働義務を発生させるためには、労働協約又は就業規則において業務上の必要があるときは36協定の範囲内で時間外・休日労働を命じうる旨が明確に定められている必要があり、この場合にかぎり労働契約上同協定の枠内でその命令に従う義務が生じる、と解すべきとされています（菅野和夫『労働法』12版P.515参照）。

2 1か月60時間超の時間外労働には50%以上増しの割増賃金を支払わなければならない

（1） 本制度の概要

労基法上、大企業においては平成22年4月1日以降、使用者が1か月について60時間を超えて時間外労働をさせた場合には、60時間までは通常の労働時間の賃金の計算額の25%以上、60時間を超えた時間外労働については同じく通常の労働時間の賃金の計算額の50%以上の率で計算した割増賃金を支払わなければならないこととされました（労基法37条1項ただし書き）。

ただし、この時点では、中小企業（資本金3億円以下又は労働者300人以下の企業）は経営力等を考慮し適用が猶予されました。その後、働き方改革関連法が成立したことにより、その猶予措置が廃止され、令和5年4月1日以降、中小企業においても同様の対応が義務付けられました。

これにより中小企業においても、例えば1か月に80時間の時間外労働をさせた場合には、60時間分の時間外労働に関しては従前同様割増率25%以上、60時

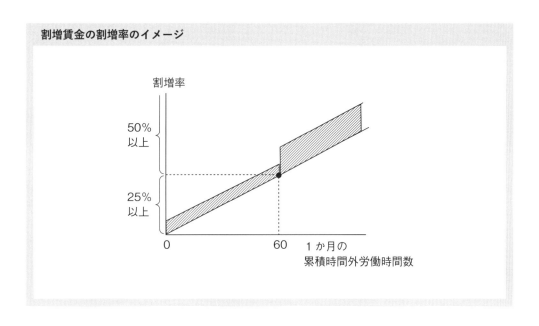

割増賃金の割増率のイメージ

間を超えた残りの20時間分に関しては割増率50%以上で計算した割増賃金を支払うことが必要となりました。

（2）　1か月の起算日

　ここで「1か月」とは、暦による1か月をいうものですが、その起算日は労基法89条2号の「賃金の決定、計算及び支払の方法」として就業規則に記載する必要があります。

　1か月の起算日の決め方としては、毎月1日や賃金計算期間の初日とする方法がありますが、改善基準告示の月間拘束時間の管理や賃金支払実務の効率的処理の観点からは、起算日は賃金計算期間の初日とすることが適当です。

（3）　時間外労働のカウントの仕方

　「60時間を超えた時間外労働」として50%以上の率で計算した割増賃金の支払が義務付けられるのは、1か月の起算日から時間外労働時間数を累計して60時間に達した時点より後に行われた時間外労働についてです。

　ところで、労基法35条に規定する週1回又は4週4日の休日に労働させる場合については、別途、法定休日労働として35%以上の率で計算した割増賃金を支払う必要があり、時間外労働時間数のカウントには入りません。

　一方、法定休日以外の休日（いわゆる「法定外休日」）における労働は、法定労働時間を超えるものである場合には、時間外労働に該当するため、「60時間を

超えた時間外労働」の算定の対象に含めなければなりません。（下図参照。斜線部分の累計が60時間を超えた場合に割増率が50％以上となります。）

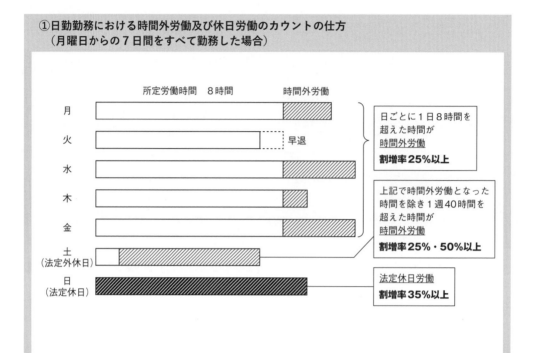

①日勤勤務における時間外労働及び休日労働のカウントの仕方
　（月曜日からの7日間をすべて勤務した場合）

※　上記図における薄い斜線部分が時間外労働としてカウントされます。1か月勤務する中で、斜線部分の累計が60時間を超えた時点から割増率50％以上の割増賃金の対象となります。
　　なお、改善基準告示では、日勤勤務においては1か月の拘束時間は288時間以内、法定休日労働は2週間に1回までとされています。
※　週休2日制をとる事業場では、法定休日と法定外休日の別を就業規則で明確にしておくことが望ましいとされていますが、2日の週休日の事業場でいずれの週休日が法定休日か明確にされていない場合には、当該週において、法定休日が確保されなかったことが確定した段階で、後の休日における労働が法定休日労働として扱われることになります。
　　また、4週4日の休日制を採用している場合は、ある休日に労働させたことによって、以後4週4日の休日が確保されなくなるときは、その日以後の労働が法定休日労働となります。
※　時間外労働とカウントすべき公休出勤の賃金について、通常の労働日の時間外労働とは別に計算して支給する場合があります。この場合は、支給された公休出勤の賃金が通常の賃金部分と割増賃金の部分に明確に区分され、かつ、当該割増賃金額と他の割増賃金額との合算額が法定の計算額（1か月60時間以上の場合は50％以上の割増率）を上回っていれば問題ありません。

②隔日勤務における時間外労働のカウントの仕方

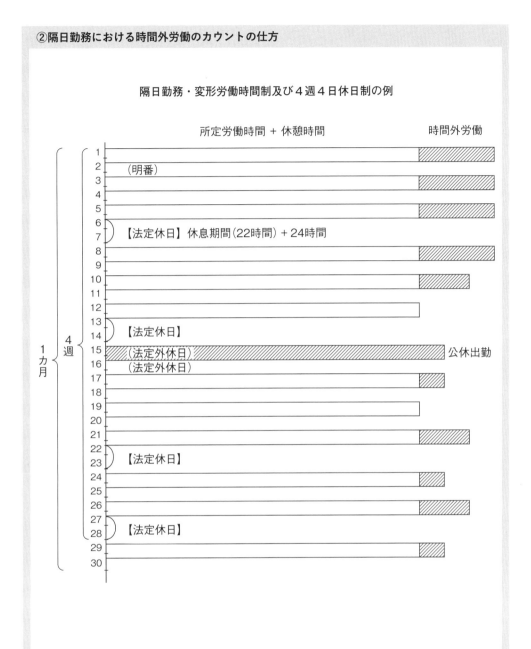

隔日勤務・変形労働時間制及び４週４日休日制の例

※ 上図は、隔日勤務において、28日を変形期間とする変形労働時間制（３s３t３s２s制・11勤６休制、１日の所定労働時間14.5時間）及び４週４日休日制を採用している例です。ほとんどの勤務で時間外労働があり、15日目の法定外休日に公休出勤をしています。法定休日は４週に４日間確保されていますので、法定休日労働はないことになります。１か月の勤務回数は13勤務となります。１か月における時間外労働は上図の斜線部分の合計となります。隔日勤務の場合は、改善基準告示において１か月の拘束時間が262時間又は270時間（労使協定がある場合）が上限と定められています。

（4） 賃金コストへの影響

　令和５年４月１日から、１か月60時間超の時間外労働に係る割増賃金率が50％以上増しとなることについて、日勤勤務の場合の影響を試算してみると、下表のとおりです。

　オール歩合給で時間単価が東京都最低賃金（令4.10.1発効）と同額の1,072円の場合、同時間単価が2,000円の場合、同時間単価3,000円の場合について、法施行前と法施行後のそれぞれ１か月の時間外労働時間数が70時間、80時間、100時間の場合をみてみました。

　その結果、単価が1,072円の場合で時間外労働が増えるに従い、順に2,680円、5,360円、10,720円と差額が増えていきます。単価が2,000円の場合では同5,000円、10,000円、20,000円と差額が増え、単価が3,000円の場合で同7,500円、15,000円、30,000円と差額が増えていきます。

割増賃金率の引上げによる影響の試算（0.25→0.25 又は 0.5）

		月70時間	月80時間	月100時間	備　考
1時間単価 1,072円	法施行前	18,760	21,440	26,800	単価 × 0.25 × 時間数
	法施行後	21,440	26,800	37,520	単価 × 0.25 × 60時間 + 単価 × 0.5 × 60時間超時間
	差	2,680	5,360	10,720	
1時間単価 2,000円	法施行前	35,000	40,000	50,000	単価 × 0.25 × 時間数
	法施行後	40,000	50,000	70,000	単価 × 0.25 × 60時間 + 単価 × 0.5 × 60時間超時間
	差	5,000	10,000	20,000	
1時間単価 3,000円	法施行前	52,500	60,000	75,000	単価 × 0.25 × 時間数
	法施行後	60,000	75,000	105,000	単価 × 0.25 × 60時間 + 単価 × 0.5 × 60時間超時間
	差	7,500	15,000	30,000	

3　就業規則規定例

　月60時間超の時間外労働の割増賃金を50％増しとすることについては、以下のような就業規則規定例が考えられますので参考にしてください。

（乗務員の割増賃金）

第○条

　時間外労働（法定休日以外の休日に労働し1日8時間又は1週40時間を超えた場合を含む。以下同じ。）、休日労働又は深夜労働を行った場合の基本給及び諸手当に係る割増賃金は、次の算式により計算して支給する。この場合、諸手当には労働基準法第37条第5項で定める賃金は算入しない。

①　時間外労働割増賃金（法定労働時間を超えて労働させた場合）

（ⅰ）1か月60時間以下の時間外労働について

$$\frac{基本給 ＋ 諸手当}{1か月平均所定勤務時間数} \times 1.25 \times 時間外労働時間数$$

（ⅱ）1か月60時間を超える時間外労働について

$$\frac{基本給 ＋ 諸手当}{1か月平均所定勤務時間数} \times 1.50 \times 時間外労働時間数$$

②　休日労働割増賃金（法定休日に労働させた場合）

$$\frac{基本給 ＋ 諸手当}{1か月平均所定勤務時間数} \times 1.35 \times 休日労働時間数$$

③　深夜労働割増賃金（午後10時から午前5時までの間に労働させた場合）

$$\frac{基本給 ＋ 諸手当}{1か月平均所定勤務時間数} \times 0.25 \times 深夜労働時間数$$

2　時間外労働、休日労働又は深夜労働を行った場合の歩合給に係る割増賃金は、次の算式により計算して支給する。

①　時間外労働割増賃金（法定労働時間を超えて労働させた場合）

（ⅰ）1か月60時間以下の時間外労働について

$$\frac{歩合給}{当該歩合給に係る総勤務時間数} \times 0.25 \times 時間外労働時間数$$

（ⅱ）1か月60時間を超える時間外労働について

$$\frac{歩合給}{当該歩合給に係る総勤務時間数} \times 0.50 \times 時間外労働時間数$$

---

②　休日労働割増賃金（法定休日に労働させた場合）

$$\frac{歩合給}{当該歩合給に係る総勤務時間数} \times 0.35 \times 休日労働時間数$$

③　深夜労働割増賃金（午後10時から午前5時までの間に労働させた場合）

$$\frac{歩合給}{当該歩合給に係る総勤務時間数} \times 0.25 \times 深夜労働時間数$$

3　前2項における1か月の起算日は各賃金計算期間の初日とする。

4　恒常的な長時間の時間外労働の削減

（1）　時間外労働に対する認識の変更

上述したように、1か月の時間外労働が60時間を超えた場合、50％以上の割増率の割増賃金を支給しなければなりませんので、かなりの賃金コストの上昇が生じます。

これは日勤勤務において顕著です。ただし、改善基準告示上、日勤勤務の月の拘束時間は288時間ですので、時間外労働の上限はおのずと決まってきます。

①　1か月23日勤務で休憩時間が1時間の場合の時間外労働の上限

31日の月　　288時間 － 177.1時間 － 1時間 × 23日 ＝ 87.9時間

30日の月　　288時間 － 171.4時間 － 1時間 × 23日 ＝ 93.6時間

28日の月　　288時間 － 160.0時間 － 1時間 × 23日 ＝ 105時間

②　1か月23日勤務で休憩時間が1.5時間の場合の時間外労働の上限

31日の月　　288時間 － 177.1時間 － 1.5時間 × 23日 ＝ 76.4時間

30日の月　　288時間 － 171.4時間 － 1.5時間 × 23日 ＝ 82.1時間

28日の月　　288時間 － 160.0時間 － 1.5時間 × 23日 ＝ 93.5時間

以上のとおり、月の日数や1日の休憩時間により異なりますが、日勤勤務においては、月60時間を15時間から40時間程度上回る可能性があります。

これに対し、隔日勤務については、改善基準告示により、1か月の拘束時間が262時間又は270時間（労使協定がある場合）と定められていますので、1か月単位の変形労働時間制を採用し、1勤務当たりの所定労働時間14.5時間、休憩時間3時間とすると、時間外労働の上限は、

① 262時間 － 174時間（14.5時間 × 12日）－ 36時間（3時間 × 12日）
　　= 52時間

② 270時間 － 174時間（14.5時間 × 12日）－ 36時間（3時間 × 12日）
　　= 60時間

となり、月に60時間を超える時間外労働が発生する可能性は少ないと考えられます（休憩時間を3時間取得しない乗務員については超える可能性があり得ます。）。

　　時間外労働時間数にほぼ比例して成果が上がる乗務員については、このコスト増も受容できるかもしれませんが、成果が伴わずに時間外労働だけが長時間にわたるような乗務員については、影響が大き過ぎるように思われます。

　　上記1で見たように、時間外労働又は休日労働は、所定労働時間の外側の労働であり、使用者が労働者に命じて初めて36協定の範囲内で行われるものというのが原則的な考え方です（厚生労働省はかつて「所定外労働削減要綱」（平3.10.9。平13.10.24改定）を策定し、「本来、所定外労働は臨時、緊急の時にのみ行うものであり短いほど望ましい」として啓発活動に取り組みました。）。

　　しかしながらタクシー業界では、乗務員が自らの労働時間の長さを決め、公共交通機関としてのサービスは、恒常的な時間外労働を前提に提供されている観があります。このため、時間外労働の削減を使用者側が積極的に指示することに躊躇する傾向がみられますが、あくまでも、使用者側（管理者を含みます。）が乗務員の時間外労働の有無、長短を決定する権限があることを今一度確認するべきです。

（2）　時間外労働をどのように制限していくか

　　上に見たように、隔日勤務については改善基準告示の順守を徹底していれば、1か月60時間を超える時間外労働が生ずる可能性は低いので、50%以上の割増賃金の支給はあまり問題になりません。一方、今後増加傾向にある日勤勤務については1か月60時間を超える時間外労働の可能性が大いにあり、従来どおりの働き方を続ければ割増賃金のコストがかなり上昇します。

　　ところで、時間外労働について制限を設ける場合、乗務員により、差を設けても違法にはならないでしょうか。実は時間外労働の指示に当たり、労働者を公平に扱うべき、あるいは差を設けてはならないというような規定はどこにもありません。それは、時間外労働を命じるのは、使用者側であり、労務管理及び効率的

な業務管理の観点から、乗務員の能力・意欲により、差をつけることは使用者の指揮命令権の範囲内と考えられるからです。

　ただし、基準があいまいなまま乗務員の扱いに差をつけると混乱が生ずる可能性がありますので、客観的な基準を設定し、あらかじめ説明しておくことがトラブル回避の観点から重要です。次の例も参考に検討してください。

（例1）　一定の条件に該当した者について時間外労働を制限する次のような制度が考えられます。

　　①　営収が低く最低賃金を下回るため差額を支給することが一定月数継続する乗務員については、期限付きで時間外労働を制限する措置を講ずる。制限している期間中に営業指導を行う（**課題7**：最低賃金参照）。

　　②　営収が低く足切り額を下回ることが一定月数継続する乗務員については、期限付きで時間外労働を制限する措置を講ずる。制限している期間中に営業指導を行う。

（例2）　特定の条件に該当する者の長時間の時間外労働を制限したい場合、次のような制度も考えられます。

　　健康診断の事後措置として就業制限を指示された者、事故惹起者及び○○○（各社で検討・決定）については、必要な期間、時間外労働を制限する措置を講ずる。

課題 7　最低賃金

　近年の最低賃金の引上げがあまりにも大幅すぎて大変苦慮しています。労務比率が他業種に比べ高いタクシー事業においても、最低賃金は守らなければなりませんが、何か参考になる対応策はないでしょうか。

押さえておきたい　基礎知識

▶1　最低賃金とは

　最低賃金は、原則として常用労働者、パートタイム労働者、アルバイト等を問わず事業場で働くすべての労働者に適用され、この額以上の賃金を支払うことが罰則により強制されています（最低賃金法4条、39条）。例外として、精神又は身体の障害により著しく労働能力が低い者等に関する最低賃金の減額特例制度があります（最低賃金法7条）。

▶2　最低賃金を守っているかどうかのチェック方法

　「歩合給のみ」の場合と「固定給 + 歩合給」の場合で異なりますが、いずれの場合も1時間当たりの賃金の単価を算出して最低賃金（時間額で定められています。）と比較します。

　なお、比較する賃金の中に、①臨時に支払われる賃金、②1か月を超える期間ごとに支払われる賃金、③時間外・休日・深夜労働に対する割増賃金、④精皆勤手当、⑤通勤手当、⑥家族手当がある場合にはこれらを除いて比較します（①～⑥を「除外賃金」といいます。）。

　精皆勤手当、通勤手当、家族手当などはその名称ではなく実態で判断されますので、注意が必要です。例えば、通勤手当は実際の費用に応じて算定されるものとされていますので、一定額までは距離にかかわらず一律に支給するような場合は、その部分は通勤手当には該当しません。

（1）　歩合給のみの場合の単価

　　歩合給で支払った賃金 ÷ 月間総労働時間数（時間外・休日労働を含みます。）

（2）　固定給 + 歩合給の場合の単価（次の①②の額を合算します。）

①　固定給として支払った賃金 ÷ 月間所定労働時間数※

　　　※　月により異なる場合は、年間の平均月間所定労働時間数

②　歩合給で支払った賃金 ÷ 月間総労働時間数（時間外・休日労働を含みます。）

▶3　最低賃金を下回っていた場合の差額の計算方法

〔具体例〕

　月間総労働時間200時間

　　（うち所定労働時間173時間　時間外労働時間27時間　深夜労働時間70時間）

　固定給 ……（精皆勤、通勤及び家族手当などの除外賃金を除きます。）124,560円

歩合給 …… 56,000円

固定給に対する時間外割増賃金 ……24,300円（124,560円 ÷ 173時間 × 1.25 × 27時間）

固定給に対する深夜割増賃金 …… 12,600円（124,560円 ÷ 173時間 × 0.25 × 70時間）

歩合給に対する時間外割増賃金 …… 1,890円（56,000円 ÷ 200時間 × 0.25 × 27時間）

歩合給に対する深夜割増賃金 …… 4,900円（56,000円 ÷ 200時間 × 0.25 × 70時間）

総支給額224,250円

〔計算例〕

固定給の単価 = 124,560円 ÷ 173時間 = 720円

歩合給の単価 = 56,000円 ÷ 200時間 = 280円

トータルの単価 = 720円 ＋ 280円 = 1,000円（＜ 最低賃金1,072円） …… 違反

　※　上記具体例では、割増賃金の計算をしていますが、最低賃金の違反かどうかを
　　チェックする際には、これらを考慮する必要はありません。

上記の具体例では、賃金が時間単価で72円、最低賃金を下回っていることになります。また、最低賃金との差額を支払うだけでなく、割増賃金にも不払が生じますので、その差額も支払う必要があります。

そこで、時間単価不足分の72円を固定給と歩合給のどちらにいくら上乗せすべきかという問題になりますが、これはかなり面倒な検討が必要となります。今知りたいのは最低賃金法違反にならないために最低いくら追加支給すればよいかということですから、簡単な計算式があれば便利です。

ところで、固定給と歩合給のそれぞれの単価の和が1,072円としなければならないという条件が与えられていますので、仮に固定給の単価を「W」とすると歩合給の単価は「1,072 − W」で表すことができます。月間総労働時間200時間、月間所定労働時間173時間、時間外労働時間27時間、深夜労働時間70時間となっていますので、支給すべき総額は、

固定給 = W × 173時間 = 173W

歩合給 =（1,072 − W）× 200時間 = 214,400 − 200W

固定給時間外割増 = W × 1.25 × 27時間 = 33.75W

固定給深夜割増 = W × 0.25 × 70時間 = 17.5W

歩合給時間外割増 =（1,072 − W）× 0.25 × 27時間 = 7,236 − 6.75W

歩合給深夜割増 =（1,072 − W）× 0.25 × 70時間 = 18,760 − 17.5W

以上の和は、

173W + 214,400 − 200W + 33.75W + 17.5W + 7,236 − 6.75W + 18,760 − 17.5W

　= 214,400 + 7,236 + 18,760 + W（173 − 200 + 33.75 + 17.5 − 6.75 − 17.5）

　= 214,400 + 7,236 + 18,760 + W × 0

　= 240,396円

したがって、W（固定給の単価）の値いかんにかかわらず、支払うべき賃金総額は240,396円で一定となります。なお、差額は、

240,396 − 224,250 = 16,146円

となり、16,146円の追加支給が必要となります。

　以上から、支払うべき賃金総額の計算に当たっては、乗務員の賃金をすべて歩合給とみなして計算する（①の例）又はすべて固定給とみなして計算する（②の例）ことにより同じ結果が簡単に得られることになります。

　　①の例

　　　月間総労働時間が200時間なので、

　　　　1,072円 × 200時間 ＝ 214,400円

　　　時間外労働時間が27時間なので、

　　　　1,072円 × 0.25 × 27時間 ＝ 7,236円

　　　深夜労働時間が70時間なので、

　　　　1,072円 × 0.25 × 70時間 ＝ 18,760円

　　　支給すべき額は、214,400 ＋ 7,236 ＋ 18,760 ＝ 240,396円

　　②の例

　　　月間所定労働時間が173時間なので、

　　　　1,072円 × 173時間 ＝ 185,456円

　　　時間外労働時間が27時間なので、

　　　　1,072円 × 1.25 × 27時間 ＝ 36,180円

　　　深夜労働時間が70時間なので、

　　　　1,072円 × 0.25 × 70時間 ＝ 18,760円

　　　支給すべき額は、185,456 ＋ 36,180 ＋ 18,760 ＝ 240,396円

▶ 4　最低賃金引き上げの政府方針

　令和5年6月16日に閣議決定した2023年の骨太方針では、最低賃金について「今年は全国加重平均1,000円を達成することを含めて、公労使三者構成の最低賃金審議会で、しっかりと議論を行う」ことが盛り込まれました。なお、令和4年度の地域別最低賃金の全国加重平均は前年より31円高い961円となっています。

▶ 5　業務改善助成金制度とは

　厚生労働省では、最低賃金の引上げに向けた環境整備を図るため、賃金の引上げを行うとともに生産性向上、労働能率の増進に資する設備投資等を行う中小企業事業者に対し、その設備投資等に要した費用の一部を助成し、賃金引上げに伴う負担を軽減することを目的とした業務改善助成金制度を設けています。

　業務改善助成金には、通常コースと特例コースの2種類があります。通常コースは、従来から実施されているもので、①事業場内最低賃金※と地域別最低賃金（例えば、東京都最低賃金がこれに当たります。）との差額が30円以内、②コース区分が、30円コース、45円コース、60円コース及び90円コースの4種類です。なお、従来は事業場規模100人以下の事業者が対象でしたが、この要件は撤廃されています。

　特例コースは、令和3年度から期限を切って実施されているもので、直近では令和5年1月31日に一旦終了しています。①事業場内最低賃金と地域別最低賃金の差額が30円以

内、②事業場の労働者数による制限はありません。コースは30円コースの1種類のみで、助成金の上限額は、引上げ労働者数が1人のとき30万円、2～3人のとき50万円、4～6人のとき70万円、7人以上のとき100万円です。

> ※　事業場内最低賃金とは、事業場の中で最も低い時間当たりの賃金のことです。国が定める地域別最低賃金とイコール又はそれを上回る額を、当該事業場で使用する労働者の下限の賃金額とする旨を就業規則その他これに準ずるものにより定め、これを遵守することで賃金の下支えとして機能するものです。

　事業場内最低賃金の支払対象労働者の要件については、入社3か月以上経過している必要がありますが、労働日数や所定労働時間の下限に関する制限はありません。したがって、労働時間がかなり短い労働者も対象となります。ただし、所定労働時間等が極端に短いような場合は、審査、調査が行われる場合があります。

■ 課題解決に向けて

1　最低賃金の遵守

　最低賃金は、最低賃金法に基づき、全業種を対象に都道府県別に決定・改正されています。タクシー業界だけがこの適用を免れることはできず、まして刑事罰がついていますのでこれを守らないという選択肢はありません。さらに、労働基準監督機関と地方運輸機関との通報制度においても、最低賃金の違反事実は通報事案とされています。

　また、最低賃金を守らない・守れない業界というような風評が出れば、人材確保難の中、他業種との競争において有為な人材を確保することは望むべくもありません。

2　最低賃金遵守のための所要支給額

　最低賃金は時間額で決まっているため、1時間当たりの労働生産性（営業収入）が高くても低くても実際の労働時間数に応じた最低賃金を支払わなければなりません。

　また、その労働が時間外労働や休日労働、深夜労働であれば法定の割増率で計算した割増賃金を支払う必要があります。さらに令和5年4月以降1か月60時間を超える時間外労働には50%以上の割増率で計算した割増賃金を支払わなければなりません。

　令和4年10月1日発効の東京都最低賃金を遵守するための所要支給額を隔日勤務及び日勤勤務（夜日勤）について具体的な例で、試算したものが次の表です（表の上段で事例の設定を行い、下段に試算額を示しています。）。

① 隔日勤務の場合の最低賃金遵守のための所要支給額の試算

		隔日勤務 8乗務	隔日勤務 11乗務	隔日勤務11乗務 ＋公休出勤1回	備考
月間乗務回数	a	8	11	12	
1勤務拘束時間数	b	21	21	21	
1勤務休憩時間数	c	3	3	3	
1勤務所定労働時間	d	15.5	15.5	15.5	
1勤務労働時間数	e	18	18	18	b − c
月間総労働時間数	f	144	198	216	a × e
月間所定労働時間数	g	124	170.5	170.5	8乗務 d × 8 11・12乗務 d × 11
月間時間外労働時間数	h	20	27.5	45.5	f − g
月間深夜労働時間数	i	52	71.5	78	a × 6.5
歩合給	A	154,368	212,256	231,552	f × 1,072
時間外割増賃金	B	5,360	7,370	12,194	h × 0.25 × 1,072
深夜割増賃金	C	13,936	19,162	20,904	i × 0.25 × 1,072
オール歩合給賃金総額	X1	173,664	238,788	264,650	A + B + C

② 日勤勤務の場合の最低賃金遵守のための所要支給額の試算

		夜日勤勤務 22乗務	夜日勤22乗務 ＋公休出勤1回	備考
月間乗務回数	a	22	23	
1勤務拘束時間数	b	13	13	
1勤務休憩時間数	c	1	1	21：30〜22：30
1勤務所定労働時間	d	8	8	
1勤務労働時間数	e	12	12	b − c
月間総労働時間数	f	264	276	a × e
月間所定労働時間数	g	176	176	22・23乗務 d × 22
月間時間外労働時間数	h	88	100	f − g
月間深夜労働時間数	i	143	149.5	a × 6.5
歩合給	A	283,008	295,872	f × 1,072
時間外割増賃金（60時間以下）	B	16,080	16,080	60 × 0.25 × 1,072
時間外割増賃金（60時間超）	B'	15,008	21,440	(h − 60) × 0.5 × 1,072
深夜割増賃金	C	38,324	40,066	i × 0.25 × 1,072
オール歩合給賃金総額	X2	352,420	373,458	A + B + B' + C

3 労働生産性を上げる

　営収が上がらず、結果として歩合給を中心とした賃金が最低賃金を下回る場合には、使用者は最低賃金との差額を支給しなければなりません。

　最低賃金を遵守するためには、いうまでもなく、いかに乗務員の労働生産性を上げ、かつ、営収を上げていくかがポイントになります。この点、輸送距離に応じ営収が増加する運賃改定は、総需要が減少しない限り、極めて有効です。

　次に、乗務員全体のシフトを組む際に、労働生産性が高くなる時間帯の配置を厚くし、労働生産性が低くなる時間帯の配置を薄くすることができるかどうかもポイントとなります。これは正確な需要予測が前提になりますので、極めて困難な課題ですが、トライし続けるしかありません。また、営収がさほど望めない時間帯の時間外労働も思い切ってカットすることも重要です。

　また、賃金が最低賃金を下回り、差額を支給した乗務員が生じた場合には、当該乗務員が1か月間どのような営業を行っていたかを精査することも有効です。この場合は、最低賃金との差額の支給は翌月とし、その間に当該乗務員の乗務日報、休憩ボタンの押下状況、車載ビデオカメラなどをチェックすることにより労働時間を把握し直すとともに、会社が禁止しているような駅待ち※や、回転の悪い乗り場に長時間並ぶような営業をしていたような場合は、営業方法の是正を求めることが必要です。

　　※　中央タクシー事件 ＝ 平23.11.30大分地判
　　　　指定した場所以外での客待ちは非効率なため、労働組合とも協議を重ね、組合員にも周知の上、30分を超える指定場所以外での客待ち待機時間は労働時間に該当しないとして賃金カットした事案について、裁判所は命令に従がわないことについて適正な手続で懲戒処分ができるとしても労働時間に該当しないということはできない、としたもの。

　さらに、例えば、連続して最低賃金との差額を支給した乗務員については、時間外労働を乗務員の判断に任せきりにせず、制限をかけることも合理的と思われます。ただし、この場合は合理的な基準を設定し、あらかじめ乗務員によく説明し、理解を得ておくことが必要です（**課題6**：割増率50％以上参照）。

4 乗務員に対する指導の根拠

　乗務員に対し、使用者が業務遂行に当たり、さまざまな指導を行うことは、労使関係における使用者の基本的な権限です。これは「労働契約とは、一定の対価（賃金）と一定の労働条件のもとに、自己の労働力の処分を使用者に委ねることを約す

る契約である。」（厚労省『コンメンタール労基法』P.214）とされていることからも明らかです。

これを受け、実務的には、就業規則の服務規律の中で「従業員は、本規則及び諸規程、交通法規その他関係法令を遵守し、上司及び管理者等の命令に従い、誠実に職務を遂行して、業務の効果的かつ効率的な運営を図るとともに、職場秩序の保持に努めなければならない。」旨を規定し、指導の根拠としているのが一般的です。

なお、この指導に従わない乗務員については、就業規則の懲戒処分の事由として「上司の指示に従わないこと」等が規定されている場合、処分の対象とすることができます。

5　除外賃金について検討する

除外賃金とされている各種の手当等は、賃金として支払コストに含まれるにもかかわらず、最低賃金との比較の場面では考慮されません。経営に余裕がある場合にはさほど大きな問題ではないかもしれませんが、最低賃金が毎年大幅に引き上げられ、かつ、最低賃金を1円でも下回ってしまえば、最低賃金法違反（罰則あり）になってしまいますので、軽視できません。

そこで、除外賃金の一つである精皆勤手当について考えてみましょう。

精皆勤手当は、最低賃金との比較の際には除外されますが、割増賃金の算定基礎には算入しなければなりません（労基則21条）。さらに、年次有給休暇を取得した場合に精皆勤手当を一部カットすると労基法136条（使用者は、……有給休暇を取得した労働者に対して、賃金の減額その他不利益な取扱いをしないようにしなければならない。）に違反する可能性が生じます。

また、労働日に出勤することは労働契約上の労働者の最も基本的な義務であり、精皆勤手当の支給までして精皆勤を奨励する必要性は乏しいのではないかということも考え合わせると、思い切って精皆勤手当を廃止し、相当額を基本給に組み込むか別の手当に移行することが考えられます。この場合には、労働者（労働組合）と十分話し合い、納得を得た上で就業規則の改正を行うことが必要です。この過程をしっかり踏まないと、労働条件の不利益変更としてトラブルに発展する可能性があります。

ところで、乗務員の中には、一定額の営収が確保されるとそれ以降勤務を控えるという傾向もあるため、精皆勤手当の有効性が認められ、全体としては低い割合の乗務員に関する最低賃金の対応のためにこれを廃止することは適切でないという考え方もあると思われます。このような場合には、精皆勤手当の支給条件について、「営収額が一定額以上の場合に精皆勤手当の対象とし、逆に営収額が一定額未満の場

合には精皆勤手当の対象としない」というような仕組みとすることが考えられます。

除外賃金には、通勤手当や家族手当もありますが、廃止するためには精皆勤手当に準じた配慮が求められます。

1か月を超える期間ごとに支払われる賃金も除外賃金の一つです。賞与制度を採用する会社は、少し古い調査ですが、都内で60.4%でした（平成27年10月東京ハイヤー・タクシー協会賃金等実態調査）。この支払額が、最低賃金の除外賃金になるのは、事業者にとって厳しいことだと思われますので、支給条件、賃金全体におけるウェイトなどについて再検討する価値があります。

6 最低賃金の上昇に耐えられる賃金制度の構築

最低賃金の引上げに関する政府方針は、「今年は全国加重平均1,000円を達成することを含め……最低賃金審議会で、しっかりと議論を行う」とされています。そして同政府方針では「今夏以降は、1,000円達成後の最低賃金引上げの方針についても、新しい資本主義実現会議で議論を行う。」とし、さらなる引上げを示唆しています。

最低賃金が今後も毎年一定額上がり続けるとすると、最低賃金の上昇の影響を受けにくい賃金制度を構築することを検討しておいた方がよいかもしれません。

この点、オール歩合給制は、固定給が含まれる賃金制度より最低賃金の影響を受けにくい賃金制度といえます。ただし、求職者側からみると収入が安定しないという不安が生じやすく人材確保面では不利な点があります（**課題9**：固定給と歩合給参照）。

7 業務改善助成金の活用

① この助成金は、適用される最低賃金とイコールか上回っても30円以内の賃金の労働者が対象となります（制度の詳細はP.126～127参照）。したがって、タクシー乗務員は対象になりにくく、むしろ乗務員以外の補助的な業務に従事する短時間・有期雇用労働者が対象になりやすいといえます。

② 事業場内最低賃金を引き上げる場合には、就業規則の改正が必要です。次の規定例を参考にしてください（改正前は1,041円であったものを31円引き上げた場合の例です。）。さらに、就業規則の規定に従い該当労働者の賃金も30円以上引き上げると対象となります。

※ 就業規則の規定例

第○条 会社における最も低い賃金額は、時間給又は時間換算額1,072円とする。ただし、最低賃金法第7条に基づく最低賃金の減額の特例許可を受けた者を除く。

　　　　なお、東京都最低賃金がこの額を超えて改定された場合には、当該最低賃金額
　　とする。
　　2　前項の賃金額には、最低賃金法第4条第3項に定める賃金は算入しない。

③　上記②の引上げが完了したことを賃金台帳で証明する必要がありますので、賃
　　金の引上げが反映される賃金支払日以後に交付申請を行います。

④　交付決定がなされた後に設備投資等（二種免取得費用も対象となります。）を
　　行います。

⑤　設備投資等が終了したら事業実施結果を報告します。交付額決定後、労働局に
　　支払請求書を提出すると支給されます。

⑥　対象労働者数のカウントはどのようになされるかといいますと、事業場内最低
　　賃金と同額である労働者のほか、事業場内最低賃金が引き上げられることにより
　　賃金が追い抜かれる労働者についても、30円以上引き上げた場合、その労働者
　　も引上げ労働者数に含めることができます。

　　　なお、下図（令和4年度の例です。）を参照してください。A及びCは30円以
　　上引き上げていますので助成金の対象人数にカウントできます。Bは事業場内最
　　低賃金が改定されたことにより21円引き上げていますが、30円の引上げではな
　　いのでカウントされません。Dは30円引き上げていますが、既に1,072円を上回っ
　　ていましたのでカウントされません。

⑦　最低賃金の引上げは毎年実施されていますので、最低賃金の改正に合わせて、
　　事業場内最低賃金を30円以上引き上げると最低賃金を守りつつ、業務改善助成
　　金の対象となることが可能となる場合がありますので検討してください。

　　※　業務改善助成金の支給要件は、変更される場合がありますので、最新の要件を確認
　　　の上、不明な点は各労働局雇用環境・均等部（室）にお問い合わせください。

引上げ人数のカウント

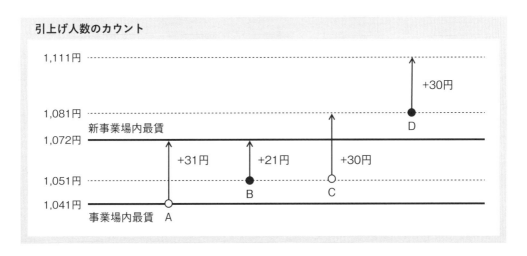

令和5年度業務改善助成金のご案内

※申請期限：令和6年1月31日
（事業完了期限：令和6年2月28日）

業務改善助成金とは？

業務改善助成金は、事業場内で最も低い賃金（事業場内最低賃金）を30円以上引き上げ、生産性向上に資する設備投資等を行った場合に、その設備投資等にかかった費用の一部を助成する制度です。

| 事業場内最低賃金の引き上げ | ＋ | 設備投資等
機械設備導入、コンサルティング、人材育成・教育訓練など | ▶ | 業務改善助成金を支給
（最大600万円） |

※ 事業場内最低賃金の引上げ計画と設備投資等の計画を立てて申請いただき、交付決定後に計画どおりに事業を進め、事業の結果を報告いただくことにより、設備投資等にかかった費用の一部が助成金として支給されます。

対象事業者・申請の単位

- **中小企業・小規模事業者**であること
- **事業場内最低賃金と地域別最低賃金の差額が30円以内**であること
- 解雇、賃金引き下げなどの**不交付事由がない**こと

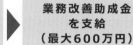

別々に申請
工場A　事務所B

➡ 以上の要件を満たした事業者は、事業場内最低賃金の引上げ計画と設備投資等の計画を立て、（工場や事務所などの労働者がいる）**事業場ごとに申請**いただきます。

助成上限額・助成率

助成上限額

コース区分	事業場内最低賃金の引き上げ額	引き上げる労働者数	助成上限額 右記以外の事業者	助成上限額 事業場規模30人未満の事業者
30円コース	30円以上	1人	30万円	60万円
		2～3人	50万円	90万円
		4～6人	70万円	100万円
		7人以上	100万円	120万円
		10人以上※	120万円	130万円
45円コース	45円以上	1人	45万円	80万円
		2～3人	70万円	110万円
		4～6人	100万円	140万円
		7人以上	150万円	160万円
		10人以上※	180万円	180万円
60円コース	60円以上	1人	60万円	110万円
		2～3人	90万円	160万円
		4～6人	150万円	190万円
		7人以上	230万円	230万円
		10人以上※	300万円	300万円
90円コース	90円以上	1人	90万円	170万円
		2～3人	150万円	240万円
		4～6人	270万円	290万円
		7人以上	450万円	450万円
		10人以上※	600万円	600万円

※ 10人以上の上限額区分は、特例事業者が、10人以上の労働者の賃金を引き上げる場合に対象になります。

助成率

870円未満	9/10
870円以上920円未満	4/5（9/10）
920円以上	3/4（4/5）

（　）内は生産性要件を満たした事業場の場合

特例事業者

以下の要件に当てはまる場合が特例事業者となります。なお、②・③に該当する場合は、助成対象経費の拡充も受けられます。

①	賃金要件	申請事業場の事業場内最低賃金が920円未満である事業者
②	生産量要件	売上高や生産量などの事業活動を示す指標の直近3か月間の月平均値が前年、前々年または3年前の同じ月に比べて、15％以上減少している事業者
③	物価高騰等要件	原材料費の高騰など社会的・経済的環境の変化等の外的要因により、申請前3か月間のうち任意の1か月の利益率が3％ポイント※以上低下している事業者

※「％ポイント（パーセントポイント）」とは、パーセントで表された2つの数値の差を表す単位です。

助成金支給の流れ

事業場所在地を管轄する都道府県労働局に対し、所定の様式で交付申請を行っていただきます。
労働局による申請内容の審査を経て交付決定がなされたら、申請内容に沿って事業を実施してください。
事業完了後、労働局に事業実績報告と助成金支給申請を行っていただくと、労働局による報告内容の審査を経て、助成金が支給されます。

交付申請	交付決定	事業の実施
交付申請書・事業実施計画書等を都道府県労働局に提出	交付申請書等を審査の上、通知	申請内容に沿って事業を実施（賃金の引き上げ、設備の導入、代金の支払）

事業実績報告	交付額確定と助成金支払い	助成金受領
労働局に事業実績報告書等と助成金支給申請書を提出	事業実績報告書等を審査し、適正と認められれば交付額の確定と助成金の支払いを実施	ここで助成金が振り込まれます

注意事項・お問い合わせ等

注意事項

- 過去に業務改善助成金を活用した事業者も助成対象となります。
- 予算の範囲内で交付するため、申請期間内に募集を終了する場合があります。
- 交付決定前に助成対象設備の導入を行った場合は助成の対象となりません。
- 必ず最新の交付要綱・要領で助成要件をご確認ください。

（参考）働き方改革推進支援資金
日本政策金融公庫では、事業場内最低賃金の引き上げに取り組む方に、設備資金や運転資金の融資を行っています。詳しくは、事業場がある都道府県の日本政策金融公庫の窓口にお問い合わせください。

日本政策金融公庫 店舗検索

昨年度からの変更点

- 事業完了期限が、2024（令和6）年2月28日※になりました。
  ※やむを得ない事由がある場合は2024（令和6）年3月31日とすることも可能です。
- 事業完了後に行う事業実績報告と支払請求の手続きを一本化し、手続きを簡便にしました。

参考ウェブサイト

- **厚生労働省ウェブサイト「業務改善助成金」**
  最新の要綱・要領やQ&A（「生産性向上のヒント集」）、申請書作成ツールや業務改善助成金の活用事例集などを掲載しています。

業務改善助成金	検索

- **最低賃金特設サイト**
  全国の地域別最低賃金や中小企業支援事業について掲載しているほか、サイト内の「賃金引き上げ特設ページ」では、賃金引き上げに向けた取組事例などを紹介しています。

最低賃金特設サイト	検索

お問い合わせ

業務改善助成金についてご不明な点は、業務改善助成金コールセンターまでお問い合わせください

電話番号：0120-366-440 （受付時間 平日 8:30〜17:15）

交付申請書等の提出先は管轄の**都道府県労働局 雇用環境・均等部（室）**です

厚生労働省
Ministry of Health, Labour and Welfare

（R5.4.1）

課題**8** 累進歩合給制

　当社では累進歩合給制を廃止するよう労基署から指導を受けました。しかし、乗務員もこの賃金制度に慣れており、なかなか検討が進みません。何かいい方法はないでしょうか。

押さえておきたい 基礎知識

▶1　累進歩合給制とは

　累進歩合給制とは、営収等をその高低に応じて数階級に区分し、階級区分の上昇に応じ逓増する歩率を営収等に乗じて歩合給を算定する方式です。この賃金制度では、営収等に応じて階級区分を移動するごとに歩合給の額が非連続的に増減（増減の幅については特段の数値が示されていません。）、かつ、営収等が上がれば上がるほど高率の歩合率が適用されるため、歩合給が増加するスピードが増します。

足切り額のある累進歩合給制の例

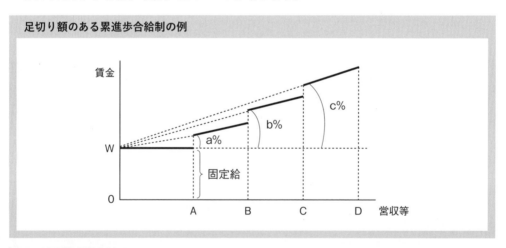

▶2　累進歩合制とは

　累進歩合制とは、累進歩合給制より広い概念であって、累進歩合給的な効果を生ずる一切の賃金制度をいいます。具体的には、累進歩合給のほか、現在はほとんどみられませんが、次のような制度が含まれます。

　　①　トップ賞……営収等の最も高い者又はごく一部の乗務員にしか達成されない高い営収等を達成した者に報償的に支給するもので、歩合給の増減に非連続性がみられます。

　　②　奨励加給……営収等を数区分し、その区分を達成するごとに一定額の奨励加給等の名称の手当を支給するもの（前述Ⅵの2の（2）参照）

　これらの累進歩合制は歩率の変動する営収等の直前の乗務員に、上のステップに到達するため長時間労働やスピード違反を極端に誘発するおそれがあり、交通事故の発生も懸念

されることから、基本通達で廃止すべきこととされており、労使が協議した上で賃金制度等の改善を図る必要があります。

▶3　積算歩合給制とは

　積算歩合給制とは、営収等を数区分し、区分ごとに歩率が変動し（一般には逓増しますが、勾配が急になったり緩やかになったりするものもあります。）、歩合給は各区分の営収等にその対応する歩合率を乗じた金額を順次合計する（積算する）方式です。この賃金制度は営収等と賃金の関係を示すカーブに非連続点は生じません。また、一般に営収が上がれば上がるほど歩合給が増加するスピードが増します。

足切り額のある積算歩合給制の例

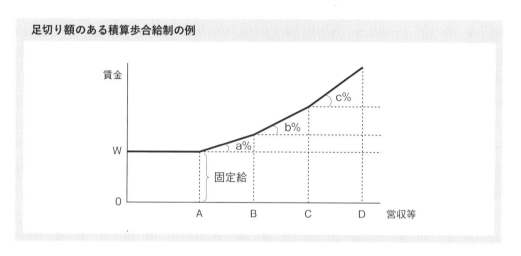

課題解決に向けて

1　累進歩合給制から積算歩合給制へ

　累進歩合給制を含む累進歩合制度については、改めて今回の改善基準告示の見直しに係る基本通達で「賃金制度は、本来、労使が自主的に決定すべきものであるが、自動車運転者に係る賃金制度のうち、累進歩合制度については、自動車運転者の長時間労働やスピード違反を極端に誘発するおそれがあり、交通事故の発生も懸念されることから、廃止すべきであること。」と規定されました。したがって、累進歩合制度が残っている事業所については、今後も労働基準監督機関から廃止に向けた指導が行われるものと思われます。

　累進歩合制を廃止すべきとされているのは、賃金カーブに非連続点が存在するためですから、この非連続点を解消することができればよいわけです。

　オール歩合給でもこの要請は満たします。ただし、歩合率は一定ですから、累進

歩合給制が有している「頑張れば頑張るほど、歩合率が上がっていく」という乗務員側のメリットはありません。

　その点、積算歩合給制の場合は、営収額が高くなるほど傾きを増していけば、このメリットを発揮することが可能となります。

2 過渡的な積算歩合給制

　累進歩合給制から典型的な積算歩合給制に移行する場合、累進歩合給制に慣れ親しんできた乗務員からは、従来非連続点となる営収額のところを見て労働条件が引き下げられると感じ反対することが考えられます。そこで、積算歩合給制の傾きを調整（急な勾配と緩やかな勾配の組合せ）することで、営収額により有利不利となる部分は生じるものの、総体として累進歩合給制の軌跡を踏まえつつ、バランスがとれた賃金カーブを作ることは可能と思われます（以下の就業規則規定例参照）。

（積算歩合給制の就業規則規定例）

第○条　乗務員の歩合給は積算歩合給制とし、下表の月間営収区分に応じた①欄と②欄の額の和とする。なお、②欄のSは月間営収額とし、消費税を含まないものとする。また金額に端数が生じた場合には1円未満の端数を切り上げるものとする。

	月間営収区分	① 直前の営収区分までの積算額	② 当該営収区分における額
1	460,000円以下	—	S × 0.46
2	460,000円超え 500,000円以下	211,600円	(S − 460,000) × 0.68
3	500,000円超え 540,000円以下	238,800円	(S − 500,000) × 0.56
4	540,000円超え 580,000円以下	261,200円	(S − 540,000) × 0.72
5	580,000円超え 620,000円以下	290,000円	(S − 580,000) × 0.a
6	620,000円超え 660,000円以下	290,000 + 40,000 × 0.a 円	(S − 620,000) × 0.b
⋮	⋮	⋮	⋮
m	mmm,000円超え	m円	(S − mmm,000) × 0.n

（注）　数値はあくまでも例です。この表の場合、第2段目と第4段目の傾きが急になっています。

3　恒久的な積算歩合給制

　上に見た過渡的な積算歩合給制は、累進歩合給制の軌跡をある程度反映し、月間営収区分ごとに傾きを変える複雑な賃金制度にならざるを得ません（ただし、上記の表を労使で協議して完成しさえすれば、運用については、該当する営収区分の段の中で1回の掛け算と1回の足し算をするだけで歩合給が算出できます。）。

　そこで、これはあくまでも過渡的・経過措置的な積算歩合給制と位置付け、適用対象を在籍乗務員の中で特に希望する者に限ることとしてはどうでしょう。

　一方で、営収額に応じ歩率が逓増する恒久的な積算歩合給制を創設して、在籍乗務員の中で当該積算歩合給制の適用を了承する者、及びその後新たに入社する乗務員に適用し、徐々に適用人数を増やしていくという方法が考えられます。

固定給と歩合給

> タクシー乗務員の賃金について、オール歩合給制がいいのか、固定給と歩合給の組合せがいいのかについてアドバイスをいただけませんか。

押さえておきたい 基礎知識

▶1 歩合給とは

タクシー乗務員の賃金は、一般に歩合給が中心となっています。労基法では歩合給という用語は使われておらず、「出来高払制その他の請負制」（労基法27条・労基則19条6項など）に含まれます。歩合給は出来高払制の一種とされ、タクシーの営業収入（売上げ、水揚げ）の額の一定割合を支払う賃金形態のことをいいます。月例賃金が営収額に一定の歩合率を乗じて算出する歩合給のみのものをオール歩合給といいます。

▶2 タクシー乗務員の賃金形態

タクシー乗務員の賃金は、歩合給のほか、基本給・諸手当の有無、賞与・退職金の有無などと関連付けて次のような用語で区別されてきています。ただし、法令等に特別な定義があるわけではなく、使う人によっても必ずしも同一とはなっていませんので、正確には就業規則（賃金規則など）でどのように定められているか確認することが重要です。

① A型賃金……月例賃金は基本給、諸手当及び歩合給とし、ほかに賞与・退職金制度があるもの。

② B型賃金……A型賃金から賞与・退職金制度を廃止し、その分を月例賃金に含めて支給するもの。オール歩合給の場合が多い。

③ AB型賃金……社会保険料対策のためB型賃金の月例賃金を下げて賞与を支給するもの。ただし、平成15年から賞与も同率の社会保険料算定対象とされたため、軽減メリットは消滅しています。

④ このほかに、O型、N型、T型賃金なども各社で定義付けて用いられています。

▶3 保障給とは

前述Ⅵの2の（1）参照。

課題解決に向けて

1 オール歩合給制のメリット

（1）　オール歩合給制は、営収額に歩合率を乗ずるだけで算出できるため、乗務員にとって非常にシンプルでわかりやすい制度といえます。

　　使用者側にとっても、面倒な賃金計算※や人事考課を行う必要がなく、それでいて乗務員の能力や努力が賃金にストレートに反映される合理的な賃金制度といえます。このため、タクシー業界で長く広く採用されています。

> ※　固定給と歩合給を組み合わせた賃金では、割増賃金を計算する場合、固定給の部分に対応した割増賃金と歩合給の部分に対応した割増賃金をそれぞれ算出し合算する必要があります。

（2）　営収が上がれば上がるほどそれに比例して収入が上がる仕組みになっており、やる気のある乗務員にとって努力が報われる賃金制度といえます。ただし、営収区分が上がれば上がるほど歩合率が逓増する積算歩合給制と比較すると、そこまでのインセンティブは有していません。

（3）　最低賃金が毎年引き上げられても固定部分がないので、賃金制度をその都度改正する必要がありません。

（4）　固定給の場合、時間外労働については通常の賃金の1.25倍の割増賃金を支払う必要がありますが、歩合給については1.0の部分は歩合給の中に含まれますので0.25倍の割増賃金を支払うこととなります（**課題6**：割増率50％以上参照）。

2 オール歩合給制のデメリット

（1）　営収が思ったように上がらない場合（自分に理由がある場合・ない場合）、賃金が低額になるおそれがあります。自分に理由がある場合には諦めがつくかもしれませんが、そうでない場合には不満が残ります。

（2）　文字どおりのオール歩合給で、保障給が定められていない場合には、基本通達に抵触することになり、労基署の指導の対象となります。

（3）　歩合給のイメージは誰にでも容易に想像がつきますので、タクシー乗務員の仕事は収入が不安定なのではないかと受け止められがちです。特に、安定した生活基盤を得ようとして就活中の求職者にとっては、乗務員という職業を選択することに躊躇する可能性が高く、人材確保面で不利となることが否定できません。

この点については、労基法・最低賃金法や関係通達により、保障給や最低賃金による賃金の下限が設定されていますが、求人の場面で詳しく説明する機会も少なく、理解されにくいと思われます。

（４）　オール歩合給制では、一般に、営収額の多寡に関する危険負担はほぼ乗務員に帰属している観があります。ある意味自分で出した結果は自分で受け止める一人親方的な働き方といえなくもありません。このため、乗務員にもよりますが、会社側の指示が100パーセント徹底しにくい状況が生じる可能性があります。

3　積極的な指揮命令と固定給の存在

　　出来高払制その他の請負制の一種であるオール歩合給制といっても、それは賃金の支払方法を捉えてそのように呼んでいるにすぎず、乗務員は労基法上の労働者であり、個人事業主ではありません。

　　会社はこのため、多くのコストを負担して乗務員を労働者として扱っていますが、他業種に比較し、指揮命令の度合いは低いのではないでしょうか（できるだけ乗務員の判断・裁量に委ねる傾向がみられます。）。半面、タクシーは公共交通機関として安全面はもちろん、サービス・接遇面、法令順守面で乗務員に遵守してもらうべきことが広範多岐にわたるようになっています。ひとりの乗務員の不用意な行為が会社全体の信用を著しく損なうというようなことは情報化社会の中で枚挙に暇がありません。

　　このような各般にわたる業務指示の徹底を重視する観点からは、歩合給だけの賃金制度より、「固定給 ＋ 歩合給」の組合せの方が労使の指揮命令関係が明確になると考えられます。

4　固定給と歩合給の組合せ

　　固定給と歩合給を組み合わせるとした場合、営収額にかかわらず、事業者は「最低賃金 × 月間所定労働時間数分」は必ず支払う必要がありますので、この額を固定給に当てるという考え方があります。１勤務の所定労働時間が15.5時間で11勤務の隔日勤務の場合で、地域別最低賃金を1,072円とすると、

　　15.5時間 × 11回 × 1,072円 ＝ 182,776円

となり、この額が最低賃金に見合った固定額ということになります。

　　もちろん、この額をベースに人材確保や定着の観点から上積みをすることは望ましいことです。

5　固定給中心の賃金制度

　昨今、運送の引受けの機会としてアプリ配車のウェイトが高まり、乗務員の経験や勘に頼らないタクシー営業ができるようになってきています※。経験の浅い乗務員でも一定程度営収を上げることができるようになってきましたし、若い乗務員については令和4年5月から実施された2種免許取得の条件緩和（従来18歳1種免許取得3年経過・最短21歳→18歳1種免許取得1年経過・最短19歳）が生きてくる可能性があります。

　　※　スマートフォンの配車アプリは、GPS機能により依頼者の居場所を確認し、その場所まではタクシーを呼ぶことができる便利なサービスであり、その手軽さ、確実さで年々利用者が増加しています。東京都内におけるスマートフォンアプリにより配車可能なタクシー車両の比率は、令和5年3月末現在、法人タクシー車両数の95％に達しています（東京ハイヤー・タクシー協会調べ）。

　今後のタクシー営業の戦略として、個々の乗務員の経験・裁量に任せるよりは、アプリやAIの力を駆使して多数の乗務員及びタクシー車両を（自社内、グループ内、他社との連携等により）チームとして組織化し、一定のエリアにおいて最適な配置、迎車、輸送を行えば、実車率が上がり、チーム全体のパフォーマンスが向上し、ひいては構成乗務員全体の賃金も上昇させることができるのではないでしょうか。

　このような業務の進め方においては、チームワークが最も大事で抜け駆けは慎むべきこととなり、固定給が最も適した賃金制度になると考えられます。

　もちろん、固定給に見合った業務遂行を確保するため、適正な労務管理を行うことがより強く求められますので、固定給にすればすべて問題解決ということではありません。しかし、近い将来、歩合給中心の賃金制度と決別し、又は決別しないと生き残れないという日が到来するのではないでしょうか。

6　賃金制度の変更

　オール歩合給制から固定給＋歩合給制への変更、又は「固定給＋歩合給制」から「オール歩合給制」への変更のいずれにしても、労働条件の不利益変更が問題になる可能性があります。賃金制度の変更に当たっては、労使のコンセンサスを得た上で行うようにしてください。

　　※参考：労働契約法
　　（労働契約の内容の変更）
　　第8条　労働者及び使用者は、その合意により、労働契約の内容である労働条件を変更することができる。

（就業規則による労働契約の内容の変更）

第9条　使用者は、労働者と合意することなく、就業規則を変更することにより、労働者の不利益に労働契約の内容である労働条件を変更することはできない。ただし、次条の場合は、この限りでない。

第10条　使用者が就業規則の変更により労働条件を変更する場合において、変更後の就業規則を労働者に周知させ、かつ、就業規則の変更が、労働者の受ける不利益の程度、労働条件の変更の必要性、変更後の就業規則の内容の相当性、労働組合等との交渉の状況その他の就業規則の変更に係る事情に照らして合理的なものであるときは、労働契約の内容である労働条件は、当該変更後の就業規則に定めるところによるものとする。ただし、労働契約において、労働者及び使用者が就業規則の変更によっては変更されない労働条件として合意していた部分については、第12条に該当する場合を除き、この限りでない。

（就業規則違反の労働契約）

第12条　就業規則で定める基準に達しない労働条件を定める労働契約は、その部分については、無効とする。この場合において、無効となった部分は、就業規則で定める基準による。

課題10　固定割増賃金

　当社ではタクシー乗務員の割増賃金を現在固定額で支払っていますが、法定の割増賃金より多く支払うことになり、見直すべきとの意見も出てきています。どう考えたらよいでしょうか。

押さえておきたい　基礎知識

▶ 1　割増賃金とは

　課題6の基礎知識参照

▶ 2　固定残業代とは

　一般に、固定残業代とは、一定時間分の時間外労働、休日労働及び深夜労働に対して定額で支払われる割増賃金のことです。

　例えば、固定残業代（時間外労働に対する）を5万円と設定した場合、実際の時間外労働に対する割増賃金が労基法37条所定の計算方法で5万円以下となるときは、5万円を支払うことになります。同様に実際の時間外労働に対する割増賃金が労基法37条所定の計算方法で5万円を超えたときには、そのオーバーした分を追加支給する必要があります。

固定残業代のイメージ

　近年、ハローワークにおいて、「固定残業代」を含めた賃金表示をめぐるトラブルが数多く見受けられるようになっています。そこで、ハローワークでは、若者雇用促進法7条に基づく指針を踏まえ、正確な労働条件の表示のため、固定残業代を採用する事業主に対

し、募集要項や求人票などに次の内容をすべて明示するよう指導しています。

① 固定残業代を除いた基本給の額

② 固定残業代に関する労働時間数と金額等の計算方法

③ 固定残業時間を超える時間外労働、休日労働及び深夜労働に対して割増賃金を追加で支払うこと

課題解決に向けて

1 固定残業代制度は違法ではない

割増賃金の計算方法は、労基法37条、労基則19条等に詳細に定められていますが、これら以外の方法により算定して支払うことは、法所定の計算方法で算出された額と比較し実際の支払額が上回っているかぎり、認められています。このため、固定残業代制度を採用する会社も少なからずあります。ただし、これを採用する場合には、次の条件を満たすことが必要です。

① 給与明細等において、通常の労働時間分の賃金部分と割増賃金の部分とが区分できるように仕分けられていること。

② その割増賃金の部分が、何時間分の時間外労働、休日労働及び深夜労働をカバーしているのか（労基法37条所定の割増賃金の額を下回らないことが必要）を明示すること。

③ そのカバーする時間分を超える時間外労働等には、別途割増賃金（労基法37条所定の額以上のもの）を支払うこと。この条件を満たすためには、大前提として労働者ごとに各日・各月の労働時間数を正確に把握・管理しておくことが必要です。

また、差額は月ごとに支払う必要がありますので、前月と相殺して支払わないというような取扱いはできません。

2 固定残業代制度に係る就業規則規定例

上記1の要件を満たす固定残業代制度に係る就業規則規定例を以下に示しますので、参考にしてください。

（規定例①固定給の場合）

> **（定額残業手当）**
>
> **第○条**　従業員の時間外労働に対する割増賃金は、1か月ごとに定額で支給するものとし、これを定額残業手当と称する。
>
> **2**　定額残業手当の額は、各従業員の次に掲げる賃金単価に、従業員の区分に応じて別表（略）で定める時間数に第△条の割増率（略）を乗じて算出するものとする。
>
> $$賃金単価 ＝（基本給 ＋ ○○手当 ＋ △△手当）÷ 173.7^{※}$$
>
> > ※　上記式の数字部分を「1か月平均所定労働時間数」と文字で示すこともできます。ただし、具体的な数字を示した方がわかりやすくなります。この場合、労基法を下回らないようにするため、端数を切り捨てた数字としてください。
>
> **3**　従業員が第2項で引用する別表で定める時間数を超えて時間外労働を行った場合には、実際の時間外労働時間数で計算した額との差額を支給するものとする。

（規定例②固定給 ＋ 歩合給の場合）

> **（定率残業手当）**
>
> **第○条**　乗務員の時間外労働に対する割増賃金は、1か月ごとに定率で支給するものとし、これを定率残業手当と称する。
>
> **2**　定率残業手当の額は、各乗務員の1か月の営収額の○％とする。
>
> **3**　次により計算した額（① ＋ ②）が前項の額を上回る場合には、その差額を支給するものとする。
>
> > ①　固定給について
> >
> > （ⅰ）1か月60時間以下の時間外労働の場合
> >
> > $$\frac{基本給 ＋ 諸手当}{173.7} \times 1.25 \times 時間外労働時間数$$
> >
> > （ⅱ）1か月60時間を超える時間外労働について
> >
> > $$\frac{基本給 ＋ 諸手当}{173.7} \times 1.50 \times 時間外労働時間数$$
> >
> > ②　歩合給について
> >
> > （ⅰ）1か月60時間以下の時間外労働について
> >
> > $$\frac{歩合給}{当該歩合給に係る総勤務時間数} \times 0.25 \times 時間外労働時間数$$
> >
> > （ⅱ）1か月60時間を超える時間外労働について
> >
> > $$\frac{歩合給}{当該歩合給に係る総勤務時間数} \times 0.50 \times 時間外労働時間数$$

3 京都地裁裁判例 (令3.12.9)

　以下に掲げる裁判例は、乗務員27名が時間外労働や深夜労働等について法定どおりの割増賃金が支払われていないとしてタクシー会社を訴えたものです。

　会社側は労基法を上回る割増賃金（基準外1・2）を支払っていたと認識していましたが、そのことを就業規則、労使協定、労働条件通知書等で明確に示していなかったため、割増賃金が未払であると判断され、再計算の上、膨大な割増賃金プラス付加金プラス遅延損害金の支払を命じられました。

　固定残業代とは異なりますが、実際の時間外労働時間数等によらない割増賃金の支払が否定されたケースとして参考にしてください。

（1）　被告会社の乗務員の賃金規程（平成27年協定）

1車2人制の場合

a　基本給　　　13万6,800円

b　基準外賃金

　（a）　基準外1

　　①　月間営収が36万円未満は法定計算とする。

　　②　月間営収が36万円以上は、賃金表に記載のパーセントにて計算した額を支給する。

　（b）　基準外2

　　①　月間営収が36万円未満は法定計算とする。

　　②　月間営収が36万円以上40万円未満は、月間営収が36万円を超える額の20パーセント

　　③　月間営収が40万円以上は、定額1万円と月間営収が40万円を超える額の25パーセント

c　能率給

　　①　月間営収36万円以上40万円未満は、定額1万1,000円と月間営収36万円を超える額の25パーセント

　　②　月間営収40万円以上45万円未満は、定額2万1,000円と月間営収40万円を超える額の25パーセント

　　③　月間営収45万円以上50万円未満は、定額3万4,000円と月間営収45万円を超える額の25パーセント

　　　（中略）

　　⑦　月間営収70万円以上は、定額9万8,000円と月間営収70万円を超える額の25パーセント

d　上記のほか、乗務手当、皆勤手当、無事故無違反手当、家族手当及び有給手当がある。

（2）　被告会社の主張

　「基準外1」は時間外労働、「基準外2」は深夜労働に対応する対価として支払っていたものである。（したがって、割増賃金の不払は存在せず、）「基準外1」及び「基準外2」の各手当は通常の労働時間の賃金として割増賃金の基礎賃金になるものではない。

（3）　裁判所の判断（要旨）

①　平成27年協定における「基準外1」及び「基準外2」の各手当は、

　　ⅰ　いずれも時間外労働等の有無及びその時間数にかかわらず、月間営収を基に、基準となる金額ごとに定められた率を乗じて算出される上、

　　ⅱ　平成27年協定において上記各手当が時間外労働等に対する対価である旨の記載はなく、

　　ⅲ　また、原告らと被告との間の雇用契約書、被告の就業規則や賃金規程、被告と本件組合との従前の労働協約などの書面においても「基準外」の定義は見当たらず、「基準外」手当が時間外労働等に対する対価である旨の記載はない。

②　被告会社は「法定計算があるのは各種の割増賃金のみである」と主張するが、被告の賃金支払の実態においても「法定計算」との文言がどのような算出方法を示すものなのか明らかでない。

③　被告会社は、歩合計算によって算定される「能率給」が存在することから、「基準外1」及び「基準外2」の各手当は割増賃金であると主張するが、3種類存在するからといって「能率給」のみが通常の労働時間の賃金であり、それ以外は割増賃金に区分されると解釈することも困難である。

④　被告会社は「基準外2」は深夜労働に対応する対価と主張するが、深夜労働のない昼勤の乗務員に対しても支払われているのが実態である。

⑤　……以上によれば、「基準外1」及び「基準外2」の各手当は、通常の労働時間の賃金として、割増賃金の基礎となる賃金に当たるというべきである。

（4）　裁判結果

　裁判所は、被告会社に対し、乗務員27名に対する過去2年間の未払割増賃金及び付加金の合計1億500万円の支払を命じました。会社側は控訴しました。

（5）　割増賃金の計算例

　本件の判決の影響について、具体的にどの程度支払額に違いが生じるのかを原告Aの例で見てみましょう。

原告Aの平成28年12月度の賃金明細

月平均所定労働時間	基本給	乗務手当	皆勤手当	無事故手当	基準外1	基準外2	能率手当	総労働時間	時間外労働時間	深夜労働時間数
171.87	136,800	0.00	1,500	2,500	86,196	52,708	65,208	208.32	43.32	119.37

（基準外1・2は割増賃金であるとした場合の法定どおりの計算）
月給制時間外割増
　　＝（136,800 ＋ 1,500 ＋ 2,500）÷ 171.87 × 1.25 × 43.32 ＝ 819.22 × 1.25 × 43.32 ＝ 44,361
月給制深夜割増
　　＝（136,800 ＋ 1,500 ＋ 2,500）÷ 171.87 × 0.25 × 119.37 ＝ 819.22 × 0.25 × 119.37 ＝ 24,448
歩合給制時間外割増
　　＝ 65,208 ÷ 208.32 × 0.25 × 43.32 ＝ 313.02 × 0.25 × 43.32 ＝ 3,390
歩合給制深夜割増
　　＝ 65,208 ÷ 208.32 × 0.25 × 119.37 ＝ 313.02 × 0.25 × 119.37 ＝ 9,342
割増賃金合計
　　＝ 44,361 ＋ 24,448 ＋ 3,390 ＋ 9,342 ＝ 81,541

　したがって、会社は法定どおりの計算をすれば、時間外及び深夜の割増賃金として81,541円支払えばよかったことになりますが、実際には基準外1・2として、86,196 ＋ 52,708 ＝ 138,904円支払っていたということです。
　しかし、裁判では被告会社の主張は認められませんでしたので、判決に沿って割増賃金を計算すれば次のようになります。

（基準外1・2が割増賃金と認められない場合の法定どおりの計算）
月給制時間外割増
　　＝（136,800 ＋ 1,500 ＋ 2,500）÷ 171.87 × 1.25 × 43.32 ＝ 819.22 × 1.25 × 43.32 ＝ 44,361
月給制深夜割増
　　＝（136,800 ＋ 1,500 ＋ 2,500）÷ 171.87 × 0.25 × 119.37 ＝ 819.22 × 0.25 × 119.37 ＝ 24,448
歩合給制時間外割増
　　＝（86,196 ＋ 52,708 ＋ 65,208）÷ 208.32 × 0.25 × 43.32 ＝ 979.80 × 0.25 × 43.32 ＝ 10,612
歩合給制深夜割増
　　＝（86,196 ＋ 52,708 ＋ 65,208）÷ 208.32 × 0.25 × 119.37 ＝ 979.80 × 0.25 × 119.37 ＝ 29,240
割増賃金合計
　　＝ 44,361 ＋ 24,448 ＋ 10,612 ＋ 29,240 ＝ 108,661

　以上の計算のとおり、会社は基準外1及び基準外2（合計138,904円）を支払ったほかに、基準外1及び基準外2も算定基礎に入れた割増賃金108,661円を追加支給しなければならないことになりました。
　この計算例は1乗務員の1か月分であり、2年間遡ること、原告が27人であること、さらに、裁判所は付加金（労基法114条、最大で不払額と同額までの支払）を命じていること、遅延利息が付くことなどから、支払額は膨大なものとなります。

（6）　判決から学ぶべきこと

①　就業規則の規定に不備がある場合は、時の流れとともに当初合意した当事者も入れ替わり、真意と異なる解釈がなされる可能性があります。また、就業規則は全労働者を対象に規定されるため、関係労働者が多くなる可能性があります。就業規則・賃金規程等は労基法等を踏まえ適切に整備しておく必要があります。

②　労働条件通知書はモデル様式を参考に確実に交付してください。

③　割増賃金を適正に支払うためには、大前提として労働者ごとに各日の労働時間を適正に把握しておく必要があります。

④　令和2年4月から賃金請求権の消滅時効が3年に延長されていること、令和5年4月から月60時間超の時間外労働の割増率が5割増し以上となっていることにも留意してください。

4　固定残業代の問題点

（1）　固定残業代の支払が割増賃金の支払と認められない場合がある

上記1の①及び②で述べた固定残業代の要件を満たしていないと、訴訟になった場合、せっかく固定残業代により割増賃金を支払っていたと思っていても、支払っていないと判断される可能性があります。加えて、割増賃金の支払額について、当該固定残業代の額も割増賃金の算定基礎に入れて再計算され、膨大な額を支払わなければならなくなるおそれがあります（さらに付加金がつく場合もあります。）。

（2）　追加支給が必要な場合にこれをしないと労基法違反になる

固定残業代を採用すると、割増賃金の都度都度の計算をしないで済む場合が多くなりますので、どうしても時間管理がおろそかになる傾向があります。また、いつも実績より多く支払っている実態がある場合、たまに設定時間をオーバーしても差額の支払をしなくてよいのではないかと考えてしまいがちです。この場合、上述したように差額は月ごとに支払う必要がありますので、たとえ1回でも追加支給しないと労基法37条違反になってしまいます。

（3）　乗務員間に不公平感が生ずる可能性

固定残業代を採用すると、時間外労働等を多く行う労働者とほとんど行わない労働者がいた場合、前者に不公平感が生ずる可能性があります。

（4） 義務のないコスト、追加支給がかさむ可能性

　時間外労働等をほとんど行わない労働者については、労基法上の支払義務がない割増賃金を支払っていることになります。最低賃金の引上げや割増率の引上げ等賃金関係のコストが上がり続ける中で、義務のないコストはできるだけ削減した方がいいと思われます。

　また、長時間にわたり効率の悪い営業をしている乗務員に対しては、営収にかかわらず実際の時間外労働時間数に応じた割増賃金を支払う必要がありますので、固定残業代のほかに追加支給する額が多くなる可能性があります。

5　まとめ

　手間のかかる時間管理を避けるために固定残業代制度を導入しているとすれば、それは本末転倒です。乗務員の労働時間の把握・管理はどのような賃金制度を採用していても行わなければならないことです。

　したがって、上述した問題点の多い固定残業代制度については、ゆくゆくは廃止を検討することが適切と思われます。そして、労働時間の把握をしっかり行い、その実績を踏まえた割増賃金を支払うことが望ましいでしょう。今後、時間外労働の上限規制や改善基準告示の順守が強く求められる中で、労働時間管理を適正に行う観点からも割増賃金は実績に応じて支払うことが適切な対応です。

　また、労働時間の把握・管理が適切に行われるようになれば、個々の乗務員に対する適切な評価が行えるようになるとともに、労働時間の長さや配分に問題が認められる乗務員に対しては必要な指導等を行うことも可能となります。

　固定残業代制度の廃止について就業規則を改正する場合、この１点のみの改正を行おうとすると労働条件の不利益変更といわれる可能性があります。したがって、改正の趣旨を労働者側に十分説明することはもちろん、できれば他の労働条件の見直しと合わせ全体でバランスのとれた改正とした方がコンセンサスを得やすくなります。

課題 **11**　## オール歩合給と割増賃金

> タクシー乗務員の賃金はオール歩合給制を採用しています。労使で営収に対する賃金総額の率を決めていますが、割増賃金との関係をどのように整理したらよいか、教えてください。

押さえておきたい　基礎知識

▶ **1　割増賃金込み込みの歩合給は認められない**

　高知県観光事件・最高裁判決（平6.6.13）では、会社側はオール歩合給制のもとで、時間外・深夜の割増賃金を含め、労働者に応じ月間水揚高の42％、45％、46％の歩率で計算した賃金を支給しているので、割増賃金は支払済みと主張しました。

　判決は「乗務員に支給される歩合給の額が、乗務員が時間外及び深夜の労働を行った場合においても増額されるものではなく、通常の労働時間の賃金に当たる部分と時間外及び深夜に当たる部分とを判別することもできないものであったことからして、この歩合給の支給によって、乗務員に対して労基法37条に規定する時間外及び深夜の割増賃金が支払われたとすることは困難なものというべきであり、会社は乗務員に対し、本件請求期間における時間外及び深夜の労働について、労基法37条及び労基則19条1項6号の規定に従って計算した額の割増賃金を支払う義務があることとなる。」として、使用者側敗訴とし、割増賃金及び付加金の支払を命じました。

課題解決に向けて

1　はじめに

　乗務員の月例賃金がオール歩合給制の場合に、労使協議の上、通常の歩合給並びに時間外及び深夜労働の割増賃金を含めた総支給額を「月間営収額 × ○％」（公休出勤手当は別計算とする。）で合意する場合があります。

　この場合、「割増賃金込み込みの歩合給」となり、裁判では、割増賃金の不払と判断され、「割増賃金込み込みの歩合給」全体を通常の賃金として法定どおりの再計算を行い、追加支給しなければならなくなるおそれがあります。

　したがって、定率の割増賃金を支給するためには、少なくとも通常の労働時間の賃金に当たる部分と時間外及び深夜に当たる部分とが明確に判別できるようになっ

ていることが必要です。

2 歩合給・割増賃金を総支給率から逆算する

　本来、割増賃金は実際の時間外労働時間を的確に把握し、その実績に応じて支払うことが原則であることはいうまでもありません（**課題10**：固定割増賃金参照）。しかしながら、上記1のような労使合意を尊重しつつ、割増賃金の支払も労基法に反することなく行うことも全くできないわけではありません。

　そこで、その方法について、以下検討してみましょう。まず、次のとおり各用語をアルファベットで定義します。また、総支給額の労使合意を仮に「月間営収額 × 50%」とします。

・月間営収額 …… M
・賃金算定期間中に支払われた歩合給（割増賃金を除きます。） …… A
・時間外割増賃金 …… B
・深夜割増賃金 …… C
・1か月の賃金総額 …… A + B + C

A + B + C = M × 0.5

次に、労働時間を乗務員の平均的な実情を踏まえ、仮に以下のとおりと設定します。
・1か月の総労働時間 …… 216時間
・1か月の所定労働時間 …… 171時間
・1か月の時間外労働時間 …… 45時間
・1か月の深夜労働時間 …… 78時間

　以上の条件を前提とすると、歩合給部分と割増賃金部分との比率は、次の計算式により導き出すことができます。

$$B = \frac{A}{216} \times 0.25 \times 45 \qquad C = \frac{A}{216} \times 0.25 \times 78$$

$$A + B + C = A + \frac{A}{216} \times 0.25 \times 45 + \frac{A}{216} \times 0.25 \times 78 = M \times 0.5$$

$$A \left(1 + \frac{1}{216} \times 0.25 \times 123\right) = M \times 0.5$$

$$A \left(1 + 0.1424\right) = M \times 0.5$$

$$\frac{A}{M} = \frac{0.5}{1.1424} = 0.4377$$

$$\frac{B + C}{M} = 0.5 - 0.4377 = 0.0623$$

この計算は総支給額を月間営収額の50％とし、設定された労働時間を前提に歩合給と割増賃金の比率を逆算したものです。

この計算結果からそのまま、歩合給は「月間営収額の43.77％」とし、割増賃金は「月間営収額の6.23％」とすることができます。さらに、割増賃金の6.23％は時間外労働と深夜労働に分かれますので、「時間外：深夜 = 45：78」の比率を用い、時間外労働割増賃金2.28％、深夜労働割増賃金3.95％とすることができます。

月間営収額を80万円と仮定して、これらの数字を使って検算してみると、

歩合給 …… 800,000円 × 0.4377 = 350,160

時間外労働割増賃金 …… 800,000 × 0.0228 = 18,240

深夜労働割増賃金 …… 800,000 × 0.0395 = 31,600

350,160 + 18,240 + 31,600 = 400,000

となり、総支給額は月間営収額の50％の40万円となります。念のため設定された時間外労働時間、深夜労働時間を使って、法定どおりの計算をすると、

法定の時間外労働割増賃金…… $\frac{350,160}{216} \times 0.25 \times 45 = 18,238 < 18,240$

法定の深夜労働割増賃金…… $\frac{350,160}{216} \times 0.25 \times 78 = 31,612 > 31,600$

となり、この場合は、深夜労働割増賃金が12円不足しますので、追加支給が必要となります。

3 上記2を修正する例

上記2のままで運用することも可能ですが、割増賃金の追加支給の可能性を低くするとともに、数字を丸めてわかりやすくするため、例えば、歩合給は「月間営収額の42％」、割増賃金は「月間営収額の8％」とし、さらに、割増賃金の8％を「時間外：深夜 = 45：78」の比率を用い、時間外労働割増賃金3％、深夜労働割増賃金5％としてみます。

月間営収額を80万円とすると、

歩合給 …… 800,000円 × 0.42 = 336,000

時間外労働割増賃金 …… 800,000 × 0.03 = 24,000

深夜労働割増賃金 …… 800,000 × 0.05 = 40,000

336,000 + 24,000 + 40,000 = 400,000

法定の時間外労働割増賃金 …… $\dfrac{336,000}{216}$ × 0.25 × 45 = 17,500 < 24,000

法定の深夜労働割増賃金 …… $\dfrac{336,000}{216}$ × 0.25 × 78 = 30,334 < 40,000

となり、追加支給の可能性は上記2より減少します。この修正例で例えば、実際の総労働時間が231時間、時間外労働時間が60時間、深夜労働時間が93時間まで（いずれもプラス15時間）増えたとしても、次のとおり、追加支給の必要はありません。

法定の時間外労働割増賃金 …… $\dfrac{336,000}{231}$ × 0.25 × 60 = 21,819 < 24,000

法定の深夜労働割増賃金 …… $\dfrac{336,000}{231}$ × 0.25 × 93 = 33,819 < 40,000

> ※　令和5年4月1日以降、1か月60時間を超えた時間外労働の割増賃金の割増率は50％以上にする必要があります。

　さらに、月間営収額を60万円で、実際の総労働時間を231時間、時間外労働時間を60時間、深夜労働時間を93時間で検算してみると、

歩合給 …… 600,000円 × 0.42 = 252,000

時間外労働割増賃金 …… 600,000 × 0.03 = 18,000

深夜労働割増賃金 …… 600,000 × 0.05 = 30,000

252,000 + 18,000 + 30,000 = 300,000

法定の時間外労働割増賃金 …… $\dfrac{252,000}{231}$ × 0.25 × 60 = 16,364 < 18,000

法定の深夜労働割増賃金 …… $\dfrac{252,000}{231}$ × 0.25 × 93 = 25,364 < 30,000

となり、追加支給の必要もないことになります。

　なお、追加支給の必要がない上記2例については、労働時間が15時間増えたにもかかわらず、営収が増えなかった（時間単価が下がった）例であることに注意してください。

4　まとめ

　以上のように歩合給及び割増賃金の比率を一定の労働時間を基に逆算することは可能ですが、実際には当然、各乗務員の毎月の営収、所定労働時間数、時間外労働時間数、深夜労働時間数によって変動します。

　上記2の修正例で、42％が歩合給の歩合率ということであれば、就業規則（賃金規程）に歩合給の支給方法としてこの42％を明確に規定しなければなりません。また、時間外労働割増賃金は月間営収額の3％、深夜労働割増賃金は同5％支給するということであれば、これも就業規則に規定しなければなりません。

　さらに、実際の時間外労働時間数、深夜労働時間数を基に労基法所定の割増賃金の計算をした額が月間営収額の3％、5％で計算した額をそれぞれ上回る場合には追加支給を行うことを明確に規定するとともに、規定どおり運用する必要があります。

　※　就業規則規定例

（歩合給及び割増賃金）

　第○条　歩合給は、月間営収額の○％とする。ただし、この額が第○条の保障給又は最低賃金額を下回る場合には、保障給又は最低賃金額で計算した額のいずれか高い額を支払う。

　2　時間外労働割増賃金は、月間営収額の△％とする。ただし、労基法37条等で定める計算式で算出した額を下回る場合には、その差額を支払う。

　3　深夜労働割増賃金は、月間営収額の□％とする。ただし、労基法37条等で定める計算式で算出した額を下回る場合には、その差額を支払う。

　仮に追加支給した場合には、最初に労使で決めた、例えば「総支給額は月額営収額の50％」という基準を超えることになりますが、これはやむを得ません。この数値にこだわり、追加支給分を歩合給から減ずるようなことがあると、今度は就業規則で規定した歩合給42％を下回ることになり、就業規則違反（賃金不払）となってしまいます。

　また、求人募集の際などには、上記の例でいえば、歩合給は「月間営収額の42％」と示すべきであり、間違っても「月間営収額の50％」とはしないでください（月間営収額の50％が歩合給となり、これを基礎にした割増賃金を支払わなければならなくなります。）。

　いずれにしても、以上検討した賃金制度については、適法に運用するための様々な制約があり、導入を推奨するものではありません。

　なお、次の最高裁判例（最二令5.3.10）に留意してください。

[事案の概要]

　熊本県内のトラック会社に勤務していたドライバー１名が、時間外労働に対する割増賃金が適法に支払われていないとして訴えていたもの。最高裁は令和５年３月10日、原告側の請求を棄却した２審判決を破棄し、福岡高裁に審理を差し戻す判決を下しました。

　当該トラック会社は、以前はあらかじめ賃金総額を決めた上で、その内訳を基本給、基本歩合給、時間外手当とし、基本歩合給の増減に応じて割増賃金の部分に相当する時間外手当が変動する（実際の残業時間数には連動しない）賃金制度を採用していましたが、労基署の指導を受けたため、2015年に賃金制度を変更しました。

　ただし、変更後の賃金制度も、あらかじめ賃金総額（32万円程度）を決定、その上で基本歩合給の額を大幅に圧縮（１日500円）するとともに基本給、基本歩合給、勤続手当を「通常の労働時間の賃金」としました。

　一方で、割増賃金の一部として、「調整手当」を新設。残業時間が長くなり、労基法37条に基づく時間外手当（一応、基本給、基本歩合給、勤続手当からなる通常の労働時間の賃金を算定基礎として計算されています。）が増えると、調整手当という名目で支給される「もう一つの割増賃金」が減る仕組み（事実上の固定残業代制度）を導入しました（下図参照）。

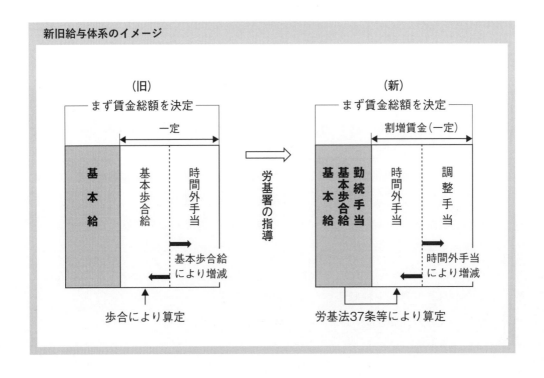

新旧給与体系のイメージ

［判決要旨］

　上告人については、1か月当たりの時間外労働等は平均80時間弱であるところ、これを前提として算定される本件時間外手当をも上回る水準の調整手当が支払われていることからすれば、本件割増賃金が時間外労働に対する対価として支払われるものと仮定すると、実際の勤務状況に照らし、想定し難い程度の長時間の時間外労働を見込んだ過大な割増賃金が支払われる賃金体系が導入されたこととなる。……

　新給与体系は、その実質において、時間外労働等の有無やその多寡と直接関係なく決定される賃金総額を超えて労基法37条の割増賃金が生じないようにすべく、旧給与体系の下においては通常の労働時間の賃金に当たる基本歩合給として支払われていた賃金の一部につき、名目のみの本件割増賃金に置き換えて支払うことを内容とする賃金体系というべきである。そうすると、本件割増賃金は、その一部に時間外労働等に対する対価として支払われるものを含むものとしても、通常の労働時間の賃金として支払われる部分をも相当程度含んでいると言わざるを得ない。

　（中略）

　……本件割増賃金につき、通常の労働時間の賃金に当たる部分と労基法37条の割増賃金に当たる部分とを判別することができないこととなることから、……本件割増賃金の支払により、同条の割増賃金が支払われたものということはできない。

【裁判長の補足意見要旨】

　労働者が「使用者の個別の了解を得ることなく時間外労働を行い得る労働環境」においては、労働者が限界生産性を下回ってもなお、さらに時間外労働を行おうとする事態（「非生産的な時間外労働」という。）を生じやすく、この事態を回避するために「固定残業代制度」を利用しようとすることには経済的合理性がある。

　さらに固定残業代制度を機能させるためには、使用者が非生産的には至らないと認識する時間外労働時間数（「生産的残業時間数」という。）よりもある程度長い想定残業時間を下回るようにすることが必要となり、それを超えた場合には損失が生じることから、通常の労働時間に対する賃金水準をある程度引き下げることについても、労基法37条の趣旨を潜脱するものとはいえない。

　しかしながら、本件賃金制度のように通常の労働時間の賃金（基本給など）を

大幅に引き下げることで、賃金総額を引き上げずに想定残業時間を極めて長くすることが可能となり、追加の時間外労働割増賃金の支払を免れ得ることになる。このような脱法的事態が現出するに至っては、本件割増賃金の支払をもって法定割増賃金の支払と認めることはできない。

　本件のように「使用者の個別の了解を得ることなく時間外労働を行い得る労働環境」にある場合は、使用者は固定残業代以外の施策を用いて非生産的な時間外労働の抑止を図るほかはない。

　以上から、私は、法廷意見に賛同する次第である。

課題 12 乗務員負担制度

　当社では乗務員負担制度が残っています。この制度は違法なのでしょうか。乗務員負担制度を廃止した会社はどのようになくしたのでしょうか。

押さえておきたい 基礎知識

▶1　乗務員負担制度の概要

　制度の呼び名は、運転者負担、受益者負担、乗務員負担等、各社において様々ですが、「クレジットカードやチケット等のキャッシュレス決済」、「アプリ配車」、「無線」、「黒塗り車両」、「専用乗り場」等の設備投資等に要する経費の一定割合、一定金額を乗務員が負担するものとし、当該額を賃金から控除して支払うものです。乗務員がかかる経費の一部を負担することで、設備の充実により営収の向上が図られ、また、歩合給制という同じ賃金体系で働く乗務員にとって車両設備等が異なる場合に不公平となることから、勤務条件の均一化を図るために導入され、タクシー業界に定着してきた特有の慣行です。

　かつては多くの事業所で行われていましたが、現在、実施している事業所はごく限られています。

▶2　労基法上の扱い

（1）賃金からの控除

　賃金については、全額払の原則から、控除して支払うことは禁止されていますが、次の場合には賃金から控除して支払うことができます（労基法24条1項）。

①　税金や社会保険料の控除など法令に別段の定めのある場合

②　労使によって「賃金控除に関する協定」が結ばれた場合

（2）賃金から控除できる事項

　労基法上は、労使協定において賃金から控除することができる事項について特段の制約は課されておらず、労使で自由に決めることが可能となっています。

（3）関係通達

　ただし、適法な賃金控除協定があっても、控除する項目が事理明白なものでなければ控除できないという通達があります。

①　通達では、「購買代金、社宅、寮その他の福利、厚生施設の費用、社内預金、組合費等、事理明白なものについてのみ……労使の協定によって賃金から控除することを認める」（昭27.9.20基発675号）としています。

②　労基署では、乗務員負担は事理明白なものに該当せず、控除できないものとして取り扱っています。

（４）　労基法に抵触しない扱い

　　確定賃金からの控除ではなく、賃金額算定の過程でキャッシュレス決済手数料、チケット手数料等の一定部分を計算式に組み込んで支払賃金額に反映させることは、直ちに労基法違反とはなりません。賃金は労使で自主的に決定すべきものであり、様々な事情を考慮して総合的に決められるものであるからです。

　　ただし、乗務員負担制度の有無を問われると「制度は有る」ということになります。

課題解決に向けて

1 乗務員負担制度が問題視される理由

（１）　他産業における扱い

　　設備投資にかかる経費については、他産業では、労務の提供を受ける事業者が負担していることから、乗務員負担の慣行は外部からみて理解されにくいだけでなく、求職者にアピールする労働条件の面からもデメリットになるといえます。

（２）　国会附帯決議

　　平成25年11月の改正タクシー特措法の国会附帯決議において、「一般乗用旅客自動車運送事業者は……事業に要する経費を運転者に負担させる慣行の見直し等賃金制度の改善等に努める」ことが盛り込まれました。

（３）　運賃改定の公示に係る措置（通達）

　　国土交通省から事業者団体及び事業者に対し、例えば令和４年11月の東京特別区・武三地区の運賃改定の公示に係る措置（通達）において、「運賃改定実施後……運転者の労働環境改善状況について、自主的にその実績を公表すること。……実質的な労働者負担の軽減や手当類の創設……についても併せて公表すること。」とされ、賃金水準の実績と併せ、各社における乗務員負担制度の実態についても調査・公表するよう指導が行われています。

　　これら運賃改定に伴う措置等により、各社において乗務員負担の軽減や廃止が進められているところですが、依然、当該制度が存続している事業者も見受けられます。

（４）　働きやすい職場認証制度

　　国土交通省による「働きやすい職場認証制度」の１つ星認証の必須項目に「運転者負担制度の廃止」が設けられており、申請時点で制度が存在する場合は、２年以内に見直しを行うことを運転者に明示することになっています。

　かかる要件により1つ星認証を得ている事業者においては、この履行が求められ、対応していない場合は認証を失うこととなり、さらには2つ星認証へのレベルアップも困難となります。

（参考）1つ星認証項目〈通し番号26号〉

　　　名目の如何を問わず事業に要する以下の経費を運転者に負担させていない。

　　□　クレジットカード、電子マネー、クーポン等の決済端末使用料・加盟店手数料、デラックス車・黒塗車・新車等の車両使用料、カーナビ・デジタル無線・デジタコ・ドライブレコーダー等の機器使用料、障害者割引に係る割引額

（5）　労基法上、乗務員負担制度は、確定した賃金から控除する場合を除き、法違反となるものではありませんが、国会附帯決議、運賃改定実施に伴う措置（通達）及び働きやすい職場認証制度の認証要件等を踏まえ、廃止に向けて取り組むべき課題といえます。

2　乗務員負担制度の解消に向けて

（1）　各社によって、乗務員負担制度の成り立ちは様々で、労使が納得した話し合いを重ねた上で運用され、今日まで残っているものもあります。

　　　しかしながら、上記1の「乗務員負担制度が問題視される理由」で示したとおり、当該制度を続けた場合、国会附帯決議及び運賃改定の実施に係る措置（通達）の趣旨に反することとなり、また、「働きやすい職場認証制度」の認証要件にかかわる問題となるとともに、乗務員の人材確保の面からも解決すべき課題といえます。

（2）　乗務員負担制度を廃止した会社の手法としては、次の事例が挙げられます。

　①　労使協議の上、賃率を維持したまま賃金の組替えを行い、負担制度を廃止した。

　　　（事例：皆勤手当を廃止する代わりに無線手数料を廃止）

　②　労働条件の不利益変更とならないよう労使協議を重ね、賃率を下げる代わりに負担制度を廃止することとした。

　③　乗務員が負担する割合を段階的に引き下げ解消した。

　　　（事例：カード手数料の負担率3％を5年かけてゼロにした。）

　④　労使協議の上、経費削減に取り組み、廃止に充てる原資を捻出した。

（3）　高速帰路回送料金については、乗務員負担に該当するか否かの議論がありますが、いずれにしても、会社が全額を負担するか、詳細な規定を定め、それに従って会社が負担している場合には、乗務員負担の問題が生ずる余地はありま

せん。

　半面、高速帰路回送料金についての取扱いがあいまいなままになっている会社においては、乗務員から負担制度が残っているとの指摘を受ける可能性がありますので、すみやかに社内の取扱いを明確にすべきでしょう。

課題**13**　**定時制乗務員**

　当社では全乗務員の4分の1が定時制乗務員です。定時制乗務員はこれからも貴重な戦力と考えていますが、労務管理上留意すべき点について教えてください。

押さえておきたい　基礎知識

▶ 1　定時制乗務員とは

　定時制乗務員とは、一般に、正規乗務員より、所定勤務回数が少ないタクシー乗務員をいいます。正規乗務員であった者が一定年齢を過ぎて就業形態を変更し定時制乗務員になる場合と、始めから定時制乗務員として採用される場合があります。有期雇用である場合が多いですが、無期雇用の場合もあります。

▶ 2　短時間労働者の社会保険の適用拡大

　短時間労働者（後述①〜④で対象となる要件を説明しています。）の社会保険（厚生年金保険・健康保険）の適用拡大については、平成28年10月1日から被保険者数が501人以上の事業所が対象とされ、令和4年10月1日から同101人以上の事業所が対象とされました。そして令和6年10月1日からは同51人以上の事業所が対象とされることになっています。厚生労働省によれば、社会保険適用拡大の目的は次のとおりです。

　ア　被用者でありながら国民年金・国民健康保険加入となっている者に対して、被用者による支え合いの仕組みである厚生年金保険や健康保険による保障を確保することで、被用者にふさわしい保障を実現すること。

　イ　労働者の働き方や企業による雇い方の選択において、社会保険制度における取扱いによって選択を歪められたり、不公平を生じたりすることがないようにすること等により、働き方や雇用の選択を歪めない制度を構築すること。

　ウ　適用拡大によって厚生年金保険の適用対象となった者が、定額の基礎年金に加えて報酬比例給付による保障を受けられるようになること等を通じて、社会保障の機能を強化すること。

　令和6年10月1日以降、被用者保険の適用対象となるのは、一般従業員の所定労働時間及び所定労働日数の4分の3未満の者であって次の要件をすべて満たすものです。

　①　以下のいずれかの適用事業所に使用されていること
　　i　特定適用事業所[※1]
　　ii　任意特定適用事業所[※2]
　　iii　国又は地方公共団体の適用事業所
　　　　※1　「特定適用事業所」とは被保険者の数が常時50人を超える事業所（51人以上

の事業所）をいいます。ここで「被保険者の数」とは、フルタイムの労働者と所定労働時間・所定労働日数が通常の労働者の４分の３以上の短時間労働者を合わせた数をいい、要するに各社の現在の厚生年金の被保険者の総数のことです。したがって、今回適用拡大の対象とされている短時間労働者や70歳以上で健保のみ加入している労働者は含まれません。

　また、「常時50人を超える事業所」のうち「事業所」とは法人の場合、同一の法人番号を有する全事業所単位とされています。また、「常時50人を超える」とは、適用事業所に使用される厚生年金保険の被保険者総数が12か月のうち、６か月以上において50人を超えることが見込まれる場合を指します。

　なお、政府の全世代型社会保障構築会議では、報告書（令4.12.16）の中の「働き方に中立的な社会保障制度等の構築」の項において「短時間労働者にとって、勤め先の企業の規模によって被用者保険の適用に違いが生まれる状況の解消を図るべきであり、企業規模要件の撤廃について早急に実現を図るべきである。」及び「週労働時間20時間未満の短時間労働者についても、被用者にとってふさわしく、雇用の在り方に中立的な被用者保険を提供する観点からは、被用者保険の適用除外となっている規定を見直し、適用拡大を図ることが適当と考えられることから、そのための具体的な方策について、実務面での課題や国民年金制度との整合性等を踏まえつつ、着実に検討を進めるべきである。」とされていますので、留意してください。

※2　令和４年10月１日以降、100人以下の企業であっても、労使合意（労働者の２分の１以上と事業主が厚生年金保険・健康保険に加入することについて合意すること）がなされれば、年金事務所に申出を行うことにより「任意特定適用事業所」となり、企業単位で厚生年金保険・健康保険に加入できます。

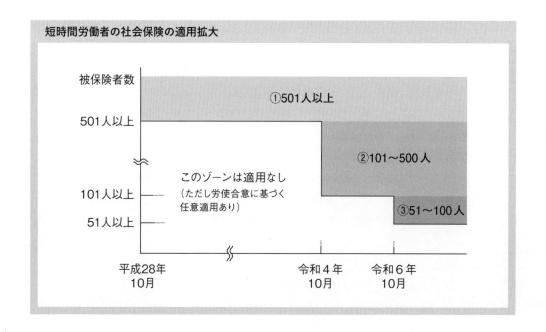

短時間労働者の社会保険の適用拡大

② 週所定労働時間が20時間以上であること

週所定労働時間が20時間以上であるとは、契約上1週間の勤務すべき時間が20時間以上であるという意味であり、残業等は含まれません。所定労働時間が周期的に変動し、週当たりで一通りでない場合は当該周期における週平均とされています。

例えば1回の隔日勤務の労働時間が14.5時間の場合、4週で6回勤務するとき（14.5 × 6 ÷ 4 ＝ 21.75）は20時間以上の要件に該当し対象となりますが、4週で5回勤務するとき（14.5 × 5 ÷ 4 ＝ 18.125）は要件に該当せず、対象とならないことになります。

ただし、所定労働時間ベースで週20時間未満であっても恒常的に残業がある場合には、残業を含めた時間が実際の労働時間となります。

すなわち、実際の労働時間が連続する2か月において週20時間以上となった場合で、引き続き同様の状態が続いている又は続くことが見込まれる場合は、実際の労働時間が週20時間以上となった月の3か月目の初日に被保険者の資格を取得します。これらの実態判断は所轄の年金事務所が行うことになります。

③ 賃金の月額が8.8万円以上であること

賃金の月額が8.8万円以上であること※については、基本給及び諸手当によって判定されます。ただし、判定基準に含まれないものとして次の例が挙げられています。

　ⅰ　臨時に支払われる賃金（結婚手当等）

　ⅱ　1か月を超える期間ごとに支払われる賃金（賞与等）

　ⅲ　時間外・休日・深夜労働に対して支払われる賃金（割増賃金等）

　ⅳ　最低賃金において算入しないことを定めている賃金（精皆勤手当、通勤手当及び家族手当）

　　※　この要件に一旦該当した労働者は、原則として、資格取得後に雇用契約等が見直され、月額賃金が8.8万円を下回ることが明らかになった場合等を除き、被保険者資格を喪失することはありません。そのため、毎月確認する必要はありませんが、雇用契約等に変更はなく、常態的に8.8万円を下回る状況が続くことが確認できる場合は、実態を踏まえた上で資格喪失することとなります。

④ 学生でないこと

学生でないことについては、学生は本格的就労の準備期間にあることから適用除外とされています。

▶ 3　同一労働同一賃金のルール

課題14：同一労働同一賃金の解説を参照してください。

▶ 4　年次有給休暇の比例付与

所定労働日数の少ない労働者には、その所定労働日数に比例して年次有給休暇を付与する（例えばフル勤務の者が10日の年休なら、その半分の勤務の者は5日の年休を付与する）制度が年次有給休暇の比例付与という制度です。このため、週所定労働時間が30時間未満であって、週所定労働日数が4日以下又は年間所定労働日数が216日以下の者に対

しては、次表のとおり継続勤務期間に応じた日数の年次有給休暇を与える必要があります（労基法39条3項）。

　隔日勤務は2日分を1回にまとめて勤務するものですから、月9回勤務の定時制乗務員は2日 × 9回 = 18日、18日 × 12月 = 216日となり、169〜216日の欄（上から1番目）が該当します（週所定労働時間が30時間未満であることが必要です。）。

　同様にして、月8回勤務 = 192日（同1番目）、月7回勤務 = 168日（同2番目）、月6回勤務 = 144日（同2番目）、月5回勤務 = 120日（同3番目）、月4回勤務 = 96日（同3番目）となり、それぞれ該当する欄の年次有給休暇が比例付与されることになります。

　なお、10回以上勤務する場合は、正規乗務員と同様の扱いとなります。

週所定労働日数	1年間の所定労働日数	継続勤務期間						
		6か月	1年6か月	2年6か月	3年6か月	4年6か月	5年6か月	6年6か月
4日	169〜216日	7日	8日	9日	10日	12日	13日	15日
3日	121〜168日	5日	6日	6日	8日	9日	10日	11日
2日	73〜120日	3日	4日	4日	5日	6日	6日	7日
1日	48〜72日	1日	2日	2日	2日	3日	3日	3日

▶ 5　無期転換ルール

　無期転換ルールとは、労働契約法18条の「有期労働契約が更新されて通算5年を超える労働者が期間の定めのない労働契約締結の申込みをしたときは、使用者はその申込みを承諾したものとみなす。」という規定によるもので、有期労働契約（期間の定めのある労働契約）が反復更新されて通算5年を超えたときは、労働者の申込みにより期間の定めのない労働契約（無期労働契約）に転換できる（会社は断ることができません。）というルールをいいます。

　無期転換申込権の行使によって変更になるのは期間の定めのみ、すなわち有期労働契約から無期労働契約になるということだけであって、別段の定めをしない限り、賃金、労働時間等の労働条件は変わりません。

　なお、無期転換した労働者について雇用期間を終了するためには、第2定年制で対応することが考えられます。

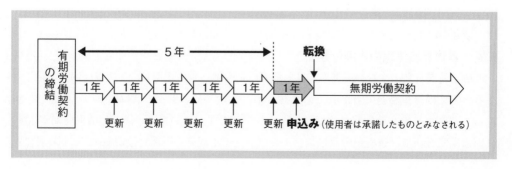

　有期労働契約が通算5年を超えたら労働者に無期転換申込権が発生し、所定の申込みにより無期労働契約に転換するというのが無期転換ルールですが、これには2つの特例が認められています。

　一つは専門的知識を有する者に関する特例であり、他の一つは60歳以上の定年制による定年後に引き続き継続雇用される高齢者に関する特例です。

　ここでは、タクシー事業で適用が想定される後者についてみていきます。これは、この特例の適用を希望する事業主が「第二種計画認定・変更申請書」を所轄労基署長経由で都道府県労働局長に提出し、認定を受けると、有期契約労働者（継続雇用の高齢者）について、その事業主に定年後引き続き雇用されている間は、5年を超えたとしても無期転換申込権が発生しないというものです（下図参照）。この特例の対象は、あくまでも定年後に継続雇用される者ですから、当初から有期契約労働者として採用された者や他社を定年退職した後有期契約により新採用された者などは、特例の対象にはなりません。

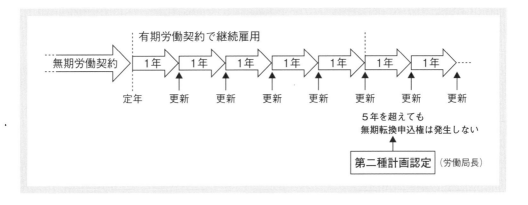

課題解決に向けて

1　定時制乗務員を就業規則でどのように定義すればよいか

　定時制乗務員を就業規則等で定義する場合は、今までは一般に「定時制乗務員とは、有期労働契約を締結した乗務員であって、所定労働時間が週30時間未満のものをいう。」とすることが多かったと思われます。

　これは、定時制乗務員を社会保険の適用除外として取り扱うため、又は社会保険の適用のない乗務員を定時制乗務員と捉えていたことによります。

　しかし、短時間労働者に係る社会保険の適用拡大が順次行われ、週の所定労働時間が20時間以上の者について、平成28年10月から501人以上の事業所が、令和4年10月から101人以上の事業所が、それぞれ対象となり、さらに令和6年10月から51人以上の事業所が対象となることが予定されています。

このため、社会保険の適用とリンクさせて定時制乗務員を捉えようとすると、週所定労働時間が30時間以上の者はすべての事業所で社会保険が適用されますが、

①　週所定労働時間が20時間以上30時間未満の定時制乗務員については、

　ⅰ　101人以上の事業所では適用あり

　ⅱ　51人以上100人以下の事業所では令和6年10月より適用予定

　ⅲ　50人以下の事業所では適用なし

②　週所定労働時間が20時間未満はすべての事業所で適用なし

ということになります（下図参照）。

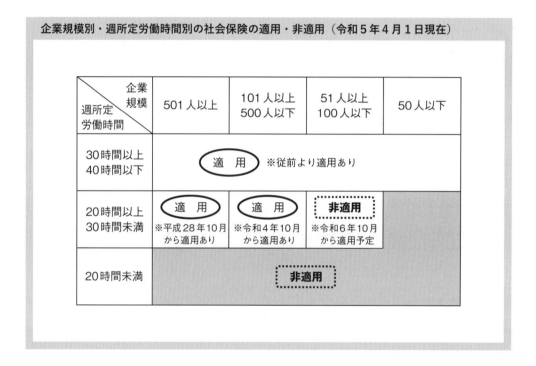

企業規模別・週所定労働時間別の社会保険の適用・非適用（令和5年4月1日現在）

週所定労働時間＼企業規模	501人以上	101人以上500人以下	51人以上100人以下	50人以下
30時間以上40時間以下	適　用　※従前より適用あり			
20時間以上30時間未満	適　用　※平成28年10月から適用あり	適　用　※令和4年10月から適用あり	非適用　※令和6年10月から適用予定	
20時間未満	非適用			

　ところで、現在「定時制乗務員就業規則」がある場合、当該就業規則が適用される労働者の範囲、すなわち定時制乗務員の定義を見直すかどうか検討する必要があります。従来は週所定労働時間が30時間（隔日勤務で月8回勤務）を基準にしていた事業所が多いと思われますが、社会保険の適用拡大を契機に9回勤務、10回勤務と勤務回数を増やした乗務員と5回勤務、4回勤務と勤務回数を減らした乗務員がいると思われます。これらの乗務員について就業規則の適用関係をどう考えるかということですが、要は、社会保険の適用拡大により、1か月に9回勤務、10回勤務となった乗務員をどう扱うかにかかってきます。そこで、次のいずれかの取扱いに応じて、規定内容が異なることになります。

①　1か月9回又は10回勤務の乗務員については、定時制乗務員から除き、有期従業員（嘱託）就業規則の適用対象とする場合の規定例

　○定時制乗務員就業規則 ……「定時制乗務員とは、有期労働契約を締結した乗務員であって、所定労働時間が週30時間未満のものをいう。」（従来と同様）

　○有期従業員（嘱託）就業規則 ……「有期従業員（嘱託）とは、有期労働契約を締結してフル勤務（乗務員にあっては、1か月9回以上勤務）する従業員をいい、会社を定年退職後引き続き雇用された者をいう。」

②　1か月8回勤務以下の者はもちろん、9回又は10回勤務の者も定時制乗務員として扱う場合の規定例

　○定時制乗務員就業規則 ……「定時制乗務員とは、有期労働契約を締結した乗務員であって、正規乗務員より勤務日数又は勤務回数が少ないものをいう。」

　なお、上記②の場合は、定時制乗務員と社会保険の適用が連動しなくなりますが、社会保険の適用要件は関係法令で明確に定められていますので、それに応じて対応すればよく、特段の不都合はないと思われます。ただし、社会保険の適用・非適用で労働条件に差を設ける必要がある事項については、場合分けをして規定することになります。

2　社保適用となった定時制乗務員の歩合給の歩率問題

　従来の定時制乗務員は週所定労働時間が30時間未満であり、社会保険の適用対象ではなかったので、会社としても社会保険の事業主負担がありませんでした。このため、社会保険に加入している乗務員との均衡を考慮し、一部の事業所では、従来の定時制乗務員の歩合給の歩率を幾分高めに設定するということが行われていました。

　これらの定時制乗務員について、この歩合給の率を変えずに、従来どおりの勤務回数を維持し、又は勤務回数を増やして社会保険の適用対象になったとすると、他の乗務員との均衡が崩れることになります。

　この状態が長く続くと、コスト面でも、また、乗務員間で不公平感を醸成してしまうことになりますので、早めの対応が求められます。会社としての対応策を検討し、労使協議を行い、コンセンサスを得た上で新たな歩合率に改正することが必要です。

3 定時制乗務員に対し社会保険適用についてどう説明するか（51人以上100人以下事業場）

　令和6年10月1日以降、被保険者の数が常時51人以上の事業所では、一定の要件に該当する短時間労働者について社会保険の適用拡大が予定されています。この適用拡大に当たっては、勤務する企業規模、週所定労働時間、月収などの客観的事実に即して適用・非適用は明確にされていますので、要件に該当していれば適用されますし、適用されたくないとの希望があれば、働き方を変更する必要があります。このため、各定時制乗務員の意向を十分把握した上で、現在の働き方を継続して適用（非適用）となるか、現在の働き方を変更して非適用（適用）となるか対応を決定することになります。

　なお、新たな働き方を創出するのであれば就業規則等の改正を行うことになります。以上の検討に当たっては、下図を参考にしてください。

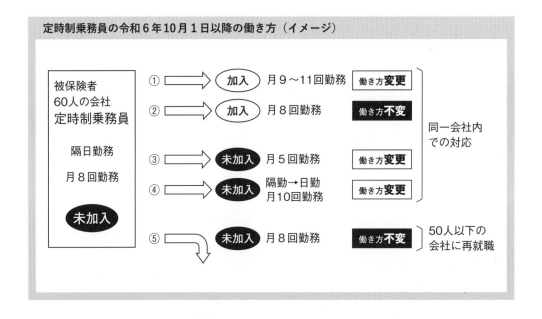

定時制乗務員の令和6年10月1日以降の働き方（イメージ）

　ここで重要なことは、事業者は個々の定時制乗務員に対し、社会保険の適用に関する情報を十分に提供するよう努めてほしいということです。その上で定時制乗務員は自らの置かれた状況を踏まえ、いずれかの選択肢を選ぶというのがベストです。情報提供の際には、次のような比較や試算も参考にしてください。

（1）　社会保険加入のメリット・デメリットを挙げると次のとおりです。

【社会保険加入のメリット】

① 厚生年金保険に加入することにより、労使折半で掛金を負担し、年金が2階建てになり一生涯受け取れる。

② 病気やケガなどで障害状態と認定された場合、障害基礎年金に加え障害厚生年金も受け取れる。

③ 被保険者が万一亡くなった場合、遺族は遺族基礎年金に加え遺族厚生年金も受け取れる。

④ 健康保険に加入していると、業務外の事由による療養のため働くことができないときは給与の3分の2相当の傷病手当金が受け取れる（最長1年6か月）。

⑤ 健康保険に加入していると、被保険者が出産のため会社を休み、報酬が受けられないときは、産前42日、産後56日までの間、給与の3分の2相当の出産手当金が受け取れる。

⑥ 配偶者の扶養に入っていた者は、社会保険加入後は年収130万円の壁を気にせずに働き、収入を増やすことができる。

⑦ 国民年金保険料より社会保険料（労使折半）の労働者負担分の方が少なくなる場合がある。

【社会保険加入のデメリット】

① 配偶者の被扶養者となっている者は、社会保険料の負担部分だけ「手取り賃金」が減る。

② 60歳以上の者は社会保険料の負担部分だけ「手取り賃金」が減る。

（2）　次ページの表「55歳から厚生年金に加入・非加入の場合の年金額試算表」参照

55歳から厚生年金に加入・非加入の場合の年金額試算表（参考）

年齢	年収	国民年金掛金・老齢基礎年金（a）	厚生年金掛金	老齢厚生年金（b）	a＋b
53					
54			（55歳から加入）		
55	2,000,000	16,610 × 12 = 199,320	15,600 × 12 = 187,200		
56	2,000,000	16,610 × 12 = 199,320	15,600 × 12 = 187,200		
57	2,000,000	16,610 × 12 = 199,320	15,600 × 12 = 187,200		
58	2,000,000	16,610 × 12 = 199,320	15,600 × 12 = 187,200		
59	2,000,000	16,610 × 12 = 199,320	15,600 × 12 = 187,200		
60	2,000,000	（60歳で掛金終了）	15,600 × 12 = 187,200		
61	2,000,000		15,600 × 12 = 187,200		
62	2,000,000		15,600 × 12 = 187,200		
63	2,000,000		15,600 × 12 = 187,200		
64	2,000,000		15,600 × 12 = 187,200		
65	2,000,000	65,000 × 12 = 780,000	15,600 × 12 = 187,200	10,049 × 12 = 120,588	900,588
66	2,000,000	65,000 × 12 = 780,000	15,600 × 12 = 187,200	10,962 × 12 = 131,544	911,544
67	2,000,000	65,000 × 12 = 780,000	15,600 × 12 = 187,200	11,876 × 12 = 142,512	922,512
68	2,000,000	65,000 × 12 = 780,000	15,600 × 12 = 187,200	12,789 × 12 = 153,468	933,468
69	2,000,000	65,000 × 12 = 780,000	15,600 × 12 = 187,200	13,703 × 12 = 164,436	944,436
70	2,000,000	65,000 × 12 = 780,000	（70歳で掛金終了）	13,703 × 12 = 164,436	944,436
71	2,000,000	65,000 × 12 = 780,000		13,703 × 12 = 164,436	944,436
72	2,000,000	65,000 × 12 = 780,000		13,703 × 12 = 164,436	944,436
73	2,000,000	65,000 × 12 = 780,000		13,703 × 12 = 164,436	944,436
74		65,000 × 12 = 780,000		13,703 × 12 = 164,436	944,436
75		65,000 × 12 = 780,000		13,703 × 12 = 164,436	944,436
76		65,000 × 12 = 780,000		13,703 × 12 = 164,436	944,436
77		65,000 × 12 = 780,000		13,703 × 12 = 164,436	944,436
78		65,000 × 12 = 780,000		13,703 × 12 = 164,436	944,436

注1　本試算表は大まかなイメージを得るために作成したものであり、各人の具体的な年金額は日本年金機構の
　　　ねんきんネットなどで確認してください。

年齢	年収	国民年金掛金・老齢基礎年金（a）	厚生年金掛金	老齢厚生年金（b）	a＋b
53					
54			（55歳から加入）		
55	2,500,000	16,610×12＝199,320	18,300×12＝219,600		
56	2,500,000	16,610×12＝199,320	18,300×12＝219,600		
57	2,500,000	16,610×12＝199,320	18,300×12＝219,600		
58	2,500,000	16,610×12＝199,320	18,300×12＝219,600		
59	2,500,000	16,610×12＝199,320	18,300×12＝219,600		
60	2,500,000	（60歳で掛金終了）	18,300×12＝219,600		
61	2,500,000		18,300×12＝219,600		
62	2,500,000		18,300×12＝219,600		
63	2,500,000		18,300×12＝219,600		
64	2,500,000		18,300×12＝219,600		
65	2,500,000	65,000×12＝780,000	18,300×12＝219,600	12,561×12＝150,732	930,732
66	2,500,000	65,000×12＝780,000	18,300×12＝219,600	13,703×12＝164,436	944,436
67	2,500,000	65,000×12＝780,000	18,300×12＝219,600	14,844×12＝178,128	958,128
68	2,500,000	65,000×12＝780,000	18,300×12＝219,600	15,986×12＝191,832	971,832
69	2,500,000	65,000×12＝780,000	18,300×12＝219,600	17,128×12＝205,536	985,536
70	2,500,000	65,000×12＝780,000	（70歳で掛金終了）	17,128×12＝205,536	985,536
71	2,500,000	65,000×12＝780,000		17,128×12＝205,536	985,536
72	2,500,000	65,000×12＝780,000		17,128×12＝205,536	985,536
73	2,500,000	65,000×12＝780,000		17,128×12＝205,536	985,536
74		65,000×12＝780,000		17,128×12＝205,536	985,536
75		65,000×12＝780,000		17,128×12＝205,536	985,536
76		65,000×12＝780,000		17,128×12＝205,536	985,536
77		65,000×12＝780,000		17,128×12＝205,536	985,536
78		65,000×12＝780,000		17,128×12＝205,536	985,536

注2　国民年金は個人が負担し、厚生年金に加入すれば国民年金に加入する必要はありません。厚生年金の保険料は労使折半とされ、本表は労働者負担分を表示しています。

4 高年齢乗務員の就業に関連して

（1） 高年齢労働者の安全と健康確保

　高年齢労働者の安全と健康確保については、加齢により身体機能が低下すること等により、若年層に比べ労働災害の発生率が高く、休業も長期化しやすいという傾向が認められます。厚生労働省では「高年齢労働者の安全と健康確保のためのガイドライン」（令2.3.16基安発0316第1号・通称：エイジフレンドリーガイドライン）を示していますので、対策の参考にしてください。

（2） 定時制乗務員の契約期間

　定時制乗務員の契約期間は原則として1年とし、契約更新時に、安全運行等に支障がないかどうかチェックして、更新の判断をするのが一般的です。

　チェック項目としては、

① 安全に運行できる健康状態にあること

② 勤務成績・勤務態度が良好であること

③ 服務規律を始めとする就業規則の遵守状況が良好であること

④ 車両稼働状況、乗務員数、会社の経営状況　等

です。

　ただし、一定年齢以上の定時制乗務員については、契約期間を6か月に短縮することが一般に行われていますし、場合によっては3か月とするケースもあります。

　以上のとおり、あくまでも乗務員個々人の健康状態や勤務成績（事故発生を含む。）等により更新の判断をしている事業所がある一方、個人タクシーの例（事業免許の更新が75歳以降できないこと）や道路交通法の規定等も参考にして、一定の年齢（例えば、72歳、75歳、77歳など）を超えるとそれ以後の更新を行わないこととしている事業所もあります。

　なお、道路交通法では70歳、75歳以上の者が免許証を更新する場合には一定の条件※が付けられています。しかし、これらは免許証の更新に当たり、必要なチェックをするにとどまり、当然、当該年齢に達することをもって運転を禁ずるような性格のものではありません。

　※参考：道路交通法101条の4

　　　免許証の更新を受けようとする者で更新期間が満了する日における年齢が70歳以上のものは、更新期間が満了する日前6月以内にその者の住所地を管轄する公安委員会が行った第108条の2第1項第12号に掲げる講習（加齢に伴って生ずる身体の機能の低下

が自動車等の運転に及ぼす可能性があることを理解させるための講習）を受けていなければならない。ただし、当該講習を受ける必要がないものとして政令で定める者は、この限りでない。

2　前項に定めるもののほか、免許証の更新を受けようとする者で更新期間が満了する日における年齢が75歳以上のものは、更新期間が満了する日前6月以内に第102条第1項から第4項までの規定により診断書を提出した場合その他認知機能検査等を受ける必要がないものとして内閣府令で定める場合を除き、当該期間内にその者の住所地を管轄する公安委員会又は第108条の32の3第1項の認定を受けて同項の運転免許取得者等検査を行う者が行った認知機能検査等を受けていなければならない。

同一労働同一賃金

> 当社では、正社員には支給し、定時制乗務員などの短時間労働者には支給していない手当がいくつかあります。それぞれ理由があって行っているのですが、同一労働同一賃金ルールにより、差をつけてはいけないことになったのでしょうか。

押さえておきたい 基礎知識

▶1 パート・有期労働法

平成29年6月の働き方改革関連法の成立に伴い、従来の「短時間労働者の雇用管理の改善等に関する法律」（パートタイム労働法）が改正され、「短時間労働者及び有期雇用労働者の雇用管理の改善等に関する法律」（以下「パート有期法」といいます。）となり、対象に有期雇用労働者が追加されるとともに規定が整備されました。

この法律は我が国社会において短時間・有期雇用労働者の果たす役割の重要性が増大する中、その仕事ぶりや能力が適正に評価され、意欲をもって働くことを通じ、その有する能力を最大限に発揮することができるよう、正社員との間の不合理な待遇差の解消を目指すものです。

主な内容は以下のとおりです。

① 正社員と短時間・有期雇用労働者との間に不合理な待遇差を設けてはならないこと。

② 短時間・有期雇用労働者から求めがあったときは、事業主は正社員との間の待遇差の内容、理由について説明する義務があること。

③ 行政による事業主への助言・指導等や短時間・有期雇用労働者と正社員との間の待遇差等に関する裁判外紛争解決手続（行政ADR）の根拠規定を整備すること（この法律には刑事罰は定められていません。）。

同法は、大企業については令和2年4月1日から、中小企業は令和3年4月1日から、それぞれ施行されています。

▶2 同一労働同一賃金の基本的な考え方

「同一労働同一賃金」というと、賃金についてだけの規制のように受け取られがちですが、基本給、賞与はもちろん、休暇制度、福利厚生など待遇全般が対象となります。

（1） 不合理な待遇の禁止（均衡待遇）

パート有期法8条は、「事業主は、その雇用する短時間・有期雇用労働者の基本給、賞与その他の待遇のそれぞれについて、当該待遇に対応する通常の労働者の待遇との間において、当該短時間・有期雇用労働者及び通常の労働者の業務の内容及び当

該業務に伴う責任の程度（以下「職務の内容」という。）、当該職務の内容及び配置の変更の範囲その他の事情のうち、当該待遇の性質及び当該待遇を行う目的に照らして適切と認められるものを考慮して、不合理と認められる相違を設けてはならない。」と定めています。

　なお、パート有期法8条は、自社内の正社員と短時間・有期雇用労働者との間のみに適用され、正社員同士の待遇差や短時間・有期雇用労働者同士の待遇差には適用されません。

　また、改正法の施行に併せ、「短時間・有期雇用労働者及び派遣労働者に対する不合理な待遇の禁止等に関する指針」（平30.12.28厚生労働省告示430号。同一労働同一賃金ガイドライン）が策定されています。

（2）　差別的取扱いの禁止（均等待遇）

　パート有期法9条は、「事業主は、職務の内容が通常の労働者と同一の短時間・有期雇用労働者（11条1項において「職務内容同一短時間・有期雇用労働者」という。）であって、当該事業所における慣行その他の事情からみて、当該事業主との雇用関係が終了するまでの全期間において、その職務の内容及び配置が当該通常の労働者の職務の内容及び配置の変更の範囲と同一の範囲で変更されることが見込まれるもの……については、短時間・有期雇用労働者であることを理由として、基本給、賞与その他の待遇のそれぞれについて、差別的取扱いをしてはならない。」と定めています。

　上記（1）及び（2）をまとめると、正社員と短時間・有期雇用労働者との間で、職務の内容や職務の内容・配置の変更の範囲（人事異動や転勤の有無・範囲）に違いがあれば、その違いに応じて短時間・有期雇用労働者の待遇を決め（均衡待遇）、いずれも全く同一であれば両者の待遇に差をつけてはならない（均等待遇）ということです。

課題解決に向けて

1　パート有期法の施行

　タクシー業界では正規乗務員、正規職員のほかに、定時制乗務員、嘱託乗務員、パート従業員、臨時職員など多くの短時間・有期雇用労働者がいます。

　パート有期法の施行により、正社員と短時間・有期雇用労働者との間の不合理な待遇差は禁止されました。この待遇差があることにより、刑事罰の対象となることはありませんが、行政ADRの対象とされたり、民事訴訟を提起される可能性がありますので、現状をしっかり把握・分析の上、問題が認められるようであれば、速やかに是正措置を講じておく必要があります。手順としては次の流れとなります。

　①　正社員と短時間・有期雇用労働者の職務内容をチェックすること

② 正社員と短時間・有期雇用労働者との待遇差をチェックすること

③ 待遇差がある場合に合理的な説明ができるかどうか検討し、整理しておくこと

④ 待遇差について合理的な説明ができない場合には、対応策を検討し、待遇差を解消すること（就業規則の改正、労働者への周知等）

2 不合理な待遇差とは

パート有期法の施行に併せ、「短時間・有期雇用労働者及び派遣労働者に対する不合理な待遇の禁止等に関する指針」（平30.12.28厚生労働省告示430号。同一労働同一賃金ガイドライン）が策定され、不合理な待遇に当たるか否かについて、原則となる考え方及び具体例を基に詳細に解説していますので参考にしてください。

3 各労働条件についての基本的な考え方

同一労働同一賃金ガイドラインや裁判例などに基づき、各労働条件についての基本的な考え方を示すと、次のとおりです。

（1）基本給、昇給

基本給は労働者の能力や経験、職務内容、業績等会社によってさまざまな支給基準が存在し、また、正社員には月給制、パートタイマーには時給制といったように支給方法も雇用形態で異なる場合が多くみられますが、これらについて直ちに不合理であるとはされにくいと思われます。

基本給や昇給については、決定要素である能力、職務内容等が正社員と短時間・有期雇用労働者との間でどの程度の差があり、基本給や昇給の差がその能力等の差に見合うものになっているかどうかを確認することが重要です。

なお、正規乗務員と定時制乗務員については、タクシー運転の業務としては全く同一であり、月の勤務日数・回数が異なるだけですから、歩合率に差を設けないのが一般的といえなくもありません。

ただし、両者に差を設けている場合でも、正規乗務員は長期雇用・満稼働が前提となり、定時制乗務員は短期間の雇用が予定され出勤日も比較的柔軟に決定されるというような違いがあります。また、事業者としては正規乗務員としての勤務を望んでいるにもかかわらず、乗務員があえて定時制乗務員という働き方を選択しているという事情もあります。このため、差を設けていても、これらを含めて合理的に説明することは可能と考えます。

（2）賞与

賞与は、正社員に対しては会社業績や個人の人事評価の結果をもとに、年2〜

３回程度基本給等の基準内賃金をベースに支給される例が多くみられます。一方、短時間・有期雇用労働者に対しては、賞与の支給がない場合や少額の一時金が支給される等、正社員とは異なる対応が多くみられます。

　企業においては、会社業績への貢献度に加え、さまざまな要素を勘案して賞与を支給しているのが実態です。理由もなく正社員以外は賞与を支給しないと決めるのではなく、正社員と短時間・有期雇用労働者との違いを検証し、どのように処遇に反映させるのかを検討することが求められます。

　賞与には、労務の対価の後払い、月を超える勤務に対する功労報償、生活費の補助、将来の労働に対する意欲向上などさまざまな趣旨や性格を有すると考えられますので、正社員と短時間・有期雇用労働者との間で異なる支給基準を設けている場合でも直ちに不合理であるとはされにくい傾向があります。

（３）　退職金

　退職金は一般的に長期雇用を前提とした制度であることから短期間の雇用を前提とした短時間・有期雇用労働者に支給しない場合でも不合理とは判断されにくいと考えられます。

　しかし無期契約のパートタイマーや長期間継続雇用されている契約社員等に関しては正社員と同様に長期雇用が見込まれるとみなされるため相応の対応が必要になります。

　職務の内容、人材活用の仕組み等の違いや正社員という優位人材の確保・定着を図ることを目的として正社員のみに退職金を支給するという選択肢もありますが、待遇差をめぐる紛争リスクや説明義務等を考慮し、一定の年数を超えて勤務する短時間・有期雇用労働者に関しては有額支給をすることも考えられます。

（４）　役職手当

　短時間・有期雇用労働者を役職に就かせていなければ対応の必要は特にありません。

　短時間・有期雇用労働者を役職に就かせている場合、その役職が正社員が従事するものと同じ内容であれば同一の役職手当、違いがある場合はその違いに応じた役職手当を支給することが求められます。

（５）　特殊作業手当

　特殊作業手当の対象となる業務に短時間・有期雇用労働者が正社員と同様に従事する場合には同様の支給が求められます。

　安全輸送の確保を目的とする無事故手当を正規乗務員にのみ支給することは、定時制乗務員についてはそれが求められていないことになってしまうため、合理

的に説明することは困難と思われます。勤務日数・回数に比例して支給すること
が適切でしょう。

（6） 精皆勤手当

精皆勤手当については、職務内容が正社員と短時間・有期雇用労働者で同じ場
合には雇用形態にかかわらず同様に支給することが求められます。職務内容に違
いがあり皆勤を求める必要性も異なることが明確な場合には、正社員にのみ支給
又は両者で支給額に差をつけることも許容されると考えられます。

（7） 通勤手当

通勤手当については、正社員と同じ所定労働日数の短時間・有期雇用労働者に
関しては正社員と同様の支給とすることが求められます。

正社員よりも少ない日数で勤務している短時間・有期雇用労働者に関しては出
勤日数に応じた形で通勤手当を支給することが認められます。

（8） 家族手当

家族手当は長期継続勤務の期待と継続勤務の確保を目的として支給するものと
考えられます。自社の短時間・有期雇用労働者について扶養家族を有しており、
かつ、勤続期間が5年10年と長期にわたる者が多いような場合には、正社員に
加え短時間・有期雇用労働者に対しても支給することが考えられます。

また、家族手当の支給意義を改めて検討し、場合によっては基本給に統合する
等、給与制度全体を通して見直しを図る選択肢もあります。

（9） 時間外・休日・深夜手当

時間外労働等の抑制、過重な負荷や生活面での制限に対する代償として支給さ
れる手当の性質を踏まえ、雇用形態の違いによって差を設けることは避け、同一
の割増率で支給するのが妥当です。

（10） 福利厚生施設（休憩室、更衣室）

企業が提供する給食施設や休憩室、更衣室等の福利厚生施設に関しては、原則
として雇用形態によって取扱いに差をつけることはできません。

（11） 慶弔休暇

原則として短時間・有期雇用労働者に対しても同一の慶弔休暇を付与する必要
があります。勤務日数の少ない短時間・有期雇用労働者は勤務日の振替での対応
を求めることも可能です。

（12） 病気休職

無期契約のパートタイマー等については、正社員と同様に継続的な勤務が見込
まれますので、基本的には病気休職を付与することが適当です。

　有期契約のパートタイマーや契約社員等については、労働契約が終了するまでの期間を踏まえて病気休職を付与することが適当です。

（13）　健康診断

　乗務員以外の従業員の定期健康診断については、通常の労働者の1週間の労働時間の2分の1以上である者に対しては実施することが望ましいとされています（平19.10.1基発1001016号）。タクシー事業においては安全輸送の確保の観点から、乗務員全員への健康診断の実施が義務付けられています（運輸規則21条5項及び48条1項4号の2）。

ハラスメント防止

　運行管理の担当をしています。職場におけるハラスメント防止措置が事業者の義務になったと聞きましたが具体的に教えてください。また、規定例を示していただけると助かります。

押さえておきたい 基礎知識

▶1　パワーハラスメントとは

　職場におけるパワーハラスメントとは、①優越的な関係を背景とした言動であって、②業務上必要かつ相当な範囲を超えたものにより、③労働者の就業環境が害されること、の3つの要素をすべて満たすものをいいます（改正労働施策総合推進法30条の2）。

　典型的なパワーハラスメント行為としては次のとおりです。

① 身体的攻撃（暴行・傷害）

② 精神的な攻撃（脅迫・名誉棄損・侮辱、ひどい暴言）

③ 長期間にわたり人間関係からの切り離し（隔離、仲間外し、無視）

④ 過大な要求（業務上明らかに不要なことや遂行不可能なことの強制・仕事の妨害）

⑤ 過小な要求（業務上の合理性なく能力や経験とかけ離れた程度の低い仕事を命じることや仕事を与えないこと）

⑥ 個の侵害（私的なことに過度に立ち入ること）

　ただし、客観的にみて、業務上必要かつ相当な範囲で行われる適正な業務指示や指導については、パワーハラスメントには該当しないことに十分留意してください。

▶2　セクシュアルハラスメントとは

　セクシュアルハラスメントとは、職場における性的な言動に対する従業員等の対応等により当該従業員等の労働条件に関して不利益を与えること又は性的な言動により従業員等の就業環境を害することをいいます。また、相手の性的指向又は性自認の状況にかかわらないほか、異性に対する言動だけでなく、同性に対する言動も該当します。

▶3　妊娠・出産・育児休業等に関するハラスメントとは

　妊娠・出産・育児休業等に関するハラスメントとは、職場において、上司や同僚が、従業員等の妊娠・出産及び育児等に関する制度又は措置の利用に関する言動により従業員等の就業環境を害すること並びに妊娠・出産等に関する言動により女性の従業員等の就業環境を害することをいいます。

課題解決に向けて

1　パワーハラスメント行為の該当例・非該当例

　令和2年6月1日（中小企業は令和4年4月1日）から、改正労働施策総合推進法及び同法に基づく指針※により、職場におけるパワーハラスメント防止措置が事業主の義務となりました。

> ※　事業主が職場における優越的な関係を背景とした言動に起因する問題に関して雇用管理上講ずべき措置等についての指針（令和2年厚生労働省告示5号）

　典型的なパワーハラスメント行為としては以下に示す、①身体的な攻撃、②精神的な攻撃、③人間関係からの切り離し、④過大な要求、⑤過小な要求及び⑥個の侵害の6つの行為類型があり、該当する例と該当しない例を挙げると次のとおりです。ただし、これらは職場のパワーハラスメントすべてを網羅するものではなく、これ以外は問題ないということではないことに留意してください（指針2の(7)）。

① 　身体的な攻撃（暴行・傷害）
  ● 　該当すると考えられる例
　　ⅰ　殴打、足蹴りを行うこと。
　　ⅱ　相手に物を投げつけること。
  ○ 　該当しないと考えられる例
　　ⅰ　誤ってぶつかること。
② 　精神的な攻撃（脅迫・名誉棄損・侮辱・ひどい暴言）
  ● 　該当すると考えられる例
　　ⅰ　人格を否定するような言動を行うこと。相手の性的指向・性自認に関する侮辱的な言動を行うことを含む。
　　ⅱ　業務の遂行に関する必要以上に長時間にわたる厳しい叱責を繰り返し行うこと。
　　ⅲ　他の労働者の面前における大声での威圧的な叱責を繰り返し行うこと。
　　ⅳ　相手の能力を否定し、罵倒するような内容の電子メール等を当該相手を含む複数の労働者宛てに送信すること。
  ○ 　該当しないと考えられる例
　　ⅰ　遅刻など社会的ルールを欠いた言動が見られ、再三注意してもそれが改善されない労働者に対して一定程度強く注意をすること。
　　ⅱ　その企業の業務の内容や性質等に照らして重大な問題行動を行った労働者に対して、一定程度強く注意をすること。
③ 　人間関係からの切り離し（隔離・仲間外し・無視）
  ● 　該当すると考えられる例

i　自身の意に沿わない労働者に対して、仕事を外し、長期間にわたり、別室に隔離したり、自宅研修させたりすること。

　　ⅱ　一人の労働者に対して同僚が集団で無視をし、職場で孤立させること。

　○　該当しないと考えられる例

　　i　新規に採用した労働者を育成するために短期間集中的に別室で研修等の教育を実施すること。

　　ⅱ　懲戒規定に基づき処分を受けた労働者に対し、通常の業務に復帰させるために、その前に、一時的に別室で必要な研修を受けさせること。

④　過大な要求（業務上明らかに不要なことや遂行不可能なことの強制・仕事の妨害）

　●　該当すると考えられる例

　　i　長期間にわたる、肉体的苦痛を伴う過酷な環境下での勤務に直接関係のない作業を命ずること。

　　ⅱ　新卒採用者に対し、必要な教育を行わないまま到底対応できないレベルの業績目標を課し、達成できなかったことに対し厳しく叱責すること。

　　ⅲ　労働者に業務とは関係のない私的な雑用の処理を強制的に行わせること。

　○　該当しないと考えられる例

　　i　労働者を育成するために現状よりも少し高いレベルの業務を任せること。

　　ⅱ　業務の繁忙期に、業務上の必要性から、当該業務の担当者に通常時よりも一定程度多い業務の処理を任せること。

⑤　過小な要求（業務上の合理性なく能力や経験とかけ離れた程度の低い仕事を命じることや仕事を与えないこと）

　●　該当すると考えられる例

　　i　管理職である労働者を退職させるため、誰でも遂行可能な業務を行わせること。

　　ⅱ　気にいらない労働者に対して嫌がらせのために仕事を与えないこと。

　○　該当しないと考えられる例

　　i　労働者の能力に応じて、一定程度業務内容や業務量を軽減すること。

⑥　個の侵害（私的なことに過度に立ち入ること）

　●　該当すると考えられる例

　　i　労働者を職場外でも継続的に監視したり、私物の写真撮影をしたりすること。

　　ⅱ　労働者の性的指向・性自認や病歴、不妊治療等の機微な個人情報について、当該労働者の了解を得ずに他の労働者に暴露すること。

　○　該当しないと考えられる例

　　i　労働者への配慮を目的として、労働者の家族の状況等についてヒアリングを行うこと。

　　ⅱ　労働者の了解を得て、当該労働者の性的指向・性自認や病歴、不妊治療等の機微な個人情報について、必要な範囲で人事労務部門の担当者に伝達し、配慮を促すこと。

2　事業主の措置義務

以上の職場におけるパワーハラスメントの防止について、事業主は以下の措置を必ず講じなければならないとされています（指針4の(1)から(4)）。

イ　事業主の方針等の明確化及びその周知・啓発
　①　職場におけるパワーハラスメントの内容・パワーハラスメントを行ってはならない旨の方針を明確化し、労働者に周知・啓発すること
　②　行為者について、厳正に対処する旨の方針・対処の内容を就業規則等の文書に規定し、労働者に周知・啓発すること

ロ　相談に応じ、適切に対応するために必要な体制の整備
　③　相談窓口をあらかじめ定め、労働者に周知すること
　④　相談窓口担当者が、相談内容や状況に応じ、適切に対応できるようにすること

ハ　職場におけるパワーハラスメントに係る事後の迅速かつ適切な対応
　⑤　事実関係を迅速かつ正確に確認すること
　⑥　速やかに被害者に対する配慮のための措置を適正に行うこと[※1]
　⑦　事実関係の確認後、行為者に対する措置を適正に行うこと[※1]
　⑧　再発防止に向けた措置を講ずること[※2]
　　　※1　事実確認ができた場合　　※2　事実確認ができなかった場合も同様

ニ　そのほか併せて講ずべき措置
　⑨　相談者・行為者等のプライバシー（性的指向・性自認や病歴、不妊治療等の機微な個人情報も含む。）を保護するために必要な措置を講じ、その旨労働者に周知すること
　⑩　相談したこと等を理由として、解雇その他の不利益取扱いをされない旨を定め、労働者に周知・啓発すること

3　その他の取組

以上は自社内のパワーハラスメント防止措置ですが、このほかに他の事業主の雇用する労働者等や顧客（乗客）等からのパワーハラスメントや著しい迷惑行為も想定されますので、雇用管理上の配慮として次のような取組も講じておいた方が望ましいでしょう。

イ　事象があった場合に相談に応じ、適切に対応するために必要な体制の整備
ロ　被害者への配慮のための取組（メンタルヘルス不調への相談対応、行為者に対し1人で対応させない等）
ハ　被害防止のための取組（マニュアル作成や研修の実施等）

4 ハラスメント防止規程例

　職場におけるハラスメントは、パワーハラスメントに限らず、セクシュアルハラスメントや妊娠・出産・育児休業等に関するハラスメント※もあり得ますので、就業規則に根拠規定を置いた上で、詳細はハラスメント防止規程として定めるのが適切と思われます。以下の例を参考にしてください。

　　※　雇用機会均等法に基づく「事業主が職場における性的な言動に起因する問題に関して雇用管理上講ずべき措置等についての指針（平成18.10.1厚生労働省告示615号）及び「事業主が職場における妊娠、出産等に関する言動に起因する問題に関して雇用管理上講ずべき措置等についての指針（平成28.8.2厚生労働省告示312号）並びに「子の養育又は家族の介護を行い、又は行うこととなる労働者の職業生活と家庭生活との両立が図られるようにするために事業主が講ずべき措置等に関する指針（平成21.12.28厚生労働省告示509号）にそれぞれ定められています。

ハラスメント防止規程（例）

（目的）

第1条　本規程は、就業規則第○条第2項第○号及び第○号に基づき、職場におけるパワーハラスメント、セクシュアルハラスメント及び妊娠・出産・育児休業等に関するハラスメント（以下「ハラスメント」という。）を防止するために従業員及び派遣社員（以下「従業員等」という。）が遵守するべき事項を定めるものとする。

（ハラスメントの定義）

第2条　「パワーハラスメント」とは、職場における優越的な関係を背景とした言動であって、業務上の必要かつ相当な範囲を超えたものにより、就業環境を害することをいう。ただし、客観的にみて、業務上必要かつ相当な範囲で行われる適正な業務指示や指導については、パワーハラスメントには該当しない。

　パワーハラスメントとしては、次のようなものが考えられる。

①　机を叩く、書類を投げつける（当たることを要しない）などにより相手を威嚇すること

②　他の従業員等がいる前で、「バカ」「のろま」「やめてしまえ」などの人格を否定する発言やひどい暴言を発すること

③　必要以上に長時間にわたり、繰り返し執拗に叱ること

④　相談などを恣意的に拒絶したり、無視したりすること

⑤　業務上明らかに不要なことや遂行不可能なことを強制すること

---

⑥　業務上の合理性なく能力や経験とかけ離れた程度の低い業務を命じること又は業務を命じないこと

⑦　休暇取得の理由を尋ねるなど、私的なことに関わる不適切な発言や私的なことに介入すること

⑧　その他前各号に準ずる行為をすること

2　「セクシュアルハラスメント」とは、職場における性的な言動に対する従業員等の対応等により当該従業員等の労働条件に関して不利益を与えること又は性的な言動により従業員等の就業環境を害することをいう。また、相手の性的指向又は性自認の状況にかかわらないほか、異性に対する言動だけでなく、同性に対する言動も該当する。なお、この場合の従業員等とは、直接的に性的な言動の相手方となった被害者に限らず、性的な言動により就業環境を害されたすべての従業員等を含むものとする。

　　セクシュアルハラスメントとしては、次のようなものが考えられる。

①　性的な写真や漫画などを見せること

②　ヌード写真等を掲示すること

③　性的な冗談や性的な噂をすること

④　職場における従業員等の服装、身体又は外見に関して性的な批評をすること

⑤　職場の従業員等を何回もじっと見つめること

⑥　個人的な性的体験談を話すこと

⑦　性的な事実関係を尋ねること

⑧　職場の従業員等を職場内外で付け回すこと

⑨　相手が拒絶しているのに、職場の従業員等をしつこく食事やデートに誘うこと

⑩　職場の従業員等の衣服又は身体をむやみに触ること

⑪　頼まれてもいないのに首や肩のマッサージ等をすること

⑫　従業員等に対して性的な関係を要求すること

⑬　「男・女のくせに」など性別役割分担意識に基づく言動をすること

⑭　「ホモ」「オカマ」「レズ」などの言動を行うこと

⑮　前号のほか、相手の性的指向又は性自認に起因する精神的な苦痛を与える言動を行うこと

⑯　その他前各号に準ずる行為をすること

3　「妊娠・出産・育児休業等に関するハラスメント」とは、職場において、上司や同僚が、従業員等の妊娠・出産及び育児等に関する制度又は措置の利用に関する言動により従業員等の就業環境を害すること並びに妊娠・出産等に関する言動により女性の従業員等の就業環境を害することをいう。ただし、業務分担や安全配慮等の観点から、客観的にみて、業務上の必要性に基づく言動によるものについては、妊娠・出産・育児休業等に関するハラスメントには該当しない。

妊娠・出産・育児休業等に関するハラスメントとしては、次のようなものが考えられる。

① 妊娠、出産、育児又は介護のための休暇取得や労働時間の免除、制限又は短縮に関する制度の利用の申し出又はこれに係る相談に対し、正当な理由なくこれに応じない又は取り下げるように言うこと

② 前号の制度の利用又は申し出若しくはこれに係る相談をした者に対し、「迷惑」「無責任」などの精神的な苦痛を与える言動を行うこと、並びに不利益な配置の変更又は解雇その他の不利益な取扱いを示唆する言動、嫌がらせを行うこと

③ 妊娠、出産、育児又は介護のため労働能率が低下した者に対し、「迷惑」「無責任」などの精神的な苦痛を与える言動を行うこと、並びに不利益な配置の変更又は解雇その他の不利益な取扱いを示唆する言動、嫌がらせを行うこと

④ その他前各号に準ずる行為をすること

4 前各項の職場とは、職場のみならず、従業員等が業務を遂行するすべての場所をいい、また、就業時間内に限らず、実質的に職場の延長とみなされる就業時間外の時間を含むものとする。

（禁止行為）

第3条 すべての従業員等は、他の従業員等を業務遂行上の対等なパートナーとして認め、職場における健全な秩序並びに協力関係を保持する義務を負うとともに、その言動に注意を払い、職場内において前条で定めるハラスメントに該当する行為をしてはならない。また、上司は、部下である従業員等がハラスメントを受けている事実を認めながら、これを黙認してはならない。

2 従業員等は会社以外の者に対しても、前項に類する行為をしてはならない。

（懲戒）

第4条 第3条に該当する行為を行った従業員等に対しては、就業規則第○条に基づき懲戒処分を行う。

（相談及び苦情への対応）

第5条 ハラスメントに関する相談及び苦情処理の相談窓口は、総務部総務課に設けることとし、総務課長を相談責任者とする。相談責任者はハラスメント防止のため必要な研修を行うものとする。

2 ハラスメントの被害者に限らず、すべての従業員等は、パワーハラスメント、セクシュアルハラスメント及び妊娠・出産・育児休業等に関するハラスメントに関する相談及び苦情を相談責任者に申し出ることができる。

3　ハラスメントに関する相談又は苦情があった場合には、相談責任者は対応マニュアルに沿い、迅速かつ的確に事実確認を行う。この場合においては相談者のプライバシーに十分配慮した上で、被害者、行為者から事実関係を聴取する。また、必要に応じて当事者の上司、その他の従業員等から事情を聴くことができる。

4　前項の聴取を求められた従業員等は、正当な理由なくこれを拒むことはできない。

5　相談責任者は総務部長に事実関係を報告し、会社は問題解決のための措置として、必要に応じ第4条による懲戒処分を行うほか、被害者の労働条件及び就業環境を改善するために必要な措置を講じるものとする。

6　相談及び苦情への対応に当たっては、関係者のプライバシーは保護されるとともに、相談をしたこと又は事実関係の確認に協力したこと等を理由として不利益な取扱いを受けることはない。

（再発防止の義務）

第6条　相談責任者は、職場におけるハラスメント事案が生じたときは、事案発生の原因を分析し、その結果を踏まえ、必要な事項の再徹底又は研修等を実施するほか、必要に応じ総務部長の指示の下、会社全体の業務体制の整備など適切な再発防止対策を講じるものとする。なお、ハラスメントの事実が確認できなかった場合においても必要な措置を講ずるものとする。

（業務配分の見直し）

第7条　所属長は妊娠・出産・育児休業等を行う従業員等が安心して制度を利用し、仕事との両立ができるようにするため業務配分の見直し等を行う。相談責任者は業務配分の見直し等について、所属長の相談に応ずる。

2　従業員等は会社が整備する妊娠・出産・育児休業等に関する制度を就業規則等により確認する。また、制度や措置を利用する場合には、円滑な運用が図られるよう早めに上司や総務課担当者に相談すること。

（その他）

第8条　性別役割分担意識に基づく言動は、セクシュアルハラスメントの発生の原因や要因になり得ること、また、妊娠・出産・育児休業等に関する否定的な言動は、妊娠・出産・育児休業等に関するハラスメントの発生の原因や背景となり得ることから、このような言動を行わないよう注意すること。

　さらに、パワーハラスメントの発生の原因や背景には、従業員等間の意思疎通の希薄化などの問題があると考えられるため、円滑なコミュニケーションの確保に努めること。

附則　この規程は令和○年○月○日から施行する。

過重労働防止

労働安全衛生法で定める過重労働による健康障害の防止措置について、タクシー乗務員に対し漏れなく実施したいと考えています。概要についてわかりやすく教えてください。

▶**1 過重労働対策とは**

長時間にわたる過重な労働は、疲労の蓄積をもたらす最も重要な要因と考えられ、さらには、脳・心臓疾患の発症との関連性が強いという医学的知見が得られています。働くことにより労働者が健康を損なうようなことはあってはならないものであり、この医学的知見を踏まえると、労働者が疲労を回復することができないような長時間にわたる過重労働を排除していくとともに、労働者に疲労の蓄積を生じさせないようにするため、労働者の健康管理に係る措置を適切に実施することが重要です。

このため、厚生労働省では、「過重労働による健康障害を防止するため事業者が講ずべき措置」を定め、確実な実施を呼びかけています。この主な内容としては、事業場における健康管理体制の整備、健康診断の実施等労働者の健康管理に係る措置の徹底、やむを得ず長時間にわたる時間外・休日労働を行わせた労働者に対する医師による面接指導の実施、適切な事後措置の実施などです。

▶**2 長時間労働と健康障害のリスクの関係**

労災補償における脳・心臓疾患の労災認定基準の考え方の基礎となった医学的検討結果を踏まえると、下図のような関係となります。

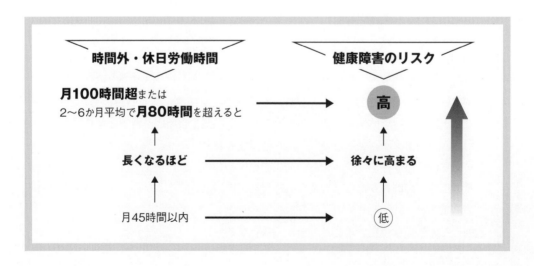

課題解決に向けて

1 安全衛生管理体制を確立する

　タクシー事業（運送業）においては、常時使用する労働者数が100人以上の事業場※については、総括安全衛生管理者を選任するとともに、安全委員会を設置しなければなりません。

> ※　事業場とは、企業単位ではなく、本社、営業所、店舗等のように一定の場所において相関連する組織のもとに行われる作業の一体をいい、一つの事業場であるかどうかは主として場所的観念によって決定されます。

　常時使用する労働者数が50人以上の事業場については、安全管理者、衛生管理者及び産業医を選任するとともに、衛生委員会を設置しなければなりません。

　また、常時使用する労働者数が10人以上50人未満の事業場では安全衛生推進者を選任することが義務付けられています。

　なお、安全委員会と衛生委員会の設置義務がある場合、別々に設置してもいいですが、両機能を統合した安全衛生委員会を設置することも可能です。

2 安全衛生委員会の運営等

　安全衛生委員会等の委員は、議長となる総括安全衛生管理者等以外の委員の半数については、当該事業場に労働者の過半数で組織する労働組合がある場合にはその労働組合、労働者の過半数で組織する労働組合がない場合においては労働者の過半数を代表する者の推薦に基づき指名しなければなりません。

　安全衛生委員会等は、毎月1回以上開催するようにし、重要な事項については議事録を作成して3年間保存してください。また、開催の都度、議事の概要を労働者に周知してください（安衛則23条）。

　安全衛生委員会等では、長時間にわたる労働による労働者の健康障害の防止を図るための対策の樹立について、以下の事項について調査審議を行ってください。

① 長時間にわたる労働による労働者の健康障害の防止対策の実施計画の策定等に関すること
② 管理監督者等を含む全ての労働者の労働時間の状況の把握に関すること
③ 面接指導等の実施方法及び実施体制に関すること
④ 労働者の申出が適切に行われるための環境整備に関すること
⑤ 申出を行ったことにより当該労働者に対して不利益な取扱いが行われること

がないようにするための対策に関すること

⑥　面接指導等を実施する場合における「事業場で定める必要な措置の実施に関する基準」の策定に関すること

⑦　面接指導又は面接指導に準ずる措置の実施対象者（法令により義務付けられている面接指導の実施対象者を除く。）を定める基準の策定に関すること

⑧　事業場における長時間労働による健康障害の防止対策の労働者への周知に関すること

なお、以上のほか、安全衛生委員会等の付議事項は、安衛則21条及び22条で規定されています。

3　健康診断の確実な実施と労働者への結果の通知

常時使用する労働者に対し、1年に1回定期健康診断を実施しなければなりません（安衛法66条、安衛則44条）。また、深夜業を含む業務に常時従事する労働者に対しては、6か月以内ごとに1回の特定業務従事者健康診断を実施しなければなりません（安衛則45条、運輸規則21条5項及び48条1項4号の2）。

脳・心臓疾患に関する血圧等一定の健康診断項目に異常の所見がある労働者には、労災保険制度による二次健康診断等給付として、より精密な検査を無料で受けられる制度がありますので、活用してください（労災法26条）。

事業者は、健康診断を受けた労働者に対し、自主的に健康管理に取り組めるようにするため、遅滞なく、当該健康診断の結果を通知しなければなりません（安衛法66条の6）。通知は、総合判断結果だけではなく、各健康診断の項目ごとの結果も通知する必要があります。

以上のほか、実施が義務付けられているわけではありませんが、健康起因事故防止の観点から、睡眠時無呼吸症候群（SAS）スクリーニング検査、脳血管疾患スクリーニング検査、眼科検診などの実施も推奨されています。

4　健康診断結果に基づく適切な事後措置の実施

労働者が職業生活の全期間を通して健康で働くことができるようにするためには、事業者が労働者の健康状態を的確に把握し、その結果に基づき、医学的知見を踏まえて、労働者の健康管理を適切に行うことが不可欠です。

そのため、事業者は、健康診断の結果、異常の所見があると診断された労働者について、当該労働者の健康を保持するために必要な措置について医師等の意見を聴取し（安衛法66条の4）、必要があると認めるときは当該労働者の実情を考慮して、

①　就業場所の変更

②　作業の転換

③　労働時間の短縮

④　深夜業の回数の減少等の措置

等、適切な措置を講じなければなりません（安衛法66条の5）。なお、タクシー乗務員の場合、①又は②については、困難な場合が多いと思われますが、このために新たな業務を創設してまで対応する義務はないものと解されます（妊婦の軽易業務転換についての昭61.3.20基発151号参照）。

なお、健康診断実施後は、健康診断個人票に次の項目を記入してください。

①　医師の診断（異常なし、要観察、要精密検査、要医療等）

②　健康診断を実施した医師の氏名

③　異常の所見があると診断された場合の医師の意見（就業場所の変更、作業の転換、労働時間の短縮等）

④　意見を述べた医師の氏名

なお、1か月に4回以上深夜業に従事する労働者が、事業者が実施する特定業務健康診断の実施を待てないとして自らの判断で健康診断を受診した場合、その結果を証明する書面を事業者に提出することが認められています（安衛法66条の2）。この場合、事業者は特定健康診断の場合と同様の事後措置等を行う必要があります。

5　医師による面接指導制度

脳・心臓疾患の発症が長時間労働との関連性が強いとする医学的知見を踏まえ、その発症を予防するため、長時間にわたる労働により疲労の蓄積した労働者に対し、事業者は医師による面接指導を行わなければならないこととされています。

面接指導の対象となるのは、1か月80時間以上の時間外・休日労働を行い、疲労蓄積があり、面接を申し出た労働者です（安衛法66条の8、安衛則52条の2）。なお、この要件に該当しない労働者であっても、脳・心臓疾患の発症の予防的な意味を含め、面接指導に準ずる措置を講ずることが努力義務とされています（安衛法66条の9、安衛則52条の8）。

（1）　労働時間の状況の適正な把握

「労働時間の適正な把握のために使用者が講ずべき措置に関するガイドライン」に基づき、労働時間を適正に把握します（**課題1：始業・終業時刻参照**）。

（2） 時間外・休日労働が月80時間を超えた場合

　労働時間の算定は、毎月1回以上、一定の期日（例えば、賃金締切日）を定めて行わなければなりません。算定の結果、1か月の時間外・休日労働時間数が80時間を超えた労働者の氏名と、その超えた時間に関する情報を産業医に提供しなければなりません。また、月80時間を超えて時間外・休日労働をした労働者に対しては、当該超えた時間に関する情報を通知しなければなりません。

　※月80時間・45時間を超えたかどうかのチェック方法
　　　1か月の総労働時間（所定労働時間 + 時間外・休日労働時間）から次の数値を減ずることで、月80時間・45時間を超えたかどうか簡単に判断することができます。
　　　　31日の月 …… 177時間
　　　　30日の月 …… 171時間
　　　　29日の月 …… 165時間
　　　　28日の月 …… 160時間

　なお、月80時間を超えない労働者についても、労働時間に関する情報について開示の求めがあれば、開示することが望まれます。

　労働者の申出は書面や電子メール等の記録が残るものによることが適切です。なお、申出をしない労働者について、念のためその旨を書面等で徴取している事業所もあります。

（3） 医師による面接指導の実施

　面接指導を実施する医師は、産業医や産業医の要件を備えた医師が望まれます。面接指導の実施の事務に従事した者は、その実施に関して守秘義務が課せられます。

（4） 事後措置の実施

　事業者は、面接指導を実施した労働者の健康を保持するために必要な措置について、医師の意見を聴かなければなりません。そして、医師の意見を勘案して、必要と認める場合は適切な措置を実施しなければなりません。

　面接指導により、労働者のメンタルヘルス不調が把握された場合は、必要に応じ精神科医等と連携しつつ対応してください。

資　料

改善基準告示
「自動車運転者の労働時間等の改善のための基準」（平成元年労働省告示第 7 号））

自動車運転者の労働時間等の改善のための基準

（平成元年 2 月 9 日）

（労働省告示第 7 号）

改正	平成 3 年10月31日	労働省告示	第 79号
	同 4 年11月30日	同	第 99号
	同 9 年 1 月30日	同	第 4 号
	同 11年 4 月 1 日	同	第 29号
	同 12年12月25日	同	第120号
	同 30年 9 月 7 日	厚生労働省告示	第322号
	令和 4 年12月23日	同	第367号

自動車運転者の労働時間等の改善のための基準を次のとおり定める。

自動車運転者の労働時間等の改善のための基準

（目的等）

第一条 この基準は、自動車運転者（労働基準法（昭和22年法律第49号。以下「法」という。）第
9 条に規定する労働者（同居の親族のみを使用する事業又は事務所に使用される者及び家事使用
人を除く。）であって、四輪以上の自動車の運転の業務（厚生労働省労働基準局長が定めるもの
を除く。）に主として従事する者をいう。以下同じ。）の労働時間等の改善のための基準を定める
ことにより、自動車運転者の労働時間等の労働条件の向上を図ることを目的とする。

2 労働関係の当事者は、この基準を理由として自動車運転者の労働条件を低下させてはならない
ことはもとより、その向上に努めなければならない。

3 使用者及び労働者の過半数で組織する労働組合又は労働者の過半数を代表する者（以下「労使
当事者」という。）は、法第32条から第32条の 5 まで若しくは第40条の労働時間（以下「労働
時間」という。）を延長し、又は法第35条の休日（以下「休日」という。）に労働させるための
法第36条第 1 項の協定（以下「時間外・休日労働協定」という。）をする場合において、次の各
号に掲げる事項に十分留意しなければならない。

一 労働時間を延長して労働させることができる時間は、法第36条第 4 項の規定により、1 か
月について45時間及び 1 年について360時間（法第32条の 4 第 1 項第 2 号の対象期間として
3 か月を超える期間を定めて同条の規定により労働させる場合にあっては、1 か月について
42時間及び 1 年について320時間。以下「限度時間」という。）を超えない時間に限ることと
されていること。

二 前号に定める 1 年についての限度時間を超えて労働させることができる時間を定めるに当
たっては、事業場における通常予見することのできない業務量の大幅な増加等に伴い臨時的に
当該限度時間を超えて労働させる必要がある場合であっても、法第140条第 1 項の規定により

読み替えて適用する法第36条第5項の規定により、同条第2項第4号に関して協定した時間を含め960時間を超えない範囲内とされていること。

三　前2号に掲げる事項のほか、労働時間の延長及び休日の労働は必要最小限にとどめられるべきであることその他の労働時間の延長及び休日の労働を適正なものとするために必要な事項については、労働基準法第36条第1項の協定で定める労働時間の延長及び休日の労働について留意すべき事項等に関する指針（平成30年厚生労働省告示第323号）において定められていること。

（一般乗用旅客自動車運送事業に従事する自動車運転者の拘束時間等）

第二条　使用者は、一般乗用旅客自動車運送事業（道路運送法（昭和26年法律第183号）第3条第1号ハの一般乗用旅客自動車運送事業をいう。以下同じ。）に従事する自動車運転者（隔日勤務（始業及び終業の時刻が同一の日に属さない業務をいう。以下同じ。）に就くものを除く。以下この項において同じ。）を使用する場合は、その拘束時間（労働時間、休憩時間その他の使用者に拘束されている時間をいう。以下同じ。）及び休息期間（使用者の拘束を受けない期間をいう。以下同じ。）について、次に定めるところによるものとする。

一　拘束時間は、1か月について288時間を超えないものとすること。ただし、顧客の需要に応ずるため常態として車庫等において待機する就労形態（以下「車庫待ち等」という。）の自動車運転者の拘束時間は、当該事業場に労働者の過半数で組織する労働組合がある場合においてはその労働組合、労働者の過半数で組織する労働組合がない場合においては労働者の過半数を代表する者との書面による協定（以下「労使協定」という。）により、1か月について300時間まで延長することができるものとする。

二　1日（始業時刻から起算して24時間をいう。以下同じ。）についての拘束時間は、13時間を超えないものとし、当該拘束時間を延長する場合であっても、1日についての拘束時間の限度（以下「最大拘束時間」という。）は、15時間とすること。ただし、車庫待ち等の自動車運転者について、次に掲げる要件を満たす場合には、この限りでない。

イ　勤務終了後、継続20時間以上の休息期間を与えること。

ロ　1日についての拘束時間が16時間を超える回数が、1か月について7回以内であること。

ハ　1日についての拘束時間が18時間を超える場合には、夜間4時間以上の仮眠時間を与えること。

ニ　1回の勤務における拘束時間が、24時間を超えないこと。

三　前号本文の場合において、1日についての拘束時間が14時間を超える回数をできるだけ少なくするように努めるものとすること。

四　勤務終了後、継続11時間以上の休息期間を与えるよう努めることを基本とし、休息期間が継続9時間を下回らないものとすること。

2　使用者は、一般乗用旅客自動車運送事業に従事する自動車運転者であって隔日勤務に就くものを使用する場合は、その拘束時間及び休息期間について、次に定めるところによるものとする。

一　拘束時間は、1か月について262時間を超えないものとすること。ただし、地域的事情その他の特別の事情がある場合において、労使協定により、1年について6か月までは、1か月の拘束時間を270時間まで延長することができるものとする。

二　２暦日についての拘束時間は、22時間を超えないものとし、かつ、２回の隔日勤務を平均し隔日勤務１回当たり21時間を超えないものとすること。

三　車庫待ち等の自動車運転者の拘束時間は、１か月について262時間を超えないものとし、労使協定により、これを270時間まで延長することができるものとすること。ただし、次に掲げる要件をいずれも満たす場合に限り、２暦日についての拘束時間は24時間まで延長することができ、かつ、１か月についての拘束時間はこの号本文に定める拘束時間に10時間を加えた時間まで延長することができるものとする。

イ　夜間４時間以上の仮眠を与えること。

ロ　第２号に定める拘束時間を超える回数を、労使協定により、１か月について７回を超えない範囲において定めること。

四　勤務終了後、継続24時間以上の休息期間を与えるよう努めることを基本とし、休息期間が継続22時間を下回らないものとすること。

3　第１項第２号に定める１日についての拘束時間並びに前項第２号及び第３号に定める２暦日についての拘束時間の規定の適用に当たっては、次の各号に掲げる要件を満たす時間（以下「予期し得ない事象への対応時間」という。）を、これらの拘束時間から除くことができる。この場合において、予期し得ない事象への対応時間により、１日についての拘束時間が最大拘束時間を超えた場合は、第１項第４号の規定にかかわらず、勤務終了後、継続11時間以上の休息期間を与え、隔日勤務１回についての拘束時間が22時間を超えた場合は、前項第４号の規定にかかわらず、勤務終了後、継続24時間以上の休息期間を与えることとする。

一　通常予期し得ない事象として厚生労働省労働基準局長が定めるものにより生じた運行の遅延に対応するための時間であること。

二　客観的な記録により確認できる時間であること。

4　使用者は、一般乗用旅客自動車運送事業に従事する自動車運転者を休日に労働させる場合は、当該労働させる休日は２週間について１回を超えないものとし、当該休日の労働によって第１項又は第２項に定める拘束時間及び最大拘束時間を超えないものとする。

5　ハイヤー（一般乗用旅客自動車運送事業の用に供せられる自動車であって、当該自動車による運送の引受けが営業所のみにおいて行われるものをいう。次条において同じ。）に乗務する自動車運転者については、第１項から前項までの規定は適用しない。

第三条　労使当事者は、時間外・休日労働協定においてハイヤーに乗務する自動車運転者に係る労働時間を延長して労働させることができる時間について協定するに当たっては、次の各号に掲げる事項を遵守しなければならない。

一　労働時間を延長して労働させることができる時間については、限度時間を超えない時間に限ること。

二　１年についての限度時間を超えて労働させることができる時間を定めるに当たっては、当該事業場における通常予見することのできない業務量の大幅な増加等に伴い臨時的に当該限度時間を超えて労働させる必要がある場合であっても、法第140条第１項の規定により読み替えて適用する法第36条第５項の規定により、同条第２項第４号に関して協定した時間を含め960時間を超えない範囲内とすること。

2　使用者は、時間外・休日労働協定において、労働時間を延長して労働させることができる時間
を定めるに当たっては、当該時間数を、休日の労働を定めるに当たっては、当該休日に労働させ
ることができる時間数を、それぞれできる限り短くするよう努めなければならない。

3　使用者は、ハイヤーに乗務する自動車運転者が疲労回復を図るために、必要な睡眠時間を確保
できるよう、勤務終了後に一定の休息期間を与えなければならない。

（貨物自動車運送事業に従事する自動車運転者の拘束時間等）

第四条　使用者は、貨物自動車運送事業（貨物自動車運送事業法（平成元年法律第83号）第2条
第1項の貨物自動車運送事業をいう。以下同じ。）に従事する自動車運転者を使用する場合は、
その拘束時間、休息期間及び運転時間について、次に定めるところによるものとする。

一　拘束時間は、1か月について284時間を超えず、かつ、1年について3,300時間を超えない
ものとすること。ただし、労使協定により、1年について6か月までは、1か月について310
時間まで延長することができ、かつ、1年について3,400時間まで延長することができるもの
とする。

二　前号ただし書の場合において、1か月の拘束時間が284時間を超える月が3か月を超えて連
続しないものとし、かつ、1か月の時間外労働及び休日労働の合計時間数が100時間未満とな
るよう努めるものとすること。

三　1日についての拘束時間は、13時間を超えないものとし、当該拘束時間を延長する場合で
あっても、最大拘束時間は15時間とすること。ただし、貨物自動車運送事業に従事する自動
車運転者に係る1週間における運行が全て長距離貨物運送（一の運行（自動車運転者が所属す
る事業場を出発してから当該事業場に帰着するまでをいう。以下この項において同じ。）の走
行距離が450キロメートル以上の貨物運送をいう。）であり、かつ、一の運行における休息期
間が、当該自動車運転者の住所地以外の場所におけるものである場合においては、当該1週間
について2回に限り最大拘束時間を16時間とすることができる。

四　前号の場合において、1日についての拘束時間が14時間を超える回数をできるだけ少なく
するよう努めるものとすること。

五　勤務終了後、継続11時間以上の休息期間を与えるよう努めることを基本とし、休息期間が
継続9時間を下回らないものとすること。ただし、第3号ただし書に該当する場合、当該1週
間について2回に限り、休息期間を継続8時間とすることができる。この場合において、一の
運行終了後、継続12時間以上の休息期間を与えるものとする。

六　運転時間は、2日（始業時刻から起算して48時間をいう。次条において同じ。）を平均し1
日当たり9時間、2週間を平均し1週間当たり44時間を超えないものとすること。

七　連続運転時間（1回がおおむね連続10分以上で、かつ、合計が30分以上の運転の中断をす
ることなく連続して運転する時間をいう。以下この条において同じ。）は、4時間を超えない
ものとすること。ただし、高速自動車国道（高速自動車国道法（昭和32年法律第79号）第4
条第1項の高速自動車国道をいう。）又は自動車専用道路（道路法（昭和27年法律第180号）
第48条の2第1項若しくは第2項の規定により指定を受けた道路をいう。）（以下「高速道路
等」という。）のサービスエリア又はパーキングエリア（道路法施行令（昭和27年政令第479号）
第7条第13号若しくは高速自動車国道法第11条第2号に定める施設をいう。）等に駐車又は停

車できないため、やむを得ず連続運転時間が4時間を超える場合には、連続運転時間を4時間30分まで延長することができるものとする。

八　前号に定める運転の中断については、原則として休憩を与えるものとする。

2　使用者は、貨物自動車運送事業に従事する自動車運転者の休息期間については、当該自動車運転者の住所地における休息期間がそれ以外の場所における休息期間より長くなるように努めるものとする。

3　第1項第3号に定める1日についての拘束時間、同項第6号に定める2日を平均した1日当たりの運転時間及び同項第7号に定める連続運転時間の規定の適用に当たっては、予期し得ない事象への対応時間を当該拘束時間、運転時間及び連続運転時間から除くことができる。この場合、勤務終了後、同項第5号本文に定める継続した休息期間を与えること。

4　第1項の規定にかかわらず、次の各号のいずれかに該当する場合には、拘束時間及び休息期間については、それぞれ次に定めるところによるものとする。

一　業務の必要上、勤務の終了後継続9時間（第1項第3号ただし書に該当する場合は継続8時間）以上の休息期間を与えることが困難な場合、次に掲げる要件を満たすものに限り、当分の間、一定期間（1か月程度を限度とする。）における全勤務回数の2分の1を限度に、休息期間を拘束時間の途中及び拘束時間の経過直後に分割して与えることができるものとする。

イ　分割された休息期間は、1回当たり継続3時間以上とし、2分割又は3分割とすること。

ロ　1日において、2分割の場合は合計10時間以上、3分割の場合は合計12時間以上の休息期間を与えなければならないこと。

ハ　休息期間を3分割とする日が連続しないよう努めるものとする。

二　自動車運転者が同時に1台の自動車に2人以上乗務する場合であって、車両内に身体を伸ばして休息できる設備があるときは、最大拘束時間を20時間まで延長するとともに、休息期間を4時間まで短縮することができること。ただし、当該設備が自動車運転者の休息のためのベッド又はこれに準ずるものとして厚生労働省労働基準局長が定める設備に該当する場合で、かつ、勤務終了後、継続11時間以上の休息期間を与える場合は、最大拘束時間を24時間まで延長することができる。この場合において、8時間以上の仮眠を与える場合には、当該拘束時間を28時間まで延長することができる。

三　業務の必要上やむを得ない場合には、当分の間、2暦日についての拘束時間が21時間を超えず、かつ、勤務終了後、継続20時間以上の休息期間を与える場合に限り、自動車運転者を隔日勤務に就かせることができること。ただし、厚生労働省労働基準局長が定める施設において、夜間4時間以上の仮眠を与える場合には、2週間についての拘束時間が126時間を超えない範囲において、当該2週間について3回を限度に、2暦日の拘束時間を24時間まで延長することができる。

四　自動車運転者がフェリーに乗船している時間は、原則として休息期間とし、この条の規定により与えるべき休息期間から当該時間を除くことができること。ただし、当該時間を除いた後の休息期間については、第2号の場合を除き、フェリーを下船した時刻から終業の時刻までの時間の2分の1を下回ってはならない。

5　使用者は、貨物自動車運送事業に従事する自動車運転者に休日に労働させる場合は、当該労働させる休日は2週間について1回を超えないものとし、当該休日の労働によって第1項に定める

拘束時間及び最大拘束時間を超えないものとする。

6　前各項の規定は、旅客自動車運送事業（道路運送法第2条第3項の旅客自動車運送事業をいう。次条において同じ。）及び貨物自動車運送事業以外の事業に従事する自動車運転者（主として人を運送することを目的とする自動車の運転の業務に従事する者を除く。）について準用する。

（一般乗用旅客自動車運送事業以外の旅客自動車運送事業に従事する自動車運転者の拘束時間等）

第五条　使用者は、一般乗用旅客自動車運送事業以外の旅客自動車運送事業に従事する自動車運転者並びに旅客自動車運送事業及び貨物自動車運送事業以外の事業に従事する自動車運転者であって、主として人を運送することを目的とする自動車の運転の業務に従事するもの（以下この条においてこれらを総称して「バス運転者等」という。）を使用する場合は、その拘束時間、休息期間及び運転時間について、次に定めるところによるものとする。

一　拘束時間は、次のいずれかの基準を満たすものとする。

イ　1か月について281時間を超えず、かつ、1年について3,300時間を超えないものとすること。ただし、貸切バス（一般貸切旅客自動車運送事業（道路運送法第3条第1号ロの一般貸切旅客自動車運送事業をいう。）の用に供する自動車をいう。以下この項において同じ。）を運行する営業所において運転の業務に従事する者、一般乗合旅客自動車運送事業（同号イの一般乗合旅客自動車運送事業をいう。以下この項において同じ。）の用に供する自動車であって、行事等の事由による一時的な需要に応じて追加的に自動車を運行する営業所において運行されるものに乗務する者、起点から終点までのキロ程がおおむね100キロメートルを超える運行系統を運行する一般乗合旅客自動車運送事業の用に供する自動車であって、高速道路等の利用区間のキロ程が50キロメートル以上であり、かつ、当該キロ程が起点から終点までのキロ程の4分の1以上のものに乗務する者（第6号において「特定運転者」という。）及び貸切バスに乗務する者（以下これらを総称して「貸切バス等乗務者」という。）の拘束時間は、労使協定により、1年について6か月までは、1か月について294時間まで延長することができ、かつ、1年について3,400時間まで延長することができる。

ロ　4週間を平均し1週間当たり65時間を超えず、かつ、52週間について3,300時間を超えないものとすること。ただし、貸切バス等乗務者の拘束時間は、労使協定により、52週間のうち24週間までは4週間を平均し1週間当たり68時間まで延長することができ、かつ、52週間について3,400時間まで延長することができる。

二　前号イただし書の場合においては、1か月の拘束時間について281時間を超える月が4か月を超えて連続しないものとし、前号ロただし書の場合においては、4週間を平均した1週間当たりの拘束時間が65時間を超える週が16週間を超えて連続しないものとすること。

三　1日についての拘束時間は、13時間を超えないものとし、当該拘束時間を延長する場合であっても、最大拘束時間は、15時間とすること。この場合において、1日についての拘束時間が14時間を超える回数をできるだけ少なくするよう努めるものとする。

四　勤務終了後、継続11時間以上の休息期間を与えるよう努めることを基本とし、休息期間が継続9時間を下回らないものとすること。

五　運転時間は、2日を平均し1日当たり9時間、4週間を平均し1週間当たり40時間を超えないものとすること。ただし、貸切バス等乗務者については、労使協定により、52週間につ

いての運転時間が2,080時間を超えない範囲内において、52週間のうち16週間までは、4週間を平均し1週間当たり44時間まで延長することができる。

六　連続運転時間（1回が連続10分以上で、かつ、合計が30分以上の運転の中断をすることなく連続して運転する時間をいう。以下この条において同じ。）は、4時間を超えないものとすること。ただし、特定運転者及び貸切バスに乗務する者が高速道路等（旅客が乗車することができる区間として設定したものに限る。）を運行する場合は、一の連続運転時間についての高速道路等における連続運転時間（夜間において長距離の運行を行う貸切バスについては、高速道路等以外の区間における運転時間を含む。）はおおむね2時間を超えないものとするよう努めるものとする。

七　前号の場合において、交通の円滑を図るため、駐車又は停車した自動車を予定された場所から移動させる必要が生じたことにより運転した時間（一の連続運転時間が終了するまでの間につき30分を上限とする。）を、当該必要が生じたことに関する記録がある場合に限り、連続運転時間から除くことができる。

2　使用者は、バス運転者等の休息期間については、当該バス運転者等の住所地における休息期間がそれ以外の場所における休息期間より長くなるように努めるものとする。

3　第1項第3号に定める1日についての拘束時間、同項第5号に定める2日を平均した1日当たりの運転時間及び同項第6号に定める連続運転時間の規定の適用に当たっては、予期し得ない事象への対応時間を当該拘束時間、運転時間及び連続運転時間から除くことができる。この場合、勤務終了後、同項第4号に定める継続した休息期間を与えること。

4　第1項の規定にかかわらず、次の各号のいずれかに該当する場合には、拘束時間及び休息期間については、それぞれ次の当該各号に定めるところによるものとする。

一　業務の必要上、勤務の終了後継続9時間以上の休息期間を与えることが困難な場合、当分の間、一定期間（1か月を限度とする。）における全勤務回数の2分の1を限度に、休息期間を拘束時間の途中及び拘束時間の経過直後の2回に分割して与えることができるものとする。この場合において、分割された休息期間は、1日において1回当たり継続4時間以上、合計11時間以上でなければならないものとする。

二　バス運転者等が同時に1台の自動車に2人以上乗務する場合であって、車両内に身体を伸ばして休息できる設備がある場合は、次に掲げるところにより、最大拘束時間を延長し、休息期間を短縮することができる。

　　イ　当該設備がバス運転者等の専用の座席であり、かつ、厚生労働省労働基準局長が定める要件を満たす場合は、最大拘束時間を19時間まで延長し、休息期間を5時間まで短縮することができるものとする。

　　ロ　当該設備としてベッドが設けられている場合その他バス運転者等の休息のための措置として厚生労働省労働基準局長が定める措置が講じられている場合は、最大拘束時間を20時間まで延長し、休息期間を4時間まで短縮することができるものとする。

三　業務の必要上やむを得ない場合には、当分の間、2暦日についての拘束時間が21時間を超えず、かつ、勤務終了後、継続20時間以上の休息期間を与える場合に限り、バス運転者等を隔日勤務に就かせることができること。ただし、厚生労働省労働基準局長が定める施設において、夜間4時間以上の仮眠を与える場合には、2週間についての拘束時間が126時間を超えな

い範囲において、当該2週間について3回を限度に、2暦日の拘束時間を24時間まで延長することができる。

四　バス運転者等がフェリーに乗船している時間は、原則として休息期間とし、この条の規定により与えるべき休息期間から当該時間を除くことができること。ただし、当該時間を除いた後の休息期間については、第2号の場合を除き、フェリーを下船した時刻から終業の時刻までの時間の2分の1を下回ってはならない。

5　使用者は、バス運転者等に休日に労働させる場合は、当該労働させる休日は2週間について1回を超えないものとし、当該休日の労働によって第1項に定める拘束時間及び最大拘束時間を超えないものとする。

（細目）

第六条　この告示に定める事項に関し必要な細目は、厚生労働省労働基準局長が定める。

基発1223第3号

令和4年12月23日

都道府県労働局長　殿

厚生労働省労働基準局長

（　公　印　省　略　）

自動車運転者の労働時間等の改善のための基準の一部改正等について〈抄〉

　自動車運転者の労働時間等の労働条件については、「自動車運転者の労働時間等の改善のための基準」（平成元年労働省告示第7号。以下「改善基準告示」という。）、平成元年3月1日付け基発第92号「一般乗用旅客自動車運送事業以外の事業に従事する自動車運転者の拘束時間及び休息期間の特例について」以下「特例通達」という。）、同日付け基発第93号「自動車運転者の労働時間等の改善のための基準について」（以下「93号通達」という。）、平成9年3月11日付け基発第143号「自動車運転者の労働時間等の改善のための基準について」（以下「143号通達」という。）及び同月26日付け基発第201号「自動車運転者の労働時間等の改善のための基準に係る適用除外業務について」（以下「適用除外業務通達」という。）により、その改善を図ってきたところであるが、改善基準告示は、今般、令和4年9月27日の労働政策審議会労働条件分科会自動車運転者労働時間等専門委員会の報告（別紙1［略］。以下「令和4年報告」という。）を踏まえ、告示された「自動車運転者の労働時間等の改善のための基準の一部を改正する件」（令和4年厚生労働省告示第367号。別紙2［略］。以下「改正告示」という）。により、別紙3［190ページに掲載］のとおり改正されたところである。

　ついては、令和6年4月1日以後は、改正告示による改正後の改善基準告示（以下「新告示」という。）によって自動車運転者の労働時間等の労働条件の改善を図ることとしたので、下記の事項に留意の上、その適切な運用を期されたい。

　なお、本通達は、特例通達、93号通達、143号通達及び適用除外業務通達（以下これらを「旧通達」という。）の内容を整理し、一本化したものであるところ、下記第2及び第3については、令和6年4月1日から適用することとし、旧通達は同日をもって廃止する。

第1　改正の趣旨及び概要

　自動車運転者の労働時間等の規制については、改善基準告示により、拘束時間、休息期間等の基準が設けられ、その遵守を図ってきたところである。

　しかしながら、運輸・郵便業においては、過労死等のうち脳・心臓疾患の労災支給決定件数が全業種で最も多い業種である（令和3年度：59件（うち死亡の件数は22件））等、依然として長時間・過重労働が課題になっている。

　一方、働き方改革を推進するための関係法律の整備に関する法律（平成30年法律第71号。以下「働き方改革関連法」という。）では、労働基準法（昭和22年法律第49号。以下「法」という。）が改正され、新たに時間外労働の上限規制が設けられたところであり、自動車運転の業務にも、令和6年4月1日から、時間外労働の上限を原則として月45時間・年360時間とし、臨時的な特別の事情がある場合でも時間外労働の上限を年960時間とする等の規制が適用されることとなる。また、働き方改革関連法の国会附帯決議（衆議院厚生労働委員会（平成30年5月25日）及び参議院厚生労働委員会（同年6月28日））において、過労死等の防止の観点から改善基準告示の総拘束時間等の改善を求められていた。

　こうした状況の下、今般、関係労使の代表の合意である令和4年報告に基づき、改善基準告示の改正を行ったものであり、上限規制を踏まえた時間外労働の削減や過労死等の防止といった観点から、労使関係者にあっては、新告示を遵守することが強く要請されるものである。

　なお、改善基準告示のそれぞれの内容に係る改正の趣旨及び概要は、第2のとおりであること。

第2　内容

1　目的等（第1条関係）

（1）目的（第1項）

　長時間労働の実態がみられる自動車運転者について、労働時間等に関する改善のための基準を定めることにより、自動車運転者の労働条件の向上を図ることを目的とすることを明らかにするものであること。

　改善基準告示の対象者は、法第9条にいう労働者（同居の親族のみを使用する事業又は事務所に使用される者及び家事使用人を除く。以下同じ。）であって、四輪以上の自動車の運転の業務（厚生労働省労働基準局長（以下「局長」という。）が定めるものを除く。以下同じ。）に主として従事するものであること。このため、改善基準告示は、運送を業とするか否かを問わず、自動車運転者を労働者として使用する全事業に適用されるものであり、例えば工場等の製造業における配達部門の自動車運転者等、自家用自動車（事業用自動車以外の自動車をいう。）の自動車運転者にも適用されるものであること。

　「自動車の運転の業務に主として従事する」か否かは、個別の事案の実態に応じて判断することとなるが、実態として、物品又は人を運搬するために自動車を運転する時間が現に労働時間の半分を超えており、かつ、当該業務に従事する時間が年間総労働時間の半分を超えることが見込まれる場合には、「自動車の運転の業務に主として従事する」に該当するものであること。

　このため、自動車の運転の業務が主たる業務ではない労働者、例えばクレーン車のオペレーターが移動のため路上を走行するような場合には、原則として「自動車の運転の業務に主として従事する」に該当しないものであること。

　「四輪以上の自動車の運転の業務（局長が定めるものを除く。）」の「局長が定める」業務とは、6に定める緊急輸送等の業務であり、当該業務を改善基準告示の適用除外とするものであること。

　なお、第1項の考え方については、改正告示による改正前の改善基準告示（以下「旧告示」という。）からの変更はないこと。

（2）労使関係者の責務（第2項）

　労働関係の当事者は、改善基準告示で定める基準を理由として、自動車運転者の労働条件を低下させてはならないことを求めるとともに、その向上に努めなければならないことを規定するものであること。

　なお、第2項の考え方については、旧告示からの変更はないこと。

（3）時間外・休日労働協定をする場合の留意事項（第3項）

　令和6年4月1日から、自動車運転の業務に対しても、時間外労働の上限規制が適用されるとともに、労働基準法第36条第1項の協定で定める労働時間の延長及び休日の労働について留意すべき事項等に関する指針（平成30年厚生労働省告示第323号。以下「指針」という。）が全面適用されることを踏まえ、使用者及び労働者の過半数で組織する労働組合又は労働者の過半数を代表する者（以下「労使当事者」という。）は、法第36条第1項の協定（以下「時間外・休日労働協定」という。）を締結するに当たっては、次の事項に十分留意しなければならないことを、新たに規定したものであること。

ア　労働時間を延長して労働させることができる時間（以下「時間外労働時間」という。）は、1か月について45時間及び1年について360時間（1年単位の変形労働時間制を採用している場合であって、その対象期間として3か月を超える期間を定めているときは、1か月について42時間及び1年について320時間。以下「限度時間」という。）を超えない時間に限ることとされていること。

イ　アに定める1年の限度時間を超えて労働させることができる時間（以下「臨時的な特別の事情がある場合の時間外労働時間」という。）を定めるに当たっては、事業場における通常予見することのできない業務量の大幅な増加等に伴い臨時的に当該限度時間を超えて労働させる必要がある場合であっても、960時間を超えない範囲内とされていること。

ウ　ア及びイに掲げるもののほか、労働時間の延長及び休日の労働は必要最小限にとどめられるべきであることその他の労働時間の延長及び休日の労働を適正なものとするために必要な事項については、指針において定められていること。

（4）拘束時間及び休息期間の定義

ア　拘束時間

　拘束時間とは、労働時間と休憩時間（仮眠時間を含む。以下同じ。）の合計時間、すなわち、始業時刻から終業時刻までの使用者に拘束される全ての時間をいうものであること。また、拘束時間の範囲内であっても、法定労働時間を超えて又は休日に労働させる場合には、時間外・休日労働協定の締結・届出が必要であることはいうまでもないこと。

　拘束時間とは、基本的には労働時間と休憩時間の合計時間をいうものであるが、改善基準告示においては拘束時間規制の観点から、あらゆる場合における始業時刻から終業時刻までの使用者に拘束されている全ての時間を確実に含ましめるため、念のため「その他の使用者に拘束されている時間」を加えたものである。したがって、通常の場合「その他の使用者に拘束されている時間」が発生する余地はなく、労働時間と休憩時間の合計時間が拘束時間となるものである。

なお、今回の改正においては、臨時的な特別の事情がある場合でも時間外労働の上限が年960時間とされていること等を踏まえ、1年及び1か月の拘束時間について、次の時間数を念頭に見直しの検討が行われたものである。

- ・1年の拘束時間（3,300時間）＝ 1年の法定労働時間（週40時間 × 52週2,080時間）＋ 1年の休憩時間（1時間 × 週5日 × 52週 ＝ 260時間）＋ 時間外労働960時間
- ・1か月の拘束時間（275時間）＝ 1年の拘束時間（3,300時間）÷ 12か月

ただし、この時間数は、事業場ごとの所定労働時間、休憩時間及び月の日数等の違いを考慮したものではないため、あくまで「目安」として参考にしたものである。

イ 休息期間

休息期間とは、使用者の拘束を受けない期間であること。勤務と次の勤務との間にあって、休息期間の直前の拘束時間における疲労の回復を図るとともに、睡眠時間を含む労働者の生活時間として、その処分が労働者の全く自由な判断に委ねられる時間であり、休憩時間や仮眠時間等とは本質的に異なる性格を有するものであること。

（5）個人事業主等の取扱い

法第9条にいう労働者に該当しない個人事業主等は、改善基準告示の直接の対象とはならない。他方、道路運送法（昭和26年法律第183号）及び貨物自動車運送事業法（平成元年法律第83号）等の関連法令に基づき、旅客自動車運送事業者及び貨物自動車運送事業者は、運転者の過労防止等の観点から、国土交通大臣が告示で定める基準に従って、運転者の勤務時間及び乗務時間を定め、当該運転者にこれらを遵守させなければならない旨の規定が設けられており、その基準として、改善基準告示が引用されている。当該規定は、個人事業主等である運転者にも適用され、実質的に改善基準告示の遵守が求められるものであることから、これらの事業者等の関係者は、このことに留意する必要があること。

2 タクシー運転者の拘束時間等（第2条第1項から第4項まで関係）

第2条第1項から第4項までは、一般乗用旅客自動車運送事業に従事する自動車運転者（ハイヤーに乗務する自動車運転者（以下「ハイヤー運転者」という。）を除く。以下「タクシー運転者」という。）の拘束時間、休息期間等の基準を定めたものであること。

なお、第2条第5項は、ハイヤー運転者について、タクシー運転者に係る基準は適用しないことを定めたものであること（3参照）。

（1）日勤勤務者の拘束時間及び休息期間（第1項）

タクシー運転者のうち、隔日勤務（始業及び終業の日が同一の日に属さない業務をいう。以下同じ。）以外の勤務に就く者（以下「日勤勤務者」という。）の拘束時間及び休息期間については次のとおりであること。

ア 1か月の拘束時間（第1号）

日勤勤務者の1か月の拘束時間は、「288時間」を超えないものとしたこと。

旧告示において、日勤勤務者の1か月の拘束時間の限度は「299時間」とされていたが、「血管病変等を著しく増悪させる業務による脳血管疾患及び虚血性心疾患等の認定基準」

（令和３年９月14日付け基発0914第１号別添。以下「脳・心臓疾患に係る労災認定基準」という。）において発症前１か月間におおむね100時間又は発症前２か月間ないし６か月間にわたって１か月あたりおおむね80時間を超える時間外労働（休日労働）がある場合に業務と脳・心臓疾患の発症との関連性が強いと評価できるとされていること等を踏まえ、過労死等の防止の観点から、月80時間の時間外労働を前提とした「275時間」の拘束時間に、月１回の休日労働として１日「13時間」の拘束時間を加えた、「288時間」としたこと。

　なお、第１号の「１か月」とは、原則として暦月をいうものであるが、就業規則、勤務割表等で特定日を起算日と定めている場合には、当該特定日から起算した１か月でも差し支えないものであること。（（２）アの隔日勤務者の１か月の拘束時間についても同じ。）

　第１号ただし書は、車庫待ち等の自動車運転者の１か月の拘束時間を定めたものであること（（３）参照）。

イ　１日の拘束時間（第２号、第３号）

　日勤勤務者の１日（始業時刻から起算して24時間をいう。以下同じ。）の拘束時間は、「13時間」を超えないものとし、当該拘束時間を延長する場合であっても、１日の拘束時間の限度（以下「最大拘束時間」という。）は「15時間」としたこと。この場合において、「１日の拘束時間が14時間を超える回数をできるだけ少なくするよう努める」ものとしたこと。

　旧告示において、日勤勤務者の最大拘束時間は「16時間」とされていたが、自動車運転者の睡眠時間の確保による疲労回復の観点から、これを１時間短縮し、「15時間」としたこと。

　また、１日の拘束時間について「13時間」を超えて延長する場合は、自動車運転者の疲労の蓄積を防ぐ観点から、新たに、使用者は、１日の拘束時間が「14時間」を超える回数をできるだけ少なくするよう努めるものとした。当該回数については、１週間に３回以内を目安とすること。この場合において、１日の拘束時間が「14時間」を超える日が連続することは望ましくないこと。

　第２号ただし書は、車庫待ち等の自動車運転者について定めたものであること（（３）参照）。

ウ　休息期間（第４号）

　日勤勤務者の休息期間は、勤務終了後、「継続11時間以上与えるよう努めることを基本とし、継続９時間を下回らない」ものとしたこと。

　旧告示において、日勤勤務者の休息期間は、勤務終了後「継続８時間以上」とされていたが、十分な休息期間の確保が重要であり、脳・心臓疾患に係る労災認定基準において、長期間の過重業務の判断に当たって「勤務間インターバル」がおおむね11時間未満の勤務の有無等について検討し評価することとされていること等を踏まえ、自動車運転者の睡眠時間の確保による疲労回復の観点から、休息期間について「継続11時間以上」与えるよう努めることが原則であることを示すとともに、下限を１時間延長し、「９時間」としたこと。

　労使当事者にあっては、このことを踏まえ、単に休息期間の下限「９時間」を遵守する

にとどまらず、「継続11時間以上」の休息期間が確保されるよう自主的な改善の取組を行うことが特に要請されるものであること。

（2）隔日勤務者の拘束時間及び休息期間（第2項）

　タクシー運転者のうち隔日勤務に就く者（以下「隔日勤務者」という。）の拘束時間及び休息期間については、次のとおりであること。

　なお、隔日勤務とは、始業及び終業の時刻が同一の日に属さない業務をいう。2労働日の勤務を一勤務にまとめて行うものであり、深夜時間帯における公共交通機関としての役割を果たすタクシー業において、都市部を中心に広く採用されている勤務形態であること。

ア　1か月の拘束時間（第1号）

　隔日勤務者の1か月の拘束時間は、「262時間」を超えないものとすること。

　ただし、地域的事情その他の特別な事情がある場合において、労使協定があるときは、1年のうち6か月までは、1か月の拘束時間を「270時間」まで延長することができること。

　なお、1か月の拘束時間を延長する場合の「地域的事情その他の特別な事情」とは、例えば地方都市における顧客需要の状況、大都市部における顧客需要の一時的増加等をいうものであること。なお、隔日勤務者の1か月の拘束時間については、旧告示からの変更はないこと。

　1か月の拘束時間を延長する場合の労使協定については、別紙5-1［略］の協定例を参考とすること。労使協定では、1年の始期及び終期を定め、当該1年のうち6か月までの範囲で1か月の拘束時間を「270時間」を超えない範囲で延長する旨を協定することとなるが、その場合の各月の拘束時間は、例えば次のようになり、全ての協定対象者の各月の拘束時間は、この範囲内とする必要があること。

1か月の拘束時間（タクシー）

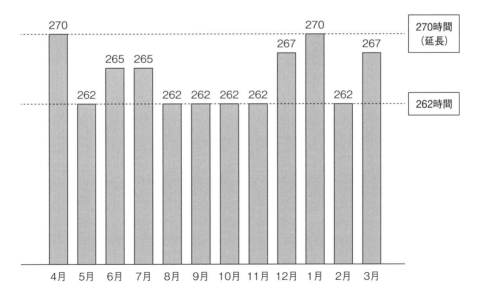

イ　2暦日の拘束時間（第2号）

　　隔日勤務者の2暦日の拘束時間は、「22時間」を超えないものとし、かつ、「2回の隔日勤務を平均し隔日勤務1回当たり21時間を超えない」ものとしたこと。

　　旧告示において、2暦日の拘束時間の限度は「21時間」と定めていたが、当該拘束時間について旧告示と同程度の水準に抑えつつ、突発的な顧客需要や交通事情等に一層柔軟に対応する観点から、見直しを行ったものであること。

　　また、2回の隔日勤務を平均した1回当たりの拘束時間の計算に当たっては、特定の隔日勤務を起算点として、2回の隔日勤務に区切り、その2回の隔日勤務の平均とすることが望ましいが、特定の隔日勤務の拘束時間が改善基準告示に違反するか否かは、次により判断するものであること。

特定の隔日勤務の前の隔日勤務	特定の隔日勤務	特定の隔日勤務の次の隔日勤務
B時間	A時間	C時間

※次の①②のいずれもが「21時間」を超えた場合に、初めて違反と判断される。①特定の隔日勤務の拘束時間（A時間）と、特定の隔日勤務の前の隔日勤務の拘束時間（B時間）との平均、②A時間と特定の隔日勤務の次の隔日勤務の拘束時間（C時間）との平均

　　なお、日勤勤務と隔日勤務を併用して頻繁に勤務態様を変えることは、労働者の生理的機能への影響に鑑み認められないこと。したがって、日勤勤務と隔日勤務を併用する場合には、制度的に一定期間ごとに交替させるよう勤務割を編成しなければならないこと。

ウ　休息期間（第4号）

　　隔日勤務者の休息期間は、勤務終了後、「継続24時間以上与えるよう努めることを基本とし、継続22時間を下回らない」ものとしたこと。

　　旧告示において、隔日勤務者の休息期間は、勤務終了後「継続20時間以上」とされていたが、上記（1）ウで述べた休息期間の重要性に加え、隔日勤務については2労働日の勤務を一勤務にまとめて行うため自動車運転者の身体的負担を伴うものであること等を踏まえ、休息期間について「継続24時間以上」与えるよう努めることが原則であることを示すとともに、下限を2時間延長し、「継続22時間」としたものであること。

　　労使当事者にあっては、このことを踏まえ、単に休息期間の下限「22時間」を遵守するにとどまらず、「継続24時間以上」の休息期間が確保されるよう自主的な改善の取組を行うことが特に要請されるものであること。

（3）車庫待ち等の自動車運転者について（第1項、第2項）

ア　定義

　　顧客の需要に応ずるため常態として車庫等において待機する就労形態（以下「車庫待ち等」という。）の自動車運転者とは、常態として車庫待ち、駅待ち等の形態によって就労する自動車運転者であり、比較的作業密度が薄いこと等により、帰庫させ仮眠時間を与えることが可能な実態を有するため、一定の要件の下に最大拘束時間の延長を認めるものである。就労形態について次の要件を満たす場合には、車庫待ち等の自動車運転者に該当す

るものとして取り扱って差し支えないものであること。

（ア）事業場が人口30万人以上の都市に所在していないこと。

（イ）勤務時間のほとんどについて「流し営業」を行っている実態でないこと。

（ウ）夜間に4時間以上の仮眠時間が確保される実態であること。

（エ）原則として、事業場内における休憩が確保される実態であること。

　なお、新告示の適用の際、現に車庫待ち等の自動車運転者として取り扱われている者の属する事業場については、（ア）にかかわらず、当該事業場が人口30万人以上の都市に所在している場合であっても、当分の間、当該事業場の自動車運転者を車庫待ち等の自動車運転者に該当するものとして取り扱うこと。

イ　日勤勤務の車庫待ち等の自動車運転者（第1項第1号、第2号）

　日勤勤務の車庫待ち等の自動車運転者の拘束時間は、上記（1）アの日勤勤務者の1か月の拘束時間と同様、1か月について「288時間」を超えないものとし、労使協定により、1か月の拘束時間を「300時間」まで延長することができること。また、次に掲げる要件を満たす場合、1日の拘束時間を「24時間」まで延長することができること。

（ア）勤務終了後、「継続20時間以上」の休息期間を与えること。

（イ）1日の拘束時間が「16時間」を超える回数が1か月について7回以内であること。

（ウ）1日の拘束時間が「18時間」を超える場合には、夜間に「4時間以上」の仮眠時間を与えること。

　旧告示において、日勤勤務の車庫待ち等の自動車運転者の1か月の拘束時間は、「322時間」まで延長することができるとされていたが、脳・心臓疾患に係る労災認定基準等を踏まえ、過労死等の防止の観点から、22時間短縮し、「300時間」としたこと。

　また、1か月の拘束時間を延長する場合の労使協定については、別紙5－1［略］の協定例を参考とすること。なお、上記（ウ）の運用に当たっては、仮眠設備において夜間「4時間以上」の仮眠時間を確実に与えることが要請されていることについて、引き続き、留意すること。

ウ　隔日勤務の車庫待ち等の自動車運転者（第2項第3号）

　隔日勤務の車庫待ち等の自動車運転者の拘束時間は、上記（2）アの隔日勤務者の1か月の拘束時間の原則と同様、1か月について「262時間」を超えないものとし、労使協定により、「270時間」まで延長することができること。また、次に掲げる要件を満たす場合、1か月の拘束時間については上記の時間（262時間又は270時間）に「10時間」を加えた時間まで、2暦日の拘束時間については「24時間」まで、それぞれ延長することができること。

（ア）夜間に「4時間以上」の仮眠時間を与えること。

（イ）2暦日の拘束時間が22時間を超える回数及び2回の隔日勤務を平均し隔日勤務1回当たり21時間を超える回数の合計は、労使協定により、1か月について7回以内の範囲で定めること。

　旧告示において、隔日勤務の車庫待ち等の自動車運転者の拘束時間は、1か月「270時間」まで延長することができ、上記（ア）及び（イ）の要件を満たす場合には、「20時間」を加えた時間まで延長できるとされていたが、脳・心臓疾患に係る労災認定基準等を踏まえ、

過労死等の防止の観点から、当該要件を満たした場合に延長できる時間を「20時間」から10時間短縮し、「10時間」としたものであること。

　また、拘束時間を延長する場合の労使協定については、別紙5-1［略］の協定例を参考とすること。

（4）予期し得ない事象への対応時間の取扱い（第3項）

ア　趣旨

　　タクシー運転者が、災害や事故等の通常予期し得ない事象に遭遇し、運行が遅延した場合において、その対応に要した時間についての拘束時間の例外的な取扱いを新たに定めたものであること。

イ　「予期し得ない事象への対応時間」の取扱い

　　1日の拘束時間及び2暦日の拘束時間の規定の適用に当たっては、予期し得ない事象への対応時間を、これらの拘束時間から除くことができること。この場合において、予期し得ない事象への対応時間により、1日の拘束時間が最大拘束時間を超えた場合、勤務終了後、1日の勤務の場合には「継続11時間以上」、2暦日の勤務の場合には「継続24時間以上」の休息期間を与えること。

　　当該例外的な取扱いは、タクシー運転者については、1日又は2暦日の拘束時間の規定の適用に限ったものであり、1か月の拘束時間等の改善基準告示の他の規定の適用に当たっては、予期し得ない事象への対応時間を除くことはできないこと。また、予期し得ない事象への対応時間は、休憩に該当しない限り、労働時間として取り扱う必要があることはいうまでもないこと。

ウ　「予期し得ない事象への対応時間」の定義

　　「予期し得ない事象への対応時間」とは、次の（ア）（イ）の両方の要件を満たす時間をいうこと。

（ア）通常予期し得ない事象として局長が定めるものにより生じた運行の遅延に対応するための時間であること。（第1号）

　　「局長が定める」事象とは、次のいずれかの事象をいうこと。

　a　運転中に乗務している車両が予期せず故障したこと。

　b　運転中に予期せず乗船予定のフェリーが欠航したこと。

　c　運転中に災害や事故の発生に伴い、道路が封鎖されたこと又は道路が渋滞したこと。

　d　異常気象（警報発表時）に遭遇し、運転中に正常な運行が困難となったこと。

　　当該事象は、「通常予期し得ない」ものである必要があり、例えば、平常時の交通状況等から事前に発生を予測することが可能な道路渋滞等は、これに該当しないこと。

（イ）客観的な記録により確認できる時間であること。（第2号）

　　次のaの記録に加え、bの記録により、当該事象が発生した日時等を客観的に確認できる必要があり、aの記録のみでは「客観的な記録により確認できる時間」とは認められないこと。

　a　運転日報上の記録

　　・対応を行った場所

・予期し得ない事象に係る具体的事由

・当該事象への対応を開始し、及び終了した時刻や所要時間数

b　予期し得ない事象の発生を特定できる客観的な資料

遭遇した事象に応じ、例えば次のような資料が考えられること。

（a）修理会社等が発行する故障車両の修理明細書等

（b）フェリー運航会社等のホームページに掲載されたフェリー欠航情報の写し

（c）公益財団法人日本道路交通情報センター等のホームページに掲載された道路交通情報の写し（渋滞の日時・原因を特定できるもの）

（d）気象庁のホームページ等に掲載された異常気象等に関する気象情報等の写し

（5）休日労働（第4項）

　　休日労働の回数は2週間について1回を超えないものとし、当該休日労働によって、上記（1）から（3）までに定める拘束時間の限度を超えないものとすること。また、休日労働の場合であっても、当該休日における勤務と前後の勤務の間には、それぞれ所定の休息期間が必要であること。

　　隔日勤務の場合の休日労働は2日をまとめて行うものであるが、この場合、次のような形の休日労働も「2週間を通じ1回を限度とする」との休日労働に該当するものであること。

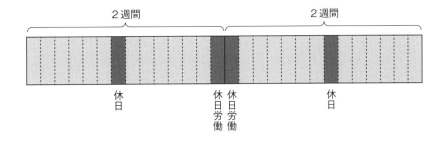

　　なお、これらについては、旧告示からの変更はないこと。

3　ハイヤー運転者の時間外労働の上限規制等（第2条第5項、第3条関係）
（1）拘束時間、休息期間等の適用除外（第2条第5項）

　　第2条第5項で規定するハイヤーの定義（「一般乗用旅客自動車運送事業の用に供せられる自動車であって、当該自動車による運送の引受けが営業所のみにおいて行われるものをいう。」）は、タクシー業務適正化特別措置法（昭和45年法律第75号）第2条第2項の規定を参考としているものであるが、具体的には各地方運輸局長（沖縄総合事務局長を含む。）からハイヤー運賃の認可を受けた自動車をいうものであること。ハイヤー運転者については、その勤務の実態を踏まえ、従前から、第2条第1項から第4項までの拘束時間、休息期間等の規定を適用しないこととしており、これらの考え方等については、旧告示から変更はないこと。

（2）時間外労働の上限規制等（第3条）

　　労使当事者は、ハイヤー運転者に係る時間外・休日労働協定を締結するに当たっては、次の事項を遵守しなければならないものとしたこと。（第1項）

ア　時間外労働時間については、限度時間を超えない時間に限ること。

イ　臨時的な特別の事情がある場合の時間外労働時間を定めるに当たっては、960時間を超えない範囲内とされていること。

　　また、使用者は、時間外・休日労働協定において、時間外労働時間を定めるに当たっては当該時間数を、休日の労働を定めるに当たっては当該休日に労働させる時間数を、それぞれできる限り短くするよう努めなければならないものとしたこと。（第2項）

　　さらに、使用者は、ハイヤー運転者が疲労回復を図るために、必要な睡眠時間を確保できるよう、勤務終了後に一定の休息期間を与えなければならないものとしたこと。（第3項）

　　旧告示において、ハイヤー運転者については、時間外労働時間を1か月「50時間」等の目安時間以内とするよう努めること等とされていたが、令和6年4月1日から、ハイヤー運転者についても他の自動車運転者と同様、法に基づく時間外労働の上限規制や指針の適用対象となることを踏まえ、時間外・休日労働協定を締結するに当たっての労使当事者又は使用者の責務を定めたものであること。

　　また、第3項は、自動車運転者の睡眠時間の確保による疲労回復の観点から、勤務終了後に一定の休息期間を与えなければならないことを新たに規定したこと。ハイヤー運転者は、タクシー運転者に比べて、一層柔軟に顧客の需要に対応する必要がある場合があり、休息期間の下限時間を定めることが困難であることから、「一定の休息期間」としたものであるが、当該規定に基づき、使用者は、ハイヤー運転者の各々の勤務の実態に即した適切な時間の休息期間を勤務終了後に与える必要があること。

　　ハイヤー運転者については、拘束時間の基準等の規定は設けられていないが、時間外労働の削減や過労死等の防止といった観点から、適正に労働時間管理を行うべきことは当然のことであり、使用者は特にこのことに留意する必要があること。

　　なお、第3項の規定が設けられたことに伴い、従前において143号通達で示していた「当該運転者の疲労回復を図る観点から、継続4時間以上の睡眠時間を確保するため少なくとも6時間程度は次の勤務に就かせないようにする」との取扱いは廃止すること。

4　トラック運転者の拘束時間等（第4条関係）

　　［略］

5　バス運転者の拘束時間等（第5条関係）

　　［略］

6　適用除外業務

　　改善基準告示第1条第1項に基づき局長が定める業務（以下「適用除外業務」という。）及びその留意点は、次のとおりであること。

（1）適用除外業務

　適用除外業務は、次のアからウまでに掲げる業務とすること。

ア　災害対策基本法等に基づく緊急輸送の業務

　災害対策基本法（昭和36年法律第223号）、大規模地震対策特別措置法（昭和53年法律第73号）、原子力災害対策特別措置法（平成11年法律第156号）及び武力攻撃事態等における国民の保護のための措置に関する法律（平成16年法律第112号）に基づき、都道府県公安委員会から緊急通行車両であることの確認、標章及び証明書の交付を受けて行う緊急輸送の業務に係る運転の業務。

　これらの業務は、大規模災害等発生時の応急対策の一環として、人命救助や災害拡大防止等のために行われる業務であり、公益性が高く、かつ緊急の性格を有することから、改善基準告示の適用除外業務とするものであること。

イ　上記アに掲げるもののほか、人命又は公益を保護するために、法令の規定又は国若しくは地方公共団体の要請等に基づき行う運転の業務。

　次に掲げる業務がこれに該当すること。

（ア）新型インフルエンザ等対策特別措置法（平成24年法律第31号）第54条に基づき新型インフルエンザ等緊急事態措置の実施に必要な緊急物資を運送する業務又は医薬品等を配送する業務

（イ）家畜伝染病予防法（昭和26年法律第166号）に基づく家畜伝染病のまん延の防止のために、次に掲げるものを運搬する業務

　（a）同法第21条第1項に規定する家畜の死体

　（b）同法第23条第1項に規定する家畜伝染病の病原体により汚染し又は汚染したおそれがある物品

　（c）同法第16条第1項若しくは第3項に基づくと殺、第17条の2第5項若しくは第6項に基づく殺処分、第21条第1項若しくは第4項に基づく焼却若しくは埋却、第23条第1項若しくは第3項に基づく焼却、埋却若しくは消毒又は第25条第1項若しくは第3項に基づく消毒を実施するために必要な人員、防疫資材等（第25条第1項又は第3項に基づく消毒に必要な人員、防疫資材等については、初回の消毒に必要なものに限る。）

ウ　消防法等に基づく危険物の運搬の業務

　次に掲げる業務であって、貨物自動車運送事業に係るもの。

　これらの業務については、危険物の迅速かつ安全な運行を確保する観点から、関係法令により別途、長距離運送の場合の交替運転手の確保といった規制が担保されていることに加え、運転中の危険物の監視義務など特別の規制が設けられる等、特殊な性格を有することから、改善基準告示の適用除外業務とするものであること。

（ア）消防法（昭和23年法律第186号）第16条の2第2項及び危険物の規制に関する政令（昭和34年政令第306号）第30条の2第5号に基づき、移送の経路その他必要な事項を記載した書面を関係消防機関に送付の上行う、アルキルアルミニウム若しくはアルキルリチウム又はこれらのいずれかを含有するものを移動タンク貯蔵所（タンクローリー）により移送する業務

（イ）高圧ガス保安法（昭和26年法律第204号）第23条に基づき、一般高圧ガス保安規則
（昭和41年通商産業省令第53号）第49条第1項の保安上必要な措置を講じるとともに
同項の技術上の基準に従い行う、表1の高圧ガスを車両に固定した容器（タンクロー
リー）により移動する業務

表1　一般高圧ガス保安規則第49条第1項第17号に規定する高圧ガス

1　圧縮ガスのうち次に掲げるもの（3に掲げるものを除く。）	（1）容積300立方メートル以上の可燃性ガス及び酸素 （2）容積100立方メートル以上の毒性ガス
2　液化ガスのうち次に掲げるもの（3に掲げるものを除く。）	（1）質量3,000キログラム以上の可燃性ガス及び酸素 （2）質量1,000キログラム以上の毒性ガス （3）一般高圧ガス保安規則第7条の3第2項、第7条の4第2項、第11条第1項第5号（第7条の3第2項の基準を準用する場合に限る。）及び第12条の2第2項の圧縮水素スタンド並びにコンビナート等保安規則第7条の3第2項の圧縮水素スタンドの液化水素の貯槽に充塡する液化水素
3　特殊高圧ガス	

（ウ）火薬類取締法（昭和25年法律第149号）第19条に基づき、都道府県公安委員会に届
け出て、運搬証明書の交付を受けた上で行う火薬類（表2の数量以下の火薬類を除く。）
の運搬の業務

表2　火薬類の運搬に関する内閣府令（昭和35年総理府令第65号）別表第1に規定する数量

区　分		数　量
火　　薬		薬量　200キログラム
爆　　薬		薬量　100キログラム
火 工 品	工業雷管・電気雷管・信号雷管	4万個
	導火管付き雷管	1万個
	銃　用　雷　管	40万個
	捕鯨用信管・捕鯨用火管	12万個
	実包 空包　1個当たりの装薬量0.5グラム以下のもの	40万個
	実包 空包　1個当たりの装薬量0.5グラムを超えるもの	20万個
	導　爆　線	6キロメートル
	制御発破用コード	1.2キロメートル
	爆発せん孔器	2,000個
	コンクリート破砕器	2万個
	煙火　がん具煙火（クラッカーボールを除く。）	薬量　2トン
	煙火　クラッカーボール・引き玉	薬量　200キログラム
	煙火　上記以外の煙火	薬量　600キログラム

火工品	上記以外の火工品	薬量　100キログラム

備考

　本表で定める区分の異なる火薬類を同時に運搬する場合の数量は、各区分ごとの火薬類の運搬しようとする数量をそれぞれ当該区分に定める数量で除し、それらの商を加えた和が1となる数量とする。

(注) 表2に掲げる数量以下の火薬類を運搬する場合は、火薬類取締法第19条第1項に規定する届出及び運搬証明書の交付は要しない。

　　（エ）核原料物質、核燃料物質及び原子炉の規制に関する法律（昭和32年法律第166号）第59条第2項に基づき国土交通大臣の確認を受け、かつ、同条第5項に基づき都道府県公安委員会に届け出て運搬証明書の交付を受けた上で行う、核燃料物質等（BM型輸送物、BU型輸送物、核分裂性輸送物）の運搬の業務

　　（オ）放射性同位元素等の規制に関する法律（昭和32年法律第167号）第18条第2項に基づき国土交通大臣の確認を受け、かつ、同条第5項に基づき都道府県公安委員会に届け出て行う、放射性同位元素等（BM型輸送物、BU型輸送物）の運搬の業務

（2）適用除外業務に従事しない期間がある場合の拘束時間等の上限

　　適用除外業務に従事する期間を含む1か月等の一定期間における、当該業務に従事しない期間に関しては、改善基準告示が適用されるものであること。この場合の一定期間における、適用除外業務に従事しない期間の拘束時間等は、次のとおり、当該一定期間及び適用除外業務に従事しない期間の日数の比率により、改善基準告示で規定する拘束時間等の上限時間を按分した時間を超えないものとすること。

表3　適用除外業務に従事しない期間がある場合の拘束時間等の上限

タクシー運転者の拘束時間等		
1か月の拘束時間	日勤勤務者	［（適用除外業務に従事した期間を含む1か月の日数）－（適用除外業務に従事した日数）］÷（適用除外業務に従事した期間を含む1か月の日数）× 288時間[※]
	隔日勤務者	［（適用除外業務に従事した期間を含む1か月の日数）－（適用除外業務に従事した日数）］÷（適用除外業務に従事した期間を含む1か月の日数）× 262時間[※]

※　改善基準告示の拘束時間の上限時間。なお、労使協定により、改善基準告示で規定する時間を超えない範囲で延長する場合は、当該延長した時間とする。

トラック運転者の拘束時間等

［略］

バス運転者の拘束時間等

［略］

（3）適用除外業務に関する書類の備付け等

　上記（1）の業務を行うに当たっては、適用除外業務に該当することが明らかとなる関係法令に基づく各種行政機関への届出書や、物資等の運搬に関する地方公共団体の要請文書等の写の事業場への備付け及び自動車運転者ごとの当該業務に従事した期間が明らかとなる記録の整備が必要であること。

（4）休息期間の確保

　適用除外業務に従事する期間の直前において改善基準告示に定める休息期間を与えなくてはならないことはもとより、当該業務に従事する期間の直後の休息期間についても、継続11時間以上与えるよう努めることを基本とすることが特に要請されるものであること。

第3　自動車運転者の労働時間等の取扱い及び賃金制度等の取扱い

1　労働時間等の取扱い

（1）労働時間の取扱い

　労働時間は、拘束時間から休憩時間を差し引いたものとすること。この場合において、事業場外における仮眠時間を除く休憩時間は3時間を超えてはならないものとすること。ただし、業務の必要上やむを得ない場合であって、あらかじめ運行計画により3時間を超える休憩時間が定められている場合、又は運行記録計等により3時間を超えて休憩がとられたことが客観的に明らかな場合には、この限りでないものとすること。

　自動車運転者の業務は事業場外において行われるものではあるが、通常は走行キロ数、運転日報等からも労働時間を算定し得るものであり、法第38条の2の「労働時間を算定し難いとき」という要件には該当しないこと。

　事業場外における休憩時間については、就業規則等に定めた所定の休憩時間を休憩したものとして取り扱うこととしたが、休憩時間が不当に長い場合は歩合給等の賃金体系との関連から休憩時間中も働く可能性があるので、事業場外での休憩時間は、仮眠時間を除き、原則として3時間を超えてはならないものとしたこと。なお、手待時間が労働時間に含まれることはいうまでもないこと。

　法の遵守に当たっては、使用者には労働時間の管理を行う責務があり、労働時間の適正な把握のために使用者が講ずべき措置に関するガイドライン（平成29年1月20日付け基発0120第3号別添）により、始業・終業時刻の確認及び記録を含め適正な労働時間管理を行う必要があること。また、自動車運転者の労働時間管理を適正に行うためには、運転日報等の記録を適正に管理するほか、運行記録計による記録を自動車運転者個人ごとに管理し、労働時間を把握することも有効な方法であること。したがって、貨物自動車運送事業輸送安全規則（平成2年運輸省令第22号）第9条や旅客自動車運送事業運輸規則（昭和31年運輸省令第44号）第26条に基づき、運行記録計を装着している車両を保有する使用者においては、運行記録計の活用による適正な労働時間管理を行うこと。また、運行記録計を装着している車両を保有しない使用者においては、車両に運行記録計を装着する等により適正な労働時間管理を行うこと。

（2）休日の取扱い

休日は、休息期間に24時間を加算して得た、連続した時間とすること。ただし、いかなる場合であっても、その時間が30時間を下回ってはならないものとすること。

法第35条に規定する休日は原則として暦日を単位として付与されるべきものであるが、自動車運転者については、その業務の特殊性から暦日を単位として休日を付与することが困難であるため、休息期間に24時間を加算して得た労働義務のない時間を休日として取り扱うものであること。このため、休日については、通常勤務の場合は継続33時間（9時間＋24時間）、隔日勤務の場合は継続46時間（22時間＋24時間）※を下回ることのないようにする必要があること。

※トラック運転者及びバス運転者については継続44時間（20時間＋24時間）

また、休息期間を分割して付与した場合、2人乗務の場合及びフェリーに乗船した場合には、休息期間に24時間を加算しても30時間に満たない場合があるが、この場合については、休息期間に24時間を加算して得た時間ではなく、連続した30時間の労働義務のない時間を休日として取り扱うこと。なお、休日が暦日を単位として付与されている場合であっても、当該時間が上記所定の時間に満たない場合は、要件を満たさないものであること。

2　賃金制度等の取扱い

自動車運転者の賃金制度等は、次により改善を図るものとすること。

（1）賃金制度等

ア　保障給

歩合給制度が採用されている場合には、労働時間に応じ、固定的給与と併せて通常の賃金の6割以上の賃金が保障されるよう保障給を定めるものとすること。

歩合給制度を採用している場合には、労働者ごとに労働時間に応じ各人の通常賃金の6割以上の賃金が保障されるようにすることを意図したものであって、6割以上の固定的給与を設けなければならないという趣旨ではないこと。

「通常の賃金」とは、原則として、労働者が各人の標準的能率で歩合給の算定期間における通常の労働時間（勤務割に組み込まれた時間外労働及び休日労働の時間を含む。）を満勤した場合に得られると想定される賃金額（上記の時間外労働及び休日労働に対する手当を含み、臨時に支払われる賃金及び賞与を除く。）をいい、「一時間当たりの保障給」の下限は次の算式により算定すること。

$$1時間当たりの保障給 = \frac{通常の賃金}{算定期間における通常の労働時間} \times 0.6$$

なお、「一時間当たりの保障給」の実際の算定に当たっては、特段の事情のない限り、各人ごとに過去3か月程度の期間において支払われた賃金の総額（全ての時間外労働及び休日労働に対する手当を含み、臨時に支払われた賃金及び賞与を除く。）を当該期間の総労働時間数で除して得た金額の100分の60以上の金額をもって充てることとして差し支えなく、また、毎年1回等定期的にあらかじめ定めておく場合には、特段の事情のない限り、

当該企業の歩合給制労働者に対し過去3か月程度の期間に支払われた賃金の総額（全ての時間外労働及び休日労働に対する手当を含み、臨時に支払われた賃金及び賞与を除く。）を当該期間の延総労働時間数で除して得た金額の100分の60以上の金額をもって保障給として差し支えないこと。

イ　累進歩合制度

賃金制度は、本来、労使が自主的に決定すべきものであるが、自動車運転者に係る賃金制度のうち、累進歩合制度については、自動車運転者の長時間労働やスピード違反を極端に誘発するおそれがあり、交通事故の発生も懸念されることから、廃止すべきであること。

累進歩合制度には、水揚高、運搬量等に応じて歩合給が定められている場合にその歩合給の額が非連続的に増減するいわゆる「累進歩合給」（図1）のほか、水揚高等の最も高い者又はごく一部の労働者しか達成し得ない高い水揚高等を達成した者のみに支給するいわゆる「トップ賞」、水揚高等を数段階に区分し、その水揚高の区分の額に達するごとに一定額の加算を行ういわゆる「奨励加給」（図2）が該当するものであること。これらの制度は、いずれも廃止すべき累進歩合制度に該当するため、認められないものであること。

図1　累進歩合給

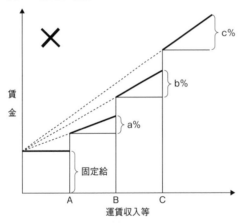

図2　トップ賞、奨励加給

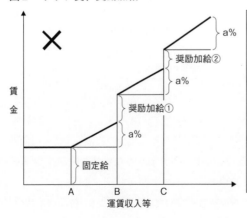

214

累進歩合制度の廃止については、特定地域における一般乗用旅客自動車運送事業の適性化及び活性化に関する特別措置法等の一部を改正する法律（平成25年法律第83号）の国会附帯決議（衆議院国土交通委員会（平成25年11月8日）及び参議院国土交通委員会（同月19日））においても、労使双方にその趣旨を踏まえ、真摯な対応を行うよう促すことが求められていることから、労使当事者にあっては自主的な改善を行うことが要請されること。

なお、累進歩合制度の廃止に関する周知及び指導については、平成26年1月24日付け基発0124第1号によること。

ウ　年次有給休暇の不利益取扱いの是正

法附則第136条の規定に従い、年次有給休暇を取得した労働者に対して賃金の減額その他不利益な取扱いをしないようにすること。

3　法定基準等の確保

改善基準告示及び上記内容は、自動車運転者の労働の実態にかんがみ、自動車運転者の労働時間等の労働条件の改善を図るため、法に定める事項のほかに必要な事項を定めているものであるが、割増賃金の適正かつ確実な支払い、実態に即した就業規則の整備、賃金台帳の適正な記録、仮眠施設の設置、健康診断の実施等、法及び労働安全衛生法（昭和47年法律第57号）に定められた事項を遵守すべきことはいうまでもないこと。

第4　発注者等

令和4年報告においては、改善基準告示の履行確保を徹底する観点から、荷主（発荷主及び着荷主）やいわゆる元請運送事業者、貸切バス利用者等の発注者、貨物自動車利用運送事業者等（以下「発注者等」という。）に対し、幅広く周知することが適当等とされている。（令和4年報告4(1)）

このことを踏まえ、次の事項に留意すること。

1　発注担当者等に対する周知

改善基準告示の履行確保を徹底するため、発注者等においては、改善基準告示の内容をその発注担当者等に周知することが要請されること。

2　トラック運転者に係る長時間の恒常的な荷待ちの改善等

道路貨物運送業は、他の業種に比べて長時間労働の実態にあり、過労死等のうち脳・心臓疾患の労災支給決定件数が最も多い業種であることから、自動車運転者の長時間労働の是正等の働き方改革を一層積極的に進める必要がある一方、道路貨物運送業の長時間労働の要因の中には、取引慣行など個々の事業主の努力だけでは見直すことが困難なものがあり、その改善のためには、発荷主及び着荷主並びに道路貨物運送業の元請事業者（以下「発着荷主等」という。）の協力が必要不可欠である。

このことを踏まえ、発着荷主等においては、次の事項を実施することが要請されること。

（1）発着荷主等の荷主都合による長時間の恒常的な荷待ちは、自動車運転者の長時間労働の

要因となることから、これを発生させないよう努めること。

（2）運送業務の発注担当者に、改善基準告示を周知し、自動車運転者が改善基準告示を遵守
できるような着時刻や荷待ち時間等を設定すること。

（3）改善基準告示を遵守できず安全な走行が確保できないおそれのある発注を貨物自動車運
送事業者に対して行わないこと。

資料3　改善基準告示（令和6年4月1日適用）に関するＱ＆Ａ

改善基準告示（令和6年4月1日適用）に関するＱ＆Ａ

令和5年3月
厚生労働省労働基準局監督課

（注）本文中の法令等の略称は、以下によっています。

法 …… 労働基準法（昭和22年法律第49号）

則 …… 労働基準法施行規則（昭和22年厚生省令第23号）

指針 …… 労働基準法第36条第1項の協定で定める労働時間の延長及び休日の労働について留意すべき事項等に関する指針（平成30年厚生労働省告示第323号）

改善基準告示 …… 自動車運転者の労働時間等の改善のための基準（平成元年労働省告示第7号）

新告示 ……「自動車運転者の労働時間等の改善のための基準の一部を改正する件」（令和4年厚生労働省告示第367号。以下「改正告示」という。）による改正後の改善基準告示

旧告示 …… 改正告示による改正前の改善基準告示

施行通達 …… 令和4年12月23日付け基発1223第3号［本書では「基本通達」と呼称］

1　目的等（第1条関係）

1−1

Q　例えば、出勤予定の自動車運転者Ａが欠勤し、運行管理者Ｂが代わりに運転をする場合、運行管理者Ｂに改善基準告示は適用されますか。

A　改善基準告示の対象者は、法第9条に規定する労働者であって、四輪以上の自動車の運転の業務に主として従事する者をいいます。

「自動車の運転の業務に主として従事する」か否かは、個別の事案の実態に応じて判断することとなりますが、実態として、物品又は人を運搬するために自動車を運転する時間が現に労働時間の半分を超えており、かつ、当該業務に従事する時間が年間総労働時間の半分を超えることが見込まれる場合には、「自動車の運転の業務に主として従事する」者に該当します。

したがって、自動車運転者Ａの欠勤のため、運行管理者Ｂが代わりに運転をする場合であって、Ｂが当該業務に従事する時間が年間総労働時間の半分を超えることが見込まれないときは、Ｂは「自動車の運転の業務に主として従事する」者には該当しません。

1−2

Q 当社では、毎年、1月1日〜12月31日を有効期間として拘束時間等延長の労使協定を締結し、実拘束時間についても同じ期間で計算していますが、

① 今回の改善基準告示の改正を踏まえ、令和6年4月1日開始の協定を締結し直さなければならないのでしょうか。

② また、実拘束時間はどの時点から、新告示が適用されるのでしょうか。1年間の拘束時間は按分して計算するのでしょうか。

A 令和6年3月31日以前に締結した労使協定で拘束時間等を延長している場合であって、当該協定の有効期間の終期が令和6年4月1日以後であるときは、同日開始の協定を締結し直す必要はなく、同日以後に新たに定める協定から、新告示に対応していただくことになります。例えば、令和5年10月1日〜令和6年9月30日など、令和6年4月1日をまたぐ労使協定を締結している場合は、令和6年10月1日以降の協定について、新告示に対応していただくことになります。また、労使協定を締結していない場合には、令和6年4月1日から新告示に対応していただくことになります。なお、この取扱いは、法に基づく36協定の経過措置の考え方を踏まえたものです。

なお、36協定で定める時間外労働の限度時間は1か月45時間及び1年360時間となりますが、臨時的にこれを超えて労働させる場合であっても1年960時間以内となります。

1−3

Q 改善基準告示で定められた期間について、「1年」、「1か月」、「1週間」など、それぞれ起算日を定めて計算した時間が改善基準告示で定めた時間を超えていなければ違反とならないのでしょうか。それとも、どこで区切っても、その時間を超えない必要があるのでしょうか。また、36協定の起算日と合わせる必要はありますか。

A 「1か月」とは、原則として暦月をいいますが、就業規則、勤務割表等で特定日を起算日として定めている場合には、当該特定日から起算した1か月とすることで差し支えありません。

その場合、事業場の就業規則や労使協定等で定めた期間の初日が、「1年」、「1か月」、「1週間」の起算日となり、それぞれの起算日から計算した時間が、改善基準告示で定める時間を超えていなければ違反とはなりません。また、36協定の起算日と合わせる必要はありませんが、分かりやすく効率的な労務管理を行うに当たっては、同一の起算日とすることが望ましいです。

この考え方は、特例を含め、改善基準告示における期間の考え方、全てに共通します。

1−4

Q 点呼、会議等、運転以外の労働時間や休憩時間は、改善基準告示における拘束時間に該当しますか。

A 改善基準告示における拘束時間とは、労働時間と休憩時間（仮眠時間を含む。）の合計時

間、すなわち、始業時刻から終業時刻までの使用者に拘束される全ての時間をいいます。

　　拘束時間に該当するか否かは、個別の事案の実態に応じて判断することとなりますが、運転以外の、点呼、会議等の労働時間はもちろん、休憩時間についても、拘束時間に該当します。

1－5

Q　**サービスエリア等で車中泊する時間は、改善基準告示における休息期間に該当しますか。**

A　改善基準告示における休息期間とは、使用者の拘束を受けない期間をいいます。勤務と次の勤務との間にあって、休息期間の直前の拘束時間における疲労の回復を図るとともに、睡眠時間を含む労働者の生活時間として、その処分が労働者の全く自由な判断に委ねられる時間であり、休憩時間や仮眠時間等とは本質的に異なる性格を有するものです。

　　休息期間に該当するか否かは、個別の事案の実態に応じて判断することとなりますが、例えば、車両内での休息は駐車スペースが確保でき、荷物の看守義務がないなど、自動車運転者が業務から開放される場合には休息期間となります。

2　タクシー運転者の拘束時間等（第2条関係）

2－1

Q　**1日の拘束時間が15時間の場合、休息期間について9時間を超えて与えることは可能ですか。1日の始業時刻から起算して24時間以内に休息期間の終点が到来する必要があるのでしょうか。**

A　休息期間について、始業時刻から起算して24時間以内に終了するよう与える必要はありません。

　　例えば、9時始業の場合、拘束時間の上限は15時間なので、24時までに終業する必要がありますが、その後の休息期間は「継続11時間以上与えるよう努めることを基本とし9時間を下回らない」時間であればよく、9時間を超えて休息期間を与えたことによって、1日の始業時刻から起算して24時間以内に11時間の休息期間を収める必要はありません。

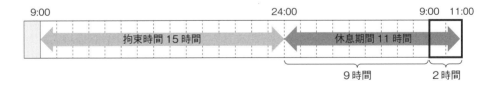

　　一方、拘束時間の計算に当たっては、1日の始業時刻から起算して24時間以内に、1日の拘束時間が上限を超えていないことを確認することが必要です。

　　また、休息期間の計算に当たっては、終業後に1日の休息期間や特例等で定める休息期間が確保されているか確認することが必要です。

2-2

Q 施行通達記第2の2（2）イにおいて、日勤勤務と隔日勤務を併用する場合には、制度的に一定期間ごとに交替させるとありますが、どういった要件を満たす必要があるのでしょうか。

A 日勤勤務と隔日勤務を併用して頻繁に勤務態様を変えることは、労働者への生理的影響に鑑み当然認められませんが、当分の間、次の要件を満たす場合には改善基準告示違反とはなりません。

① 1か月における拘束時間の長さが、隔日勤務の1か月の拘束時間（262時間）の範囲内であること。

② 日勤の勤務の拘束時間が15時間を超えないこと。

③ 日勤の勤務と次の勤務との間には、11時間以上の休息期間が確保されていること。

④ 日勤の休日労働を行わせる場合には、隔日勤務の休日労働と合わせて2週間に1回を限度とすること。

2-3

Q 例えば、7時に出勤し、28時に退勤する勤務は隔日勤務となりますか。

A 隔日勤務とは、始業及び終業の時刻が同一の日に属さない業務をいい、2労働日の勤務を一勤務にまとめて行うものです。隔日勤務の「始業及び終業の時刻が同一の日に属さない業務」については、則第66条の規定等を踏まえ新告示に規定したものであり、当該隔日勤務の対象の考え方に変更はありません。

例えば、7時に出勤し、28時に退勤する勤務は、2労働日の勤務を1勤務にまとめて行う隔日勤務に該当し、隔日勤務の拘束時間の上限（21時間）の範囲内であるため、認められることとなります。

一方、例えば22時に出勤し、28時に退勤する勤務は、2労働日の勤務を1勤務にまとめて行うものではないことから原則として隔日勤務に該当せず、単なる夜間勤務として日勤の拘束時間の上限が適用されることになると考えられます。

2-4

Q 例えばタクシー運転者Aが次のような運行をした場合、どのように計算すれば良いのでしょうか。

1勤務目：隔日勤務（22時間）

2勤務目：隔日勤務（22時間）

　　　　〜休日〜

3勤務目：隔日勤務（22時間）

A 隔日勤務者の2暦日の拘束時間は、「22時間」を超えないものとし、かつ、「2回の隔日勤務を平均し隔日勤務1回当たり21時間を超えない」ものとされています。2回の隔日勤務を平均した1回当たりの拘束時間の計算に当たっては、特定の隔日勤務を起算日として、

2回の隔日勤務に区切り、その2回の隔日勤務の平均とすることが望ましいですが、特定の隔日勤務の拘束時間が改善基準告示に違反するか否かは、1勤務目と2勤務目との平均、2勤務目と3勤務目との平均、いずれもが「21時間」を超えた場合に違反となります。隔日勤務の間に休日がある場合は、休日の前後の2回の隔日勤務の拘束時間の平均を計算します。

したがって、設問の場合、1〜3勤務目の拘束時間がいずれも22時間であり、1勤務目（22時間）と2勤務目（22時間）の拘束時間の平均、2勤務目（22時間）と休日後の3勤務目（22時間）の拘束時間の平均、いずれも「21時間」を超えているため、改善基準告示違反となります。

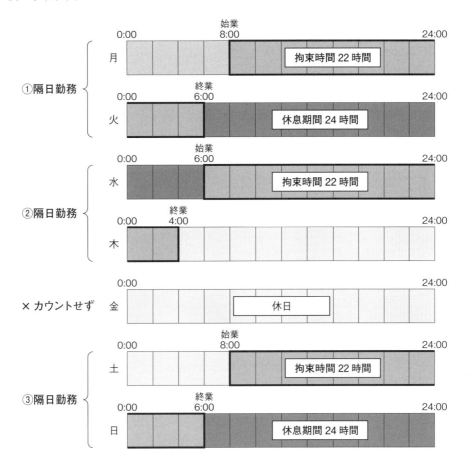

2－5

Q 夜間4時間以上の仮眠や休憩が確保される実態にあるが、タクシー運転者の都合で取得できなかった場合、車庫待ち等の自動車運転者に該当するのでしょうか。

A 車庫待ち等の自動車運転者については、次の要件を全て満たす場合、車庫待ち等の自動車運転者に該当するものとして取り扱って差し支えないものとされています。
① 事業場が人口30万人以上の都市に所在していないこと。
② 勤務時間のほとんどについて「流し営業」を行っている実態でないこと。

③　夜間に４時間以上の仮眠時間が確保される実態であること。

④　原則として事業場内における休憩が確保される実態であること。

　例えば、③及び④の仮眠時間や休憩が確保される実態であるにもかかわらず、タクシー運転者の自らの都合で事業場外において電話をする等により、現実に仮眠や休憩を取得しなかった場合であっても、③及び④の要件に反するものではありません。したがって、この場合、車庫待ち等の自動車運転者に該当するものとして取り扱って差し支えありません。したがって、タクシー運転者の業務上の都合で仮眠や休憩を取得できなかった場合、当然に当該取扱いは認められません。

2－6

Ⓠ　**車庫待ち等には、駅前ロータリー、病院、路上等で客待ちを行う場合も対象となるのでしょうか。**

Ⓐ　車庫待ち等の自動車運転者とは、常態として車庫待ち等、駅待ち等の形態によって就労する自動車運転者であり、比較的作業密度が薄いこと等により、帰庫させ仮眠時間を与えることが可能な実態を有するため、一定の要件の下に最大拘束時間の延長を認めているものです。

　したがって、例えば、一般的な駅前ロータリー、病院、路上での客待ちは、いわゆる車庫待ち等に該当するものではありません。

2－7

Ⓠ　**市内の人口が30万人以上であれば、市内に一部過疎地域があったとしても車庫待ち等の特例は利用できないのでしょうか。**

Ⓐ　事業場が人口30万人以上の都市に所在する場合、原則として車庫待ち等の規定は適用されませんが、新告示の適用の際、現に車庫待ち等の自動車運転者として取り扱われている者の属する事業場については、当該事業場が人口30万人以上の都市に所在する場合であっても、当分の間、当該事業場の自動車運転者を車庫待ち等の自動車運転者に該当するものとして取り扱うこととしています。

2－8

Ⓠ　**「予期し得ない事象への対応時間」について、具体的にどういった時間が該当するか教えてください。**

Ⓐ　「予期し得ない事象への対応時間」の取扱いは、自動車運転者が災害や事故等の通常予期し得ない事象に遭遇し、運行が遅延した場合において、その対応に要した時間についての１日の拘束時間、２暦日の拘束時間の例外的な取扱いを定めたものです。

　「予期し得ない事象への対応時間」に該当するか否かの考え方は、それぞれの事象に応じ、次のとおりです。

①　運転中に乗務している車両が予期せず故障したこと

・例えば、運転中に乗務している車両が予期せず故障したことに伴い、修理会社等に連絡して待機する時間、レッカー車等で修理会社等に移動する時間及び修理中の時間は「予期し得ない事象への対応時間」に該当します。

・ただし、例えば、上記対応に伴い、別の運転者が出勤を命じられ、勤務する場合における当該運転者の勤務時間は該当しません。

② 運転中に予期せず乗船予定のフェリーが欠航したこと

・例えば、運転中に予期せず乗船予定のフェリーが欠航したことに伴い、フェリーの駐車場で待機する時間は「予期し得ない事象への対応時間」に該当します。

・また、フェリー欠航に伴い、急きょ陸路等で移動する場合、陸路での移動時間がフェリー運航時間とおおむね同程度である等、経路変更が合理的であると認められるときは、当該移動時間は「予期し得ない事象への対応時間」に該当します。

③ 運転中に災害や事故の発生に伴い、道路が封鎖されたこと又は道路が渋滞したこと

・例えば、前方を走行する車の衝突事故により発生した渋滞に巻き込まれた時間、地震や河川氾濫に伴う道路の封鎖、道路の渋滞等に巻き込まれた時間は「予期し得ない事象への対応時間」に該当します。

・ただし、例えば、災害や事故の発生を伴わない自然渋滞（商業施設や大型イベントの開催、お盆休み等の帰省ラッシュ等、単なる交通集中等）に巻き込まれた時間、相当程度遠方の事故渋滞の情報に基づき迂回する時間^{（※）}、鉄道事故等による振替輸送・代行輸送等に要した時間は該当しません。

（※）例えば、長野（飯田）から東京（高井戸）に運行中、現地点から約2時間20分先の中央道上り相模湖IC付近で事故が発生し、1時間程度で事故渋滞が解消される見込みであるにもかかわらず、一般道に迂回し、通常約3時間の行程について、約6時間30分を要した場合

④ 異常気象（警報発表時）に遭遇し、運転中に正常な運行が困難となったこと

・例えば、運転前に大雪警報が発表されていたものの、まもなく解除が見込まれていたため、運転を開始したが、運転開始後も大雪警報が解除されず、結果として運転中に正常な運行が困難となった場合には、その対応に要した時間は「予期し得ない事象への対応時間」に該当します。

・ただし、例えば、異常気象であっても警報が発表されない場合における対応時間は該当しません。

そのほか、運転中に自動車運転者が乗客の急病対応を行う場合や犯罪に巻き込まれた場合は、停車せざるを得ず、道路の封鎖又は渋滞につながると考えられることから、③運転中に災害や事故の発生に伴い、道路が封鎖されたこと又は道路が渋滞したことに該当するものとして取り扱います。例えば、乗客の急病への対応時間、タクシー運転者が犯罪に巻き込まれた場合における警察等への対応時間等については、「予期し得ない事象への対応時間」に該当します。

2−9

Q 例えば、タクシー運転者Ａが運転する車両が予期せず故障し、代わりにタクシー運転者Ｂが急きょ、別の車両で事故現場に駆けつけ、運行する場合、タクシー運転者Ｂの運転時間を

予期し得ない事象への対応時間として除くことはできますか。

(A) 「予期し得ない事象への対応時間」として除くことができる時間は、運転者が運転中に予期せず事象に遭遇した場合に限られますので、代行者のタクシー運転者Bが対応する時間は「予期し得ない事象への対応時間」には該当しません。

2－10

(Q) ① 予期し得ない事象について、「運転中に」という限定がありますが、運転直前に車両の点検をしている最中に予期し得ない事象が発生した場合、対象とならないのでしょうか。
② 異常気象についても、運転中に警報に遭遇しない限り同様の取扱いとなるのでしょうか。

(A) ① 運転前にあらかじめ当該事象が発生している場合には、たとえ運転開始前の車両点検中であったとしても、事象が既に発生しているため「予期し得ない事象への対応時間」に該当しません。ただし、例えば、運転開始後、休憩中に予期し得ない事象に遭遇し、その対応に要した時間は、「予期し得ない事象への対応時間」に該当します。
② 一方、異常気象（警報発表時）については、運転前に異常気象の警報が発表されていたものの、その時点では正常な運行が困難とは想定されず、運転開始後に初めて正常な運行が困難となった場合、その対応に要した時間は「予期し得ない事象への対応時間」に該当します。

2－11

(Q) 例えば、予期し得ない事象に遭遇したのが1か月の最終勤務日で、そのときに初めて改善基準告示に違反した場合、1か月の拘束時間についてはどのような計算の取扱いになるのでしょうか。

(A) 「予期し得ない事象への対応時間」に関する取扱いは、タクシー運転者に係る1日の拘束時間及び2暦日の拘束時間の例外的な取扱いとなるので、1か月の拘束時間の計算については、除くことができません。
　1か月の最終日に予期し得ない事象が発生したことにより、1か月の拘束時間の上限を超えることのないよう、余裕をもった運行計画を毎月作成することが望ましいです。

2－12

(Q) 予期し得ない事象について、客観的な記録とは具体的にどのようなものでしょうか。また、時間の特定が困難で客観的な記録がない場合等の取扱いについて教えてください。

(A) 「予期し得ない事象への対応時間」については、「運転日報上の記録」に加え、「予期し得ない事象の発生を特定できる客観的な資料」によって、当該事象が発生した日時等を客観的に確認できることが必要です。
　客観的な記録とは、例えば次のような資料が考えられます。

① 修理会社等が発行する故障車両の修理明細書等

② フェリー運航会社等のホームページに掲載されたフェリー欠航情報の写し

③ 公益財団法人日本道路交通情報センター等のホームページに掲載された道路交通情報の写し（渋滞の日時・原因を特定できるもの）

④ 気象庁のホームページ等に掲載された異常気象等に関する気象情報等の写し

ただし、当該事象について、遅延の原因となった個々の対応時間の特定が困難な場合には、

当該事象に遭遇した勤務を含めた実際の拘束時間や運転時間 － 運行計画上の拘束時間や運転時間 ＝ 当該事象への対応時間

として、一勤務を通じた当該事象への対応時間を算出することも可能です。この場合には、上記①～④の「予期し得ない事象の発生を特定できる客観的な資料」が必要ですが、やむを得ず客観的な記録が得られない場合には、「運転日報上の記録」に加え、当該事象によって生じた遅延に係る具体的な状況をできる限り詳しく運転日報に記載しておく必要があります。例えば「予期し得ない事象」が運転中の災害や事故に伴う道路渋滞に巻き込まれた区間や走行の時間帯等を運転日報に記載しておく必要があります。

2－13

Q 自動車運転の業務に関する休日の考え方は、休息期間に24時間を加算して得た連続した時間とされていますが、休日を連続で2日与える場合には、33時間空ければよいのでしょうか。

1日目：休息期間9時間
2日目：法定休日24時間
3日目：所定休日

A 自動車運転者の休日は、休息期間に24時間を加算して得た連続した時間とされており、その時間が30時間を下回ってはなりません。

通常勤務の場合は継続33時間（9時間＋24時間）、隔日勤務の場合は継続46時間（22時間＋24時間）を下回ることがないようにする必要があります。

したがって、上記の場合、1日目の休息期間9時間と2日目の法定休日を合わせて継続33時間が確保されていれば、休日を与えたこととなります。

なお、所定休日（3日目）については事業場の就業規則等に基づいて与えることが必要です。

3　トラック運転者の拘束時間等（第4条関係）

［略］

4　バス運転者の拘束時間等（第5条関係）

［略］

5　適用除外業務

5−1

Q　施行通達第2の6（1）で「適用除外業務」として列挙されている業務以外は、その内容や性質にかかわらず、改善基準告示の適用は除外されないのでしょうか。

A　施行通達で列挙される業務以外の業務については、①人命又は公益を保護するために、②法令の規定又は国若しくは地方公共団体の要請に基づき行われるものであるかといった観点から、当該業務の性格や内容に照らし、「適用除外業務」として取り扱うべきか否かを個別具体的に判断することになります。

　上記の考え方によれば、例えば、大規模災害の発生時等の、緊急通行車両以外の車両による人員や物資の輸送業務であって、当該輸送業務が国や地方公共団体の要請により行われる場合には、これを「適用除外業務」として取り扱うことが考えられます。

5−2

Q　悪天候や人身事故により列車の運休や遅延が発生した場合に、鉄道会社の要請を受けて行う、路線バス等の振替輸送の運転業務については、改善基準告示の適用は除外されるでしょうか。

A　法令の規定又は国若しくは地方公共団体の要請に基づき行われる業務に該当しない場合には、改善基準告示の適用は除外されません。

5−3

Q　旅客運送事業の事業場で行われる「適用除外業務」としては、具体的には、どのようなものが考えられるでしょうか。

A　例えば、
① 　災害対策基本法等に基づく緊急輸送の一環として、被災者等をバスやタクシーにより輸送する
② 　家畜伝染病予防法のまん延防止のための殺処分や消毒業務を担当する行政機関の職員を、バスにより輸送する
といった場合が考えられます。

5−4

Q　例えば、石油やガソリンの運搬業務は適用除外業務とは認められないのでしょうか。

A　石油やガソリンの運搬業務は、施行通達に規定されている消防法等に基づく危険物の運搬の業務に該当しないため、適用除外業務の対象となりません。

5-5

Q トラック運転者Aが、次のとおり「適用除外業務」に従事する場合、「適用除外業務に従事しない期間」における拘束時間及び運転時間の上限は、各々何時間となるでしょうか。

日	月	火	水	木	金	土	
26	27	28	29	30	31	1	（1週目）
2	3	4	5	6	7	8	（2週目）
9	10	11	12	13	14	15	（3週目）
16	17	18	19	20	21	22	（4週目）
23	24	25	26	27	28	29	（5週目）
30	1	2	3	4	5	6	（6週目）

※7～10日、12～14日（計7日間）に終日、「適用除外業務」に従事。

※当該事業場では、起算日を毎月1日とした上で、当月は拘束時間を295時間まで延長できる旨を労使協定で締結。また、運転時間は、前月26日、当月9日、23日を初日とする2週間ごとに計算。

A トラック運転者Aの当該月における「適用除外業務に従事しない期間（1～6日、11日、15～30日）」の拘束時間は、次の計算式のとおり、当該月の日数及び「適用除外業務に従事しない期間」の日数の比率（23/30）により、改善基準告示で規定する上限時間（295時間）を按分した時間（226.16時間）を超えないものとする必要があります。

　23日 ／ 30日 × 295時間 ＝ 226.16時間

　また、トラック運転者Aの2週間における「適用除外業務に従事しない期間（1・2週目は前月26日～当月6日、3・4週目は当月11日及び15～22日）」の運転時間は、次の計算式のとおり、14日及び当該2週間の「適用除外業務に従事しない期間」の日数の比率（1・2週は12/14、3・4週目は9/14）により、改善基準告示で規定する上限時間（88時間）を按分した時間（1・2週は75.42時間、3・4週目は56.57時間）を、各々超えないものとする必要があります。

　1・2週目　12日 ／ 14日 × 88時間 ＝ 75.42時間
　3・4週目　9日 ／ 14日 × 88時間 ＝ 56.57時間

5-6

Q トラック運転者Aについて、次のとおり、同じ日に「適用除外業務」、「適用除外業務以外の業務」の両方に従事する期間がある場合、「適用除外業務に従事しない期間」及び「両方の業務に従事する期間」を通じた拘束時間、運転時間の上限は、各々何時間となるでしょうか。

日	月	火	水	木	金	土	
26	27	28	29	30	31	1	（1週目）
2	3	4	5	6	7	8	（2週目）
9	10	11	⑫	⑬	⑭	15	（3週目）
16	17	18	19	20	21	22	（4週目）
23	24	25	26	27	28	29	（5週目）
30	1	2	3	4	5	6	（6週目）

※7〜10日の計4日間は終日「適用除外業務」に従事する一方、12日〜14日の3日間は「適用除外業務」と「適用除外業務以外の業務」の両方に従事。両方の業務に従事した日の「適用除外業務以外の業務」の拘束時間は各12時間、運転時間は各9時間。

※当該事業場では、起算日を毎月1日とした上で、当月は拘束時間を295時間まで延長できる旨を労使協定で締結。また、運転時間は、前月26日、当月9日、23日を初日とする2週間ごとに計算。

Ⓐ　トラック運転者Aの当該月における、①「適用除外業務に従事しない期間（1〜6日、11日、15〜30日）」と②「両方の業務に従事する期間（12〜14日）」を通じた拘束時間は、次の計算式のとおり、当該月の日数及び①と②の合計日数の比率（26/30）により、改善基準告示で規定する上限時間（295時間）を按分した時間（255.66時間）を超えないものとする必要があります。

〔23日 ＋ 3日〕／30日 × 295時間 ＝ 255.66時間^{（※）}
※両方の業務に従事する期間（12〜14日）の拘束時間（36時間）を含む。

なお、両方の業務に従事する日の「適用除外業務以外の業務」の始業時刻から起算して24時間の拘束時間は、下図のとおり、改善基準告示の1日の拘束時間の上限（15時間）を超えないこととする必要があります。

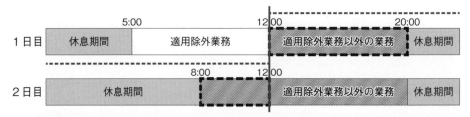

※「適用除外業務以外の業務」の開始時刻から24時間の拘束時間は15時間以内とする必要。（上記例の場合、「適用除外業務以外の業務」の開始時刻（12:00）から24時間の拘束時間は、休息期間を挟み12時間）

また、トラック運転者Aの3・4週目における、①「適用除外業務に従事しない期間（11日、15〜22日）」と②「両方の業務に従事する期間（12〜14日）」を通じた運転時間は、次の計算式のとおり、14日及び①と②の合計日数の比率（12/14）により、改善基準告示で規定する上限時間（88時間）を按分した時間（75.42時間）を超えないものとする必要があります。

3・4週目　（9日 + 3日）／14日 × 88時間 = 75.42時間^{（※）}

※両方の業務に従事する期間（12〜14日）における運転時間（27時間）を含む。

　なお、両方の業務に従事する日の「適用除外業務に該当しない業務」の運転時間は、改善基準告示で規定する2日平均の1日当たりの運転時間（9時間）を超えないようにする必要があります。

5－7

Q　施行通達記第2の6（3）で示されている「適用除外業務」を行うに当たって、事業場への備付けを行う書類とは、どのような書類を指すのでしょうか。また、同じく施行通達記第2の6（3）で示されている、自動車運転者ごとの当該業務への従事期間が明らかとなる記録の整備は、どのような方法や内容により行えばよいでしょうか。

A　事業場への備付けを行う「適用除外業務」に該当することが明らかとなる書類としては、当該業務の種類に応じ、例えば次のようなものが考えられます。

○　施行通達記第2の6（1）ア又はイの業務

・都道府県公安委員会から交付される「緊急通行車両確認証明書」、「緊急輸送車両確認証明書」の写し

・当該業務の実施に当たり、国又は地方公共団体から、運送事業者又は事業者団体あてに交付される要請文書、発注書、費用支払に関する書面の写しや、当該要請、発注等の内容が記載された、国又は地方公共団体の担当部署からのメールの写し等

○　施行通達記第2の6（1）ウの業務

・アルキルアルミニウム等を移送する事業者が、関係消防機関に送付する「移送の経路等に関する書面」の写し

・火薬類を運搬する事業者が、都道府県公安委員会に提出する「火薬類運搬届」「運搬計画表」の写し、当該運搬に当たり、都道府県公安委員会から交付される「火薬類運搬証明書」の写し

・核燃料物質等を運搬する事業者が、国土交通大臣に提出する「運搬に関する計画書」、都道府県公安委員会に提出する「核燃料物質等運搬届出書」の写し、当該運搬に当たり、国土交通大臣から交付される「確認証」、都道府県公安委員会から交付される「核燃料物質等運搬証明書」の写し

・放射性同位元素等を運搬する事業者が、国土交通大臣に提出する「運搬に関する計画書」、都道府県公安委員会に提出する「放射性同位元素等運搬届出書」の写し、当該運搬に当たり、国土交通大臣から交付される「確認証」の写し

・上記のほか、運搬する危険物の種類や容量等の記載された受注書や費用支払に関する書面等

　また、「適用除外業務」の実施に当たり必要とされている、自動車運転者毎の当該業務への従事期間が明らかとなる記録の整備の方法としては、当該業務の具体的内容（運搬する物資や危険物等の内容や容量、運搬の区域等）や実施日、実施時間帯等を、運転日報に記録し

ておくことが考えられます。

6　その他

6－1

Q ①　改善基準告示に違反した場合、罰則はあるのでしょうか。どのような指導を受けるのでしょうか。

②　荷主企業がトラック運転者に長時間の荷待ちをさせた場合、荷主は罰則を問われるのでしょうか。どのような指導を受けるのでしょうか。

A ①　改善基準告示は、法律ではなく厚生労働大臣告示であるため、罰則の規定はありません。労働基準監督署の監督指導において改善基準告示違反が認められた場合、その是正について指導を行いますが、その指導に当たっては、事業場の自主的改善が図られるよう丁寧に対応することを予定しています。なお、道路運送法や貨物自動車運送事業法の運行管理に関する規定等に重大な違反の疑いがあるときは、引き続き、その事案を地方運輸機関へ通報することとしています。

②　荷主企業がトラック運転者に長時間の荷待ちをさせることは、労働基準関係法令に違反するものではありませんが、トラック運送事業者の改善基準告示違反が長時間の恒常的な荷待ちによるものと疑われる場合、労働基準監督署では、荷主等に対してそのような荷待ち時間を発生させないよう努めること等について要請しています。

6－2

Q　タクシー及びバス両方の事業を行う事業場において、運転者Aが次のとおり、日によって、タクシー又はバスの運転業務に従事する場合の、改善基準告示の拘束時間等の取扱いはどのようになるでしょうか。

日	月	火	水	木	金	土
26	27	28	29	30	31	1
2	3	4	5	6	7	8
9	10	11	12	13	14	15
16	17	18	19	20	21	22
23	24	25	26	27	28	29
30	1	2	3	4	5	6

バス
日勤タクシー
所定休日

※　タクシー、バスのいずれも、起算日を毎月1日とした上で1か月の拘束時間を管理。上記の1日を起算日とする1か月について、バスの所定労働日は10日間、タクシーの所定労働日は12日間。

　　バスについては、特定日（日曜）を起算日とし4週間の運転時間を管理。上記の26日（日曜）を初日とする4週間について、バスの所定労働日は9日間、タクシーの所定労働日は10日間。

Ⓐ　実態に即して判断することとなりますが、例えば、タクシーとバス等、改善基準告示において異なる基準が定められている業務を兼務する場合、按分して計算することとなります。

（当該運転業務の所定労働日数 ／ 当該運転業務の所定労働日数と他方の運転業務の所定労働日数の合計）× 改善基準告示で規定する当該運転業務に係る拘束時間等の上限時間 [※]

※車庫待ちのタクシー運転業務、貸切バス等の運転業務であって、労使協定により改善基準告示で規定する時間を超えない範囲で延長する場合は、当該延長した時間。

したがって、上記の例において、運転者Aの1か月における拘束時間は、タクシー、バスの運転業務ごとに、各々次の時間を超えないようにする必要があります。

・タクシー運転業務の1か月の拘束時間

　12日 ／（10日 + 12日）× 288時間 = 157.09時間

・バス運転業務の1か月の拘束時間

　10日 ／（10日 + 12日）× 260時間 = 118.18時間

過重労働や過労運転の防止に配慮した計画的な運行計画の策定を行う等の観点から、改善基準告示において異なる基準が定められているこれらの運転業務に係る拘束時間は、同一の期間により管理を行うようにしてください。

また、上記の例において、運転者Aの4週間におけるバスの運転時間は、次の時間を超えないようにする必要があります。

・バス運転業務の4週間における運転時間

　9日 ／（9日 + 10日）× 160時間 = 75.78時間

この場合においても、過労運転防止の観点から、タクシーとバスの運転時間の合計が長時間とならないよう、運行計画を作成する必要があるので、ご留意ください。

36協定届記入例（限度時間を超えない場合）

（様式9号の3の4　時間外労働及び休日労働に関する協定届）

様式第9号の3の4（第70条関係）

時間外労働　に関する協定届
休日労働

事業の種類	事業の名称	事業の所在地（電話番号）		協定の有効期間
一般乗用旅客自動車運送事業	○○タクシー株式会社○○営業所	（〒 ○○○○ ） 東京都千代田区九段南○-○-○ （電話番号：○○- ○○○○ - ○○○○ ）	事業場番号	令和○年3月16日から1年間

時間外労働

	時間外労働をさせる 必要のある具体的事由	業務の種類	労働者数 （満18歳 以上の者）	所定労働時間 （1日） （任意）	1日		1箇月（①については45時間まで、②については42時間まで）		1年（①については360時間まで、②については320時間まで） 起算日（年月日）　令和○年3月16日	
					法定労働時間を超える時間数	所定労働時間を超える時間数（任意）	延長することができる時間数 法定労働時間を超える時間数	所定労働時間を超える時間数（任意）	法定労働時間を超える時間数	所定労働時間を超える時間数（任意）
① 下記②に該当しない労働者	季節的な繁忙又は顧客の需要に応ずるため 一時的な道路事情の変化等に対処するため	自動車運転者 （日勤）	○人	8時間	6時間		45時間		360時間	
	季節的な繁忙又は顧客の需要に応ずるため	自動車運転者 （隔勤）	○人	14.5時間	5時間		45時間		360時間	
	季節的な繁忙又は顧客の需要に応ずるため	運行管理者	○人	8時間	13時間		45時間		360時間	
	予期せぬ車両トラブルに対処するため	自動車整備士	○人	8時間	12時間		45時間		360時間	
	月末の精算、決算事務の集中	経理事務員	○人	8時間	12時間		45時間		360時間	
② 1年単位の変形労働時間制により労働する労働者										

休日労働

	休日労働をさせる必要のある具体的事由	業務の種類	労働者数 （満18歳以上の者）	所定休日 （任意）	労働させることができる 法定休日の日数	労働させることができる法定 休日における始業及び終業の時刻
	季節的な繁忙又は顧客の需要に応ずるため	自動車運転者 （日勤・隔勤）	○人	毎週2回	1か月2回	労使協定に定める時刻（自動車の運転の業務については始業の時刻）
	季節的な繁忙又は顧客の需要に応ずるため	運行管理者	○人	毎週2回	1か月1回	

上記で定める時間数にかかわらず、時間外労働及び休日労働を合算した時間数は、1箇月について100時間未満でなければならず、かつ2箇月から6箇月までを平均して80時間を超過しないこと　☑（チェックボックスに要チェック）

務に従事する労働者は除くこと。）。

協定の成立年月日　令和○年3月5日

協定の当事者である労働組合（事業場の労働者の過半数で組織する労働組合）の名称又は労働者の過半数を代表する者の　職名 ○○○○
氏名 ○○○○

協定の当事者（労働者の過半数を代表する者の場合）の選出方法（ 投票による選挙 ）

上記協定の当事者である労働組合が事業場の全ての労働者の過半数で組織する労働組合である又は上記協定の当事者である労働者の過半数を代表する者が事業場の全ての労働者の過半数を代表する者であること。　☑（チェックボックスに要チェック）　［　又は　○○タクシー労働組合　］

上記労働者の過半数を代表する者が、労働基準法第41条第2号に規定する監督又は管理の地位にある者でなく、かつ、同法に規定する協定等をする者を選出することを明らかにして実施される投票、挙手等の方法による
手続により選出された者であって使用者の意向に基づき選出されたものでないこと。　☑（チェックボックスに要チェック）

令和○年3月10日

使用者　職名 ○○○○
氏名 ○○○○

○○　労働基準監督署長殿

36協定届記入例（限度時間を超える場合）

（様式９号の３の５　時間外労働及び休日労働に関する協定届（特別条項））

様式第９号の３の５（第70条関係）

時間外労働
休日労働に関する協定届（特別条項）

業務の種類	労働者数（満18歳以上の者）	1日（任意）			1箇月（時間外労働及び休日労働を合算した時間数。①については720時間以内に限る。）				1年（時間外労働のみの時間数。①については960時間以内に限る。） 起算日（年月日）令和○年３月16日		
		法定労働時間を超える時間数	所定労働時間を超える時間数（任意）	限度時間を超えて労働させることができる回数（①については6回以内に限る。）（任意）	延長することができる時間数及び休日労働の時間数	法定労働時間を超える時間数と休日労働の時間数を合算した時間数	所定労働時間を超える時間数と休日労働の時間数を合算した時間数（任意）	限度時間を超えた労働に係る割増賃金率	延長することができる時間数	法定労働時間を超える時間数 所定労働時間を超える時間数（任意）	限度時間を超えた労働に係る割増賃金率

臨時的に限度時間を超えて労働させることができる場合

①	大きな事故・クレームへの対応、突発的な業務への対応等	運行管理者	○人	13時間		6回	79時間			25%	700時間		25%
①	事故・故障の集中等への対応等	自動車整備士	○人	12時間		6回	75時間			25%	700時間		25%
① 下記②以外の者	予算・決算。採用業務の集中への対応、突発的業務への対応等	経理事務員	○人	12時間		6回	70時間			25%	650時間		25%
② 自動車の運転の業務に従事する労働者	突発的な繁忙、顧客需要、他交通機関の遅延又は予期し得ない事象に対応するため	自動車運転者（日勤）	○人	10時間			79時間			25%	880時間		25%
②		自動車運転者（隔勤）	○人	9時間			52時間			25%	600時間		25%

限度時間を超えて労働させる場合における手続　労働者代表者に対する事前申し入れ

限度時間を超えて労働させる労働者に対する健康及び福祉を確保するための措置
（該当する番号）⑦　⑨
（具体的内容）
⑦心とからだの相談窓口を設置する。
⑨産業医等による助言、指導や保健指導

上記で定める時間数にかかわらず、時間外労働及び休日労働を合算した時間数は、1箇月について100時間未満でなければならず、かつ2箇月から6箇月までを平均して80時間を超過しないこと。 ☑（チェックボックスに要チェック）

協定の成立年月日　　　令和　○年　３月　５日

協定の当事者である労働組合（事業場の労働者の過半数で組織する労働組合）の名称又は労働者の過半数を代表する者の　職名　○○○○　氏名　○○○○
協定の当事者（労働者の過半数を代表する者の場合）の選出方法（　投票による選挙　）　　　　　　　　　　　　　　　[　又は　○○タクシー労働組合　]
上記協定の当事者である労働組合が事業場の全ての労働者の過半数で組織する労働組合である又は上記協定の当事者である労働者の過半数を代表する者が事業場の全ての労働者の過半数を代表する者であること。 ☑（チェックボックスに要チェック）

上記労働者の過半数を代表する者が、労働基準法第41条第2号に規定する監督又は管理の地位にある者でなく、かつ、同法に規定する協定等をする者を選出することを明らかにして実施される投票、挙手等の方法による手続により選出された者であって使用者の意向に基づき選出されたものでないこと。 ☑（チェックボックスに要チェック）

令和　○年　３月　10日

使用者　職名　○○○○　氏名　○○○○　印

○○　_____　労働基準監督署長殿

年次有給休暇管理簿（2023年度分）　○○タクシー――㈱△△営業所

凡例：一日年休 ／ 半日年休 ／ 時季指定

社員番号	名前	正定	勤務形態	入社年月日	基準日	勤続年数	今年付与日数	前年残日数	今期付与日数	取得日	今期取得日数	今年残日数	前年残日数
基準日4月										**時季指定12月**			
1	○○○○	正	隔勤	2019年10月7日	4/7	3年6か月	14	7	21	10/30 10/31 1/28 2/26 3/11	5	9	7
2	○○○○	正	昼日勤	2022年10月11日	4/11	6か月	10	0	10	8/6 9/10 1/18 2/1 2/14 3/20	5	5	0
3	○○○○	正	隔勤	2022年10月25日	4/25	6か月	10	0	10	8/30 8/31 10/1 10/2 11/27	5	5	0
4	○○○○	正	夜日勤	2017年10月25日	4/25	5年6か月	18	10	28	4/26 5/15 6/2 6/7 7/14 7/15 8/1 8/5 8/6 8/7 8/11 8/12 8/13 8/14 8/21 8/22 8/29 8/30 9/9	20	0	8
5	○○○○	定	隔勤	2019年10月30日	4/30	3年6か月	10	0	10	5/1 5/2 8/14 9/11 9/12 10/2 12/7 12/8	10	0	8
基準日5月										**時季指定1月**			
1	○○○○	正	夜日勤	2020年11月16日	5/16	2年6か月	12	0	12	8/5 8/6 8/7 8/8 10/10 11/22 12/28 12/29 12/30 1/15 1/16 2/1 3/20	10.5	1.5	0
2	○○○○	正	夜日勤	2021年11月27日	5/27	1年6か月	11	3	14		0	11	3
3	○○○○	正	昼日勤	2021年11月27日	5/27	1年6か月	11	0	11	7/21 7/22 7/23	3	8	0
4	○○○○	正	隔勤	2003年11月29日	5/29	19年6か月	20	8	28	6/18 6/19 7/1 7/2 8/26 8/27 9/11 9/12 10/6 10/7 10/30 10/31 11/20 11/21 12/10 12/11	16	4	8
5													
基準日6月										**時季指定2月**			
1	○○○○	正	隔勤	2013年12月3日	6/3	9年6か月	20	15	35	7/14 8/9 9/10 11/2	4	16	15
2	○○○○	定	隔勤	2013年12月11日	6/11	9年6か月	15	5	20	7/30 7/31 8/1 8/2 11/11	5	10	5
3	○○○○	正	昼日勤	2021年12月21日	6/21	1年6か月	11	5	16	7/14	1	10	5
4													

本管理簿の利用に当たっての留意事項

① 「名前」欄は、各労働者の毎年の年次有給休暇の基準日の若い順に登録します。

② 「勤続年数」欄は、直近の基準日における勤続年数（年　月）を記入します。

③ この例では、基準日の統一を行わず、時間単位の年休は認めていません。また年次有給休暇は前年残日数分ではなく、新規発生分から取得する取扱いにしています。

④ この例は、2023年12月末現在のものです。基準日が4月の者について、11月末までの取得状況を確認の上、12月中旬までに希望日を聴取し、12月末までに時季指定しています。

⑤ 適宜色分けして管理すると、見分けやすくなります。

| 資料6 | ハイヤー・タクシー運転者の改善基準告示の内容（一覧表）
（「自動車運転者の労働時間等の改善のための基準の一部改正等について　別紙4－1」） |

タクシー		
日勤	1か月の 拘束時間	288 時間以内
	1日の 拘束時間	13 時間以内（上限 15 時間、14 時間超は週3回までが目安）
	1日の 休息期間	継続 11 時間以上与えるよう努めることを基本とし、9時間を下回らない
隔勤	1か月の 拘束時間	262 時間以内（※1） ※1　地域的その他特別な事情がある場合、労使協定により 270 時間まで延長可（年6か月まで）
	2暦日の 拘束時間	22 時間以内、かつ、2回の隔日勤務を平均し1回あたり 21 時間以内
	2暦日の 休息期間	継続 24 時間以上与えるよう努めることを基本とし、22 時間を下回らない
車庫待ち 等の自動 車運転者 （※2）	日勤	1か月の拘束時間：288 時間以内（労使協定により1か月 300 時間まで延長可） 1日の拘束時間：以下の要件を満たす場合、1日 24 時間まで延長可 　・　勤務終了後、継続 20 時間以上の休息期間を与える 　・　1日 16 時間超が1か月について7回以内 　・　夜間4時間以上の仮眠時間を与える（18 時間超の場合） ※2　車庫待ち等の自動車運転者とは、次の要件を満たす者をいう。 　・　事業場が人口 30 万人以上の都市に所在していないこと 　・　勤務時間のほとんどについて「流し営業」を行っていないこと 　・　夜間に4時間以上の仮眠時間が確保される実態であること 　・　原則として、事業場内における休憩が確保される実態であること
	隔勤	1か月の拘束時間：262 時間以内（労使協定により1か月 270 時間まで延長可） 　　　　　　　　　（さらに、※3の要件を満たす場合、10 時間を加えた時間まで延長可） 2暦日の拘束時間：※3の要件を満たす場合、24 時間まで延長可 ※3　・2暦日 22 時間超及び2回の隔日勤務の平均が 21 時間超の回数が 　　　　1か月について7回以内 　　　・夜間4時間以上の仮眠時間を与える
予期し得ない事象		予期し得ない事象への対応時間を、1日と2暦日の拘束時間から除くことができる（※4、5） 勤務終了後、休息期間（1日勤務：継続 11 時間以上、2暦日勤務：継続 24 時間以上）が必要 ※4　予期し得ない事象とは、次の事象をいう。 　・　運転中に乗務している車両が予期せず故障したこと 　・　運転中に予期せず乗船予定のフェリーが欠航したこと 　・　運転中に災害や事故の発生に伴い、道路が封鎖されたこと又は道路が渋滞したこと 　・　異常気象（警報発表時）に遭遇し、運転中に正常な運行が困難となったこと ※5　運転日報上の記録に加え、客観的な記録（公的機関のHP情報等）が必要。
休日労働		休日労働は2週間に1回を超えない、休日労働によって拘束時間の上限を超えない
累進歩合制度		累進歩合制度は廃止する （長時間労働やスピード違反を極端に誘発するおそれがあり、交通事故の発生も懸念されるため）
ハイヤー		・　労使当事者は、36 協定の締結にあたり、以下の事項を遵守すること 　→　時間外労働時間は、1か月 45 時間、1年 360 時間まで 　→　臨時的特別な事情で限度時間を超えて労働させる場合にも、1年 960 時間まで ・　36 協定において、時間外・休日労働時間数をできる限り短くするよう努めること ・　疲労回復を図るために必要な睡眠時間を確保できるよう、勤務終了後に一定の休息期間を与えること

タクシー事業　労務担当者必携
—改善基準告示の詳説と労務課題の解決に向けて—

令和5年7月25日　初版発行

編　者　一般社団法人東京ハイヤー・タクシー協会 労務委員会
発行人　藤澤 直明
発行所　労働調査会
　　　　〒170-0004　東京都豊島区北大塚2-4-5
　　　　TEL：03-3915-6401
　　　　FAX：03-3918-8618
　　　　https://www.chosakai.co.jp/

©Tokyo Hire-Taxi Association 2023 Printed in Japan
ISBN978-4-86319-998-9　C2032